中华传统文化
丛书

Chinese Traditional Culture
Concise Reading

ANCIENT CHINESE
MAUSOLEUM
CULTURE

中国古代陵寝文化

党明放 著

南京大学出版社

目 录

引 言 / 1

第一章 陵寝风水 / 3
    第一节 风水文化 / 3
    第二节 龙脉文化 / 8
    第三节 天人合一 / 17

第二章 陵寝名号 / 19
    第一节 庙号 / 19
    第二节 谥号 / 20
    第三节 陵号 / 25
    第四节 追尊陵号 / 29

第三章 陵寝格局 / 33
    第一节 殷周时期 / 33
    第二节 秦汉时期 / 37
    第三节 唐宋时期 / 44
    第四节 明清时期 / 56

第四章 陵寝形制 / 75
    第一节 黄肠题凑 / 75
    第二节 陵旁兴邑 / 79
    第三节 因山为陵 / 83
    第四节 同茔异穴 / 87
    第五节 陵旁置寺 / 88
    第六节 前朝后寝 / 90

第五章　陵寝建筑 / 92

第一节　两汉时期 / 92
第二节　魏晋南北朝时期 / 93
第三节　唐宋时期 / 97

第六章　陵寝随葬 / 112

第一节　夏商周时期 / 112
第二节　秦汉时期 / 118
第三节　两晋时期 / 129
第四节　南朝时期 / 134
第五节　隋唐时期 / 136
第六节　宋元时期 / 141
第七节　明清时期 / 144

第七章　陵寝殉葬 / 149

第一节　商周时期 / 149
第二节　秦汉魏晋时期 / 154
第三节　隋唐时期 / 157
第四节　明清时期 / 159

第八章　陵寝陪葬 / 166

第一节　汉唐时期 / 166
第二节　明清时期 / 177

第九章　陵寝石刻 / 181

第一节　汉魏时期 / 181
第二节　唐宋时期 / 187
第三节　明清时期 / 220

第十章　陵寝祭祀 / 225

第一节　祭祀典礼 / 225
第二节　七庙之制 / 229

第三节 祔庙之礼 / 234

第四节 帝王谒陵 / 235

第五节 公卿巡陵 / 241

第六节 祭祀乐舞 / 248

第十一章 盗陵种种 / 254

第一节 官盗 / 256

第二节 私盗 / 262

插图目录 / 268

引 言

上古时期,人类处于蒙昧状态,往往待亲人去世后,或举于山冈,或委于沟壑,任狐狼啮食,蝇蛆嘬噬,谓之不葬其亲。当灵魂不灭的观念出现后,人类奉行入土为安,让逝者得其所——魂魄归于天,形体归于地。

生,乃人之始;死,乃人之终。所谓葬者,就是掘穴葬棺,掩埋尸体于地下。地表平平者称"墓",墓者,表明墓主属于正常死亡,民间所谓油尽灯枯;拢土为堆者称"坟",坟者,表明死者属于非正常死亡,生前或心怀愤恨,胸积冤屈。"坟"又称"邱",或"丘",而高头大坟则称"冢"。

"溥天之下,莫非王土;率土之滨,莫非王臣"的周朝社会,到了春秋战国时期,统治阶级及特权阶层逐渐没落和瓦解,社会发生一系列的变革,在今河南洛阳至开封一带的黄河中下游地区普遍流行起坟丘式的墓葬。比干,商王帝文丁之子、商王帝乙之弟、商纣王帝辛之叔,传为中国历史上第一位以死谏君的忠臣,被誉为"天下第一仁"。其墓位于今河南卫辉市城北顿坊店乡比干庙村,即为一座坟丘式墓葬,被称为"天下第一墓"。

《礼记·檀弓上》:"昔者夫子言之曰:'吾见封之若堂者矣,见若坊者矣,见若覆夏屋者矣,见若斧者矣。'从若斧者焉,马鬣封之谓也。"意思是说,从前孔子对人讲,他曾见过四种不同式样的墓丘:有高高隆起的,像"堂";狭长而陡峭的,像"坊";四方广阔而两旁向上的,像"屋";狭长而从两旁向上尖削似斧的,谓之"马鬣封"。马鬣,即马鬃。李白《上留田行》诗云:"古老向余言,言是上留田,蓬科马鬣今已平。"宋人刘克庄《沁园春·和吴尚书叔永》词云:"叹苕溪渔艇,幽人孤往;雁山马鬣,吊客谁经。"

陵,指高大突兀的山丘,是帝王坟墓的专称,源自战国中期七雄之赵、楚、秦。据《史记·赵世家》记载,赵肃侯十五年(前335),"起寿陵"。《史记·秦始皇本纪》记载,惠文王享国二十七年,"葬公陵"。悼武王享国四年,"葬永陵"。昭襄王享国五十六年,"葬芷阳"。孝文王享国一年,"葬寿陵"。《水经注·渭水下》:"秦名天子冢曰山,汉曰陵,故通曰山陵矣。"及至后来,统称帝陵为"山陵"。

寝,是对古代帝王陵园建筑的特定称呼,兴于秦,行于汉,盛于唐宋。寝本身不是藏尸之处,是附属建筑物,一般认为是帝王陵园上的正殿。

一座帝王陵寝,就是一部墓主生前的传奇和死后的秘史,更是一座中国古代的艺术宝藏。

上古时期,最高统治者被尊称为天子,或谓君、王、皇、帝。《白虎通德论》:"天子者,爵称也。王者父天母地,为天之子也。"夏称后,商称帝,周则称王。春秋战国之际,战事频仍,时局混乱,诸侯大多僭越称王。

陵寝制度肇始于传说中的唐尧虞舜,是奴隶制社会和封建社会政治、经济、文化和礼仪制度的重要组成部分,也是统治者推崇皇权至上,维护森严等级的重要手段。但其正式确立的时间当在东汉。蔡邕《独断》云:

> 宗庙之制,古有以为人君之居,前有朝,后有寝,终则前制庙以像朝,后制寝以像寝。庙以藏主列昭穆。寝有衣冠、几杖、象生之具,总谓之宫。

帝王的陵寝规制代表着丧葬礼仪中的最高规格,体现着以忠孝为本的伦理观念和宗教观念,反映着不同历史时期的社会风尚和习俗,是人类社会的缩影和民族文化的集中体现。

第一章 陵寝风水

风水之说,起源于原始社会,指相宅或相墓之法,又称"堪舆"。"堪"为上,"舆"为下,堪高舆低,代指天地;《史记》将堪舆家与五行家并行,本有仰观天象,俯察地理之意。汉扬雄《甘泉赋》:"诏招摇与泰阴兮,伏钩陈使当兵。属堪舆以壁垒兮,梢夔魖而抶獝狂。"唐颜师古引注:"堪舆,天地总名也。"

风水,包括人类环境中的天地、山川、土木等自然景观,强调人与自然环境生气的和谐。从甲骨文和先秦文史典籍来看,先民对地形有着明确的划分。如陆地,可分为山、阜、丘、陵、冈等;如水域,可分为江、河、川、泉、涧、沼、泽、汜、沱等;如河床地带,可分为兆、厂、渚、浒、淡等。风水学家自称形家,风水术别称形法。形法因势随形,专注于山川形势的考察。

东晋堪舆学家郭璞《葬书》云:"葬者乘生气也。""经曰:气乘风则散,界水则止。""古人聚之使不散,行之使有止,故谓之风水。""风水之法,得水为上,藏风次之。"先民认为,住宅或墓地周围的风向、水流等形势都会招致居住者或死者后人的祸福。

第一节 风水文化

龙,是中国及东亚国家古代传说中的神异动物,司掌行云布雨,是中华民族的精神图腾,常常用来象征祥瑞。宋人罗愿《尔雅翼·释龙》云:"角似鹿,头似驼,眼似兔,项似蛇,腹似蜃,鳞似鱼,爪似鹰,掌似虎,耳似牛。"东汉许慎《说文解字》载:"龙,鳞虫之长,能幽能明,能细能巨,能短能长,春分而登天,秋分而潜渊。"

据说,龙背上有八十一鳞,具九九阳数,其声如戛铜盘,口旁有须髯,颔下有明珠,喉下有逆鳞,头上有博山。闻一多在《龙凤》中指出,中国人被称为"龙的传人"来源于黄帝时代的传说。相传,黄帝在战败蚩尤统一中原后,兼容被吞并的其他氏族和部落的标志性图案,如鸟、马、鹿、蛇、牛、鱼等,最后拼合成中华民族共同的图腾形象——龙,一种虚拟的综合性神灵。在《礼记·礼运》中,龙与凤、龟、麟并称"四灵"。

西周时期的器皿,大量有身负羽翼龙纹,乃至青龙在先秦纹饰中也有羽翼。在封建时代,龙是皇权的象征,凡皇宫使用的器物皆饰以龙。罗贯中在《三国演义》第二十一回《曹操煮酒论英雄 关公赚城斩车胄》中,借曹操之口说:"龙能大能小,能升能隐;大则兴云吐雾,小则隐介藏形;升则飞腾于宇宙之间,隐则潜伏于波涛之内。"

为帝王的陵寝选址,称卜选吉壤。为了充分体现"龙脉文化",以及中国传统文化"天人合一"哲学观念,卜选吉壤所必须遵循的原则是:觅龙,即寻找陵墓所依靠的山脉;点穴,即确定安放棺椁的位置;察砂,即观看附近其他山岭形状;观水,即察看附近河流水向情况。

汉魏时期,风水学说在运用传统的阴阳五行学说的同时,糅合了天文、地理、水文、伦理、建筑等方面的知识,与四时、四方搭配,创造出了一套较为庞杂的理论体系。西汉董仲舒《春秋繁露·五行之义》云:

> 木居左,金居右,火居前,水居后,土居中央……是故木居东方而主春气,火居南方而主夏气,金居西方而主秋气,水居北方而主冬气。

东汉王充《论衡·物势》云:

东方木也,其星苍龙也;西方金也,其星白虎也;南方火也,其星朱鸟也;北方水也,其星玄武也。天有四星之精,降生四兽之体。含血之虫,以四兽为长,四兽含五行之气最较著。

汉代经学论集《白虎通》将"五行"与"四方"相配:"左青龙,右白虎,前朱雀,后玄武,中央后土。"意思是说,东方乃青龙,属木;西方乃白虎,属金;南方乃朱雀,属火;北方乃玄武,属水;中央属土。古人把东西南北四向的星宿想象为四种动物形象,称"四向"或"四象",认为有祛邪、避灾、祈福等作用。后来,"四象"成为道教的守护神,并逐渐被人格化,封青龙为"孟章神君",白虎为"监兵神君",朱雀为"陵光神君",玄武为"执明神君"。

在风水学流派上,一是根据形势点穴,谓之形法派;一是依据八卦及星相推测吉穴,谓之理气派。形法派与理气派相互作用,又相互攻评,各自的操作方法失灵往往成为家常便饭。

风水理论学说上,分形、气、理,三者缺一不可。有形,才能定气;气定,才能论理;论理,才能定形。阴阳乃风水之宗,一阴一阳,相间而成。以山为阴,以水为阳。山以高峻为阴,平衍为阳;以曲为阴,直为阳;以俯为阴,仰为阳;以静为阴,动为阳。老子所谓"负阴抱阳",在风水学上,可以理解为背负山岳,面临河流。

《吴越春秋》中讲:夏朝开国君王禹"遂巡行四渎,与益、夔共谋。行到名山大泽,召其神而问之山川脉理……"脉络,亦称脉理,泛指条理或纹理。由此可见,先民在很久之前就已经习惯称大地山川之间的联系为"脉"。

据清吴任臣《十国春秋》载:五代十国时期,王建早年家贫,以杀牛、偷驴、贩卖私盐为业。"葬父,发地数尺而瘗,棺輀跃出,有神人语之曰:'此天子地,汝小民何容卜葬!'建不听,竟葬之,棺复跃出,如是者三,乃克葬。"意思是说,王建父亡下葬,当棺材放入墓穴时,自动跳将出来。有位高人对王建厉声道:"这里是真龙天子的吉壤,怎能容你们小民在此安葬呢?"王建不理,再次下棺,棺材再次跳出,如此再三,总算是成功了。再后来,王建这个市井无赖竟然做了前蜀的开国皇帝。这个传说似乎在表明,只要祖坟风水旺,是完全能够改变后代人命运的。古人所持的这种迷信观念一直都在影响着不同时代的人。

后周显德七年(960)正月初三,赵匡胤出兵陈桥驿(今河南封丘县东南)发动兵变,众将拥立其为皇帝,黄袍加身,是为宋太祖。赵匡胤称帝后,着手改葬自己父亲赵弘殷。建隆二年(961)三月二十六日,他在《宣祖昭武皇帝改卜安陵哀册文》中说:"洛州南原兮山有嵩,山川王气兮洛阳东。宫阙崔嵬兮形胜通,土圭测景兮天之中。惟帝运之兴隆兮,盛大德而照融。"意思是说,只要陵墓自然环境好,风水就好;风水好,就能带来皇运兴隆。

北宋时期,盛行阴阳法术。在葬制上,特别信奉唐朝的"五音利姓"之说。所谓"五音利姓",就是把人的姓氏分成宫、商、角、徵、羽五音,再将"五音"分别与阴阳"五行"中的土、金、木、火、水对应,这样就可以在地理上找到与其姓氏相对应的最佳埋葬方位和时日。北宋皇帝的赵姓为角音,与"五行"中的"木"对应,木主东方,阳气在东,此为吉方。另一说法是,赵姓,属"角"音,利于壬、丙方位。乾兴元年(1022)二月十九日,真宗赵恒于延庆殿驾崩。八月初六,司天监上疏:"按经书,壬、丙二方皆为吉地,今请灵驾先于上宫神墙外壬地新建下宫奉安,俟十月十二申时发赴丙地幄次,十三日申时掩皇堂。"

明祖陵坐落在今江苏盱眙县洪泽湖西岸,是明太祖朱元璋的高祖、曾祖、祖父的衣冠冢。洪武年间,朱元璋追尊其高祖父朱百六为玄皇帝,曾祖父朱四九为恒皇帝,祖父朱初一为裕皇帝,并于洪武十九年(1386)修建祖陵,至永乐十一年(1413)成。紧接着,朱棣又花了二十七年时间,为祖陵建造殿庑、金门、玉桥、厨库、井亭、宰牲所、拜斋、宿直房、铺舍、碑亭、仪从等,并植柏万株。神道全长二百五十多米,两侧立望柱二对、麒麟二对、石狮六对、马官二对、石马一对、控马侍卫一对、文臣三对、武将二对、内侍二对。并有祭田一百四十九顷。规模宏大,气势不凡。但没有改变明祖陵淹没在淮河水下三百年之久的事实。据成书于明崇祯年间的《凤泗记》记载,当时,礼部侍郎蒋德璟这样哄骗崇祯皇帝:

> 龙脉西自汴梁,由宿虹至双沟镇,起伏万状,为九冈十八洼,从西转北,亥龙入首坐癸向丁……大约五百里之内,北戒带河,南戒杂江,而十余里明堂前后,复有淮、泗、汴河诸水环绕南、东、北,惟龙从西来稍高耳。陵左肩十里为挂剑台,又左又为洪泽湖,又左为龟山,即禹锁巫支祁处,又左为老子山。自老子山至清河县,即淮、黄交会处也;陵右肩六十里为影塔湖,为九冈十八洼,又右为柳山,为朱山,即汴梁虹宿来龙,千里结穴,真帝王万年吉壤。

事实上,黄淮流域均为洪泛区,经油嘴滑舌的蒋德璟这么一忽悠,使得弃之多年的贫瘠瘦土竟然变成了帝王的万年吉壤。

明祖陵初成以后,每年清明节,朱元璋都要从南京出发,亲自带领御林军浩浩荡荡,前往祭祖。明中叶以后,黄河再次泛滥,尽管朝廷几度筑堤护陵,但仍然无法从根本上解决问题。清康熙十九年(1680),明祖陵被特大洪水淹没而彻底沉入洪泽湖底。

万历皇帝为了预建山陵,于万历十一年(1583)正月,借到天寿山拜谒祖陵之机,带领占卜师、风水师察选吉壤。据文献记载,初得吉壤三处,即永陵之东的潭峪岭、昭陵之北的祥子岭、东井之南的勒草洼。万历对此三处皆不满意。后来,又派遣风水师在天寿山选得两处吉地:一为形龙山,一为小峪山。形龙山主峰高耸,层峦叠嶂,峦头圆润秀美,山脉如游龙,形如莲花,案似龙楼凤阁,内外明堂开亮,左右辅弼森严;且龙虎重重包裹,水中曲曲关阑,诸山皆拱,众水来朝,堪称至尊至贵之地。小峪山主势尊严,重重起伏。是年九月初九,万历再借秋祭之机,亲临形龙山和小峪山两地阅视,现场初定小峪山,但还需请示两宫皇太后正式定夺。翌年,万历奉两宫皇太后之命,再次借秋祭之机,正式确定了小峪山,并易小峪山名为大峪山,即现在的定陵陵址。

第二节　龙脉文化

在中国神话传说中,龙善变化,兴云雨,利万物。《汉书·百官公卿表下》载,"以龙纪其长官,故为龙师。春官为青龙,夏官为赤龙,秋官为白龙,冬官为黑龙,中官为黄龙。百官各隶其部,以中官为首"。《管氏地理指蒙·象物》云:"指山为龙兮,象形势之腾伏。"以山喻龙,表明先民将最初的"龙崇拜"推演到了"山崇拜"。在唐代堪测学著作《撼龙经》里,将"龙"指代山水的形态,说"龙"造就了风水。清代堪舆著作《地理五诀·地理通论》中讲风水学三纲:"一曰气脉,为富贵贫贱之纲;二曰明堂,为砂水美恶之纲;三曰水口,为生旺死绝之纲。"将"寻龙""点穴""觅水""察砂""择向"作为五常。

所谓龙脉,是指如龙一般绵延起伏、飘忽隐显的山脉。山以气凝,气因山著。山川之间有正气,有游气,有贯气,有熔气,有主气。龙以脉为主,穴以向为尊。龙主形而穴主气,形有屈伸掉阖、精粗肥瘦,气有聚散沉浮、厚薄清浊。清人姚廷銮《阴阳二宅全书·龙说》云:"地脉之行止起伏曰龙。"山势如龙行飘忽,即所谓神龙见首不见尾。

明人缪希雍《葬经翼》认为:

寻龙、望势、定穴,宜登一方最高处,先从局外审察,次向对面注视,次向左右睨视,却再回有情处,细察微茫,必无失也。凡审穴,贵详贵缓,当俟草枯木落时,昔人先以火燎草而后登山,甚为有法。雨中可以审其微茫界合,晴天可以察其气象脉理,雪中可以验其所积厚薄,则知其阳气所聚。

古代堪舆文献将龙脉态势归结为十二类,即活泼之势、端严之形,谓之生龙;敦厚周密、气象雍容,谓之福龙;腾云驾雾、翔体悠扬,谓之飞龙;分而不乱、散而合一,谓之应龙;迤逦蜿蜒、一体回环,谓之蟠龙;横亘磅礴、舒徐偃息,谓之卧龙;平地藏踪、隐逸难辨,谓之潜龙;腾峰跃岭、傍水而行,谓之洋龙;头角峥嵘、形体坚刚,谓之怒龙;奇幻倏忽、向背无常,谓之幻龙;软活劣弱、东扯西拽,谓之游龙;东倒西歪、左摊右缺,谓之败龙。

一、寻龙

寻龙,又称"望势",是指寻找山脉,通过山脉的走向,找到结穴之地。《管氏地理指蒙》云:"寻龙必有径,有径必有序。乘其宗,原其祖,据其荡,审其气,在险以明堂为限,在易以冈脉为主,次之以朝,应几案,又次之以左右门户……"从风水美学上来讲,山势须屈曲流动,须圆端体正,须均衡界定,须谐和有情。观龙以势,察穴以情,非势无以见龙之神,非形无以察穴之情。明朝刘基《堪舆漫兴》诗:"龙楼宝殿势难攀,此处名为太祖山。若用端方孙必贵,亦须剥换看波澜。"宋末元初隐士赵缘督《穴诀》云:"远看则有,近看则无,侧看则露,正看模糊。皆善状太极之微妙也。"清代沈六圃在《地学》中讲:"行龙之脉,山脊牵连。"观龙之来,则知气之所行;观穴之止,则知气之所住;观局之聚,则知气之所钟。对于墓穴而言,龙脉,即"来龙",来龙须高峙耸拔,端庄尊贵;须植被丰厚,雾霭缭绕;须缠护重重,迎送叠叠。山脉如蜂腰鹤膝,过帐过峡。如覆钟,如华盖;左右之水,环抱其中。

龙势以山脉夭矫为贵,奔驰远赴,曲伏有致,且山脊有轮有晕为吉。东晋王嘉《拾遗记·少昊》云:"有水屈曲亦如龙凤之状,有山盘纡亦如屈龙之势,故有龙山、龟山、凤水之目也。"隋炀帝《白马篇》云:"阵移龙势动,营开虎翼张。"若重重起伏,屈曲玄妙,东西飘忽,如鱼跃鸢飞,谓之生龙,葬之则吉。若山形散乱,粗顽臃肿,慵懒低伏,如枯木死鱼,谓之死龙,葬之则凶。

根据堪舆术的划分,中国大的龙脉态势有北龙、中龙、南龙之分,谓之三大干龙:北龙左支起自昆仑山,左支环阴山、贺兰山,入山西,起太行,渡海而止;中龙中支自西蕃趋岷山,直奔关中,脉系散阙,左渭右汉,为终南太华,起嵩山,转荆山,抱淮水,落平原,过泰山入东海;南龙右支起自西藏,下丽江,趋云南,绕贵州,遍布湘江,奔于江浙闽广。明代开国宰相刘基认为,南龙为发迹之地,北龙为帝王之基。

图1 中国三大干龙走势图

二、点穴

山如人体,穴如胎胞。所谓穴,是指地象中特异地带交汇处的形势,俗称葬口。山止气住,也就是安放棺椁的好位置。百尺为形,千尺为势。势来形止,形止气蓄。"形势动,则若水之波,若马之驰;形势止,则若怀宝而燕息,具善而法齐。"

风水学说认为,穴是天造地设的。凡真穴之地,皆形如龟盖,内外犹如太极圈之晕轮,生气内聚。总结点穴要领,大致有藏风聚气、明堂借水、前后呼应、交合分明、避凶躲煞、别其枯润等十二项。

在穴的左右,水来的一边,称作天门;水去的一边,称作地户,或称下关。水流去处,两岸的山称水口砂。

所谓点穴之法,一要识穴体,二要识穴星,三要审穴形,四要审穴情,就是说,穴要点在来龙的"脉止"处。南京南郊的牛首山,"遥望两峰争高,如牛角然"。作为佛教牛头禅宗的开教处和发祥地,文化底蕴深厚,山周围有感应泉、虎跑泉、白龟池、兜率岩、文殊洞、辟支洞、含虚阁、地涌泉、饮马池等自然景观,以及弘觉寺等人文景观。作为皇家陵园,朱元璋听说无拱卫之意,为了有利于风水,便命刑部持棍痛打牛头山一百下,并在牛头处开凿石孔,用铁锁锁之。

慈禧太后也很迷信风水,生前多次出宫视察自己的墓地,顺手还将一颗硕大的宝珠丢进了已经挖好的"地穴"之中。

据说,晋代风水学鼻祖郭璞的母亲死后,郭璞在暨阳(今浙江诸暨)择地葬母,墓穴距水潭仅百步之遥,有人说墓穴距水太近,担心被水冲刷。郭璞回答,居水之地终会变为陆地。人们半信半疑,及至后来,果真沙涨数十里,墓地四周皆为桑田。

咸丰二年(1852)九月,咸丰车驾平安峪,视察为他卜选的万年吉地。据《菩陀峪万年吉地工程备要》记载,普祥峪慈安皇后陵寝及菩陀峪慈禧陵寝定穴之后,为使两穴持平,遂将普祥峪慈安皇后陵寝志桩下移一丈五尺二寸,西移四尺七寸五分,将菩陀峪慈禧陵寝志桩上移七尺四寸,东移八寸。

实践告诉人们,点穴实非易事,若差之毫厘,则谬以千里,故有"三年寻龙,十年点穴"之说。

三、观水

风水学认为,水是山之血脉。山随水行,水随山转。未看山,先看水,以水寻龙。所谓水抱,即水流上开下合。水流则气聚,水直则气亡。水停注之地,为沼为沚,为池为湖,此乃龙息之所。

若在平原,水口多为河口;若在山区,水口多为山口。水依山而凝,山靠水而畅;山水相依,山无水则气寒,水无山则气散。山高水倾、山短水直、山通水割、山乱水分、山露水反,谓之山水"五凶"。

秦始皇陵南依骊山,北临渭水之滨。骊山系秦岭山脉的一个支脉,海拔1302米,东西绵延约25公里,南北宽约13.7公里。传说此山山体似一匹黑色骏马,因而得名。骊山断层错落,山峦与沟壑相间构成了一条条南北走向的山谷,并由此发育出了一道道河流。秦始皇陵恰巧就位于骊山北麓由河流形成的洪积扇上。

唐德宗李适崇陵位于陕西省泾阳北二十公里的嵯峨山南麓。嵯峨山古称荆山,海拔955米。寝宫位于五峰山之中峰南麓山腰间,即九条龙(山脉)交汇之处,恰似一朵九瓣莲花的中央,谓之"莲花穴"。玄宫居高临下,山环水抱。

清东陵背靠昌瑞山。光绪修《遵化通志》云:"一峰挂笏,状如华盖,后龙雾灵山自太行迤逦而来。"据《宫中杂件》记载,光绪年间,堪舆师李唐、李振宇奉诏为穆宗载淳卜选万年吉壤,曾在帖中写道:

> 谨瞻仰得东陵龙脉,自雾灵山至琉璃屏,分为三支:中支结聚土星名曰昌瑞山,面朝一大金星。仰见五行相生,天地相朝之象。随龙水自乾方而出巽位当中,以水为界,分为阴阳,合全局观之,是天生太极,有生生不息之机。观其从昌瑞山之左,分支下脉,连

结几穴。至玉顶山复起,顶下脉旋转有力,过峡玲珑,束气清纯。直到双山峪,又复起顶,层叠而结。左右砂山护从,内水绕抱于吉穴前,会左水于巽方,而出水平口,同归蔡家庄,入蓟河。可作癸山丁向,后有大山以为靠,前有金星以为照。金星山之两旁更有万福山朝于左,象山立于右,此天然之局。正得上元当令之气,为亿万年绵长之兆,真上吉之地。又瞻得成子峪,亦系雾灵山一脉所结,自琉璃屏直脉黄花山,过峡复起,层叠而下,束气起顶,形势端庄,神情隽秀,左右龙虎砂,护从而结。两边近水环绕于吉穴前,可作辛山乙向,前有盘龙岭为近案,远有大山为拱朝,此亦上吉之地。又瞻仰得松树沟,龙势聚顶,高而不下,水法不合。宝椅山,微有其形,脉亦不真。侯家山,龙脉虽现,形势脱化未净。以上三处,似均不可用。

清东陵南为水口,以兴隆口为结咽束气,烟墩山及象山东西夹峙,北以雄浑壮阔的昌瑞山为后靠;东侧的马兰峪、鲇鱼关"峰峦秀丽,势尽西朝,俨然左辅";西侧的宽佃峪、黄花山"昂日骞云,势皆东向,俨然右弼"。如此风水对陵寝形成了环抱之势。清人孙鼎烈《永宁山扈从纪程》言,清西陵诸山"山势自太行来,巍峨耸拔,脉秀力丰,峻岭崇岗,远拱于外,灵岩翠岫,环卫其间。""迄下山岗无数,如手之有指,每两岗间平坦开拓处,诸陵在焉,花之瓣,笋之箨,层层包护。""龙蟠凤翥,源远流长,左右回环,前后拱卫,实如金城玉笋。"

乾隆的裕陵坐落在清东陵境内的胜水峪,乾隆七年(1742)三月十七日卜定。同年九月,乾隆借谒东陵之便,前往阅视,表示十分满意。翌年二月初十丑时开工营建。乾隆十七年(1752),地宫竣工。十月二十七日,葬孝贤皇后、慧贤皇贵妃及哲悯皇贵妃入内。乾隆三十五年(1770),裕陵出现质量问题,惹怒乾隆,下令处罚承办官员赔修。嘉庆六年(1801),破土动工建高宗纯皇帝圣德神功碑亭,历时两年建成。裕陵的修建历时长达五十八年,总耗银203万两。

咸丰帝奕詝的定陵坐落在清东陵界内最西端的平安峪。咸丰认为平安峪"左龙蜿蜒,右虎驯俯,贴身蝉翼、牛角两砂隐约缠护;虾须、金鱼二水界划分明,灵光凝聚,穴法甚真……洵属上上吉地。"故于咸丰元年(1851)开始,连续派遣大臣相度。咸丰二年(1852)九月,咸丰帝借来定陵谒陵之机,亲自阅视平安峪、成子峪及辅君山。然大臣们的勘测各执其见,无从定议,咸丰堵心呐!

咸丰四年(1854),又派礼部尚书及熟谙堪舆的大臣至平安峪重新相度。

咸丰八年(1858)八月,守护陵寝的贝子载华及总管内务府大臣等又奉诏复堪。翌年十月十三日申时,始破土兴建。其间,由于太平天国起义,以及英法联军的入侵,加之财政陷入困境,致使工程数次停工。直到同治五年(1866)十二月,定陵全部完工,整个工程持续了七年半时间,总耗银313万两。

按照风水学原理,来龙的左右必须有一重或数重起伏顿错的砂山环绕,形成对穴区的环抱、拱卫、辅弼的形势,除左右护砂有高有低外,还须有长有短。事实上,乾隆裕陵的砂山并非天然,全为人工培补。因人为因素,故裕陵的砂山最为完备。左砂山在宫门北,分内外两道;西砂山绕过后罗圈墙,与左砂山并不交汇。在宫门以南,部分的左右两侧砂山一直延伸,临近终点,则各自向内弯曲。除此之外,在五孔桥之南、大碑楼之北尚有砂山一道,此山犬牙交错,紧而有致,聚而生情,形成有趣的布局。

四、察砂

所谓"砂",是指墓穴周围的山丘土石之物。其作用是遮风挡水,是构成负阴抱阳地理环境的基础。墓穴左侧的谓之龙砂,或称上砂;

居于右侧的谓之虎砂,或称下砂。风水学对这两砂的基本要求是,左旗右鼓,左辅右弼,左缠右护。如果左右如列城,面前的如拜舞,后面的如展翅,即为上乘之砂。

"砂"与"龙"皆指山体,但"砂"指低山,"龙"指高山,"砂"是高山旁边的小山丘。《地理或叙问》讲:龙大,则保卫它的砂也多;龙贵,则跟随它的砂也美;龙强,则随龙的砂也远。穴前之山,近者为案山,远者为朝山。案山不可太高,否则逼穴;朝山应峰连耸秀,如同眠弓;祖山坟幛包罗于外,形成大势,似城之围墙,称之为罗城。如天际三垣星象,各有围垣的星,捍卫帝座,又称垣局。穴前左山为青龙,右山为白虎,前者为朱雀,后者为玄武。穴前朱雀案外的山,称前应;穴后玄武顶背的山,称后照,或称乐山、福储峰。龙虎横抱穴位外,若背后之山拖向前去,谓之官星,穴后拖撑之山,谓之鬼星。水口中的石头,谓之禽星,龙虎山肘之后尖石谓之曜星。

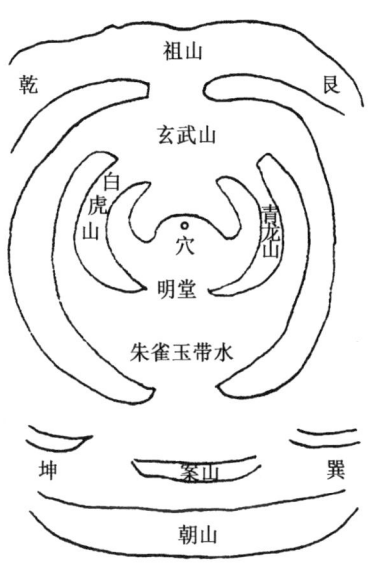

图 2　古代墓葬风水示意图

五代黄妙应《博山篇·论砂》云：

> 两边鹄立，命曰侍砂，能遮恶风，最为有力；从龙抱拥，命曰卫砂。外御凹风，内增气势；挠抱穴前，命曰迎砂；平低似揖，拜参之职，面前特立，命曰朝砂。不论远近，特来为贵。

清东陵中，部分陵寝是以近处的影壁山为案山，以远处的金星山为朝山，又以各自的砂山左右护卫。而坐落在清西陵中的泰陵则以元宝山为朝山，以蜘蛛山为案山，左右砂护从而结。但为了适应这些要求，清陵数处的砂山是经过人工修补出来的。据《陵寝坛庙》记载，高宗裕陵在营建过程中，有朝臣上奏："左右阴砂并近案稍低，应酌量培补，令微高以配山川形势。"

在我国辽阔的地域中，受到祭祀最多的便是人们熟知的"五岳"，即东岳泰山、西岳华山、南岳衡山、北岳恒山、中岳嵩山。五岳文化积淀深厚，人文景观丰富：有天子封禅的岳庙，有佛教的佛院，道教的道观，还有大量的文人墨客留下的墨迹和诗文。"五岳"以其独特的雄姿和深厚的文化底蕴，成了"山之尊者"。清人魏源曾作《衡岳吟》，其中云："恒山如行，岱山如坐，华山如立，嵩山如卧，惟有南岳独如飞。"形象地描绘了"五岳"的地貌特征。

"五岳"作为帝王奉顾天命之所在，不仅具有出云导雨的自然神力，而且成为社稷江山一统的标志。泰山，又名岱山，位于山东省泰安市，海拔1545米；华山位于陕西省渭南市华阴市，海拔2154米；衡山位于湖南省衡阳市，海拔1300米；恒山位于山西省浑源县，海拔2016米；嵩山位于河南登封市，海拔1491米。

五岳是远古山神崇拜、五行观念和帝王巡猎封禅相结合的产物。以华山为例，五峰视临天下，东曰朝阳峰，西曰莲花峰，南曰落雁峰，北曰云台峰,中曰玉女峰,峰峰各异。在五峰之外,又围绕着小峰七十余座,犹如一层层花瓣包裹着"主山"。

朝阳峰山冈如削,巍峨险峻。峰顶长满巨桧乔松,山风吹来,阵阵松涛如吟如诵;莲花峰云光霞海,绝崖千丈,有沉香劈山救母传说的斧劈石;落雁峰四周群山起伏,苍苍莽莽,仰天池立其上,清澈透明,水涝不溢;云台峰四面悬绝,上冠景云,下通地脉,险峻如苍龙岭,千百年来流传着"韩退之投书"的故事。玉女峰林木苍翠,春秋五霸之一的秦穆公之女弄玉,吹箫引凤的美丽传说即源于此。穿行其中,香浥盈袖。华山是诸山咸止、诸水咸集的栖龙之地。

第三节 天人合一

春秋战国之际,"天人之辩"成为诸子百家争论的焦点。孔子强调"畏天命",墨子在重视人"强力而为"的同时,又提出"天志"的观念。老子提出"人法地,地法天,天法道,道法自然。"就是说,人应顺应自然。孟子认为,人在德性方面,只要重视对"诚"的扩充,诚如《中庸》所讲:"惟天下至诚,为能尽其性;能尽其性,则能尽人之性;能尽人之性,则能尽物之性;能尽物之性,则可以赞天地之化育;可以赞天地之化育,则可以与天地参矣。"庄子主张"无以人灭天,无以故灭命,无以得殉名,谨守而勿失,是谓反其真。"就是主张,不要用人事去毁灭天然,不要用造作去毁灭性命,不要因贪得去求声名,谨守这些道理而不违失,这就叫作回复到天真的本性。他又说:"天地与我并生,而万物与我为一。"荀子的观点是"明于天人之分",主张"制天命而用之"。中唐时期,关于"天人之辩"又掀起了热潮,刘禹锡提出"天与人交相胜"的观点。两宋时期,理学家大多秉持"物我合一"的观点,并以此来论证"天人合一"。

"天人合一"强调"天道"与"人道"的相融,以及"自然"与"人为"的相通。认为人与天事相通,人的善性、知性便能知天,达到"上下与天地同流"。西汉思想家董仲舒总结诸子学说,强调天与人以类相符。他在《春秋繁露》中讲:"天人之际,合而为一。同而通理,动而相益,顺而相受,谓之道德。"唐宋以后,多以孟子和《中庸》的观点从"理""性""命"等概念出发,论证与"天人合一"的思想。明清之际,王夫子认为"惟其理本一原,故人心即天",强调"以人道率天道"。在儒家来看,天是道德观念和原则的本原,"七十而从心所欲不逾矩"。在道家看来,天即自然,人是自然的一部分,因此,"有人,天也;有天,亦天也"。

"天人合一"思想构建了中华传统文化的主体,体现了中华民族的世界观、价值观,也深刻影响着中国古代陵寝制度。

第二章　陵寝名号

人固有一死,但同是一死,因生前尊卑有别,对"死"的称呼也就不相同。《礼记·曲礼下》云:"天子死曰崩,诸侯曰薨,大夫曰卒,士曰不禄,庶人曰死。"唐代杜佑《通典》载:"凡百官身亡,三品以上称薨,五品以上称卒,六品以下达于庶人称死也。"

韩非子有言:"夫立名号,所以为尊也。"在历代政治制度中,为帝王立名号是其中重要的一项。名号,即位号,指帝王在位时的年号、尊号,以及驾崩后的庙号、谥号及陵号。

第一节　庙号

庙号,是指过去帝王去世后被供奉在太庙中的名称。庙号起源于重视祭祀与敬拜的商朝,最初并不是所有君王都有。一般君王死后会建筑专属的家庙祭祀,但在几代之后就必须毁去原庙,而合于太庙祭祀,称为"祧"。如果每个帝王的庙都留下,若干代之后,为数众多的家庙就会形成祭祀上的困难。而对国家有大功的先王,就会特别追上庙号,以示永远立庙祭祀之意。如唐朝皇帝,李渊庙号高祖,李世民庙号太宗,李治庙号高宗,李显庙号中宗,李旦庙号睿宗,李隆基庙号玄宗,李亨庙号肃宗,李豫庙号代宗,李适庙号德宗,李诵庙号顺宗,李纯庙号宪宗,李恒庙号穆宗,李湛庙号敬宗,李昂庙号文宗,李炎庙号武宗,李忱庙号宣宗,李漼庙号懿宗,李儇庙号僖宗等。亡国之君,如果在新朝代沦落为臣的话,皆不设庙号和陵号。

一个有趣的现象是,有的帝王在驾崩之后,庙号会出现几个。这是由追尊、改谥等比较复杂的政治因素造成的。

第二节　谥号

谥号，是指用一两个字对死者的一生做一个概括性的评价，也就是"盖棺定论"的意思。据文献记载，谥号始于西周中叶，相传有周公谥法、春秋谥法。一说始于周穆王之子周孝王以后。《逸周书·谥法解》云：

  维周公旦、太公望开嗣王业，建功于牧之野，终将葬，乃制谥，遂叙谥法。谥者，行之迹也；号者，功之表也；车服者，位之章也。是以大行受大名，细行受细名。行出于己，名生于人。

《三国志·蜀志·诸葛亮传》载："夫崇德序功，纪行命谥，所以光昭将来，刊载不朽。"郑樵在《通志》中讲："立谥之意本为昭穆；命谥之义取于尊隆。"

谥法在兴起之初，仅有美谥和平谥两种，没有恶谥。谥号的善、恶，是在周召共和时产生的，如周厉王因为施暴政，"防民之口甚于防川"等而被谥为"厉"。春秋时期，谥法逐渐趋于规范化、制度化，并明显地出现了"子议父，臣议君"的现象。到了秦朝，秦始皇为了不让后人议论自己，即所谓"妄议皇帝"，故将谥法弃而不用。汉朝以"孝"治天下，所有皇帝的谥号前都加一个"孝"字，如孝惠帝刘盈、孝文帝刘恒、孝景帝刘启等等，一直到孝献帝刘协。魏晋南北朝时期，由于社会极其动荡，谥法也逐渐向平民化方向发展。进入隋唐时期，谥法发展到了极致。首先赐谥要取决于圣裁。凡驾崩皇帝的谥号皆由礼官议定后上奏，在得到继位的新皇帝认同后，方可颁布天下。而朝臣的谥号则由朝廷赐予。

一般来说，具有秩品的公卿及入品的夫人可以拥有谥号。在公卿大臣中，不乏陪葬帝陵、陪享太庙者，但不能有自己独立的庙号和陵号。

上谥，即表扬类的谥号。如"文"，表示具有"经纬天地"的才能，或"道德博厚""勤学好问"的品德；"康"，表示"安乐抚民"；"平"，表示"布纲治纪"等。中谥，多为同情类的谥号。如"愍"，表示"在国遭忧""在国逢难"；"怀"，表示"慈仁短折"等。下谥，即批评类的谥号。如"炀"，表示"好内远礼"；"厉"，表示"暴慢无亲""杀戮无辜"；"荒"，表示"好乐怠政""外内从乱"；"幽"，表示"壅遏不通"；"灵"，表示"乱而不慎"等。

除此之外，又有私谥。私谥始于汉，行于唐，盛于宋。凡士大夫死后，由其门徒或亲故根据谥法为之立谥。如东汉名士夏恭，字敬公，梁国蒙（今河南商丘）人，讲授《韩诗》及《孟氏易》，门徒常千余人。光武帝时拜为郎中，出为泰山（今山东泰安）都尉，年四十九卒。诸儒共议，谥其"宣明君"。东汉名士陈寔，字仲躬，颍川许县（今河南长葛市）人。"梁上君子"的故事就发生在他家。初为闻喜县（今山西运城市）令，复为太丘（今河南永城市西北）长。与其子陈纪、陈谌并称"三君"，与钟皓、荀淑、韩韶合称"颍川四长"。卒于家中，享年八十四岁。谥曰文范先生。海内赴吊者三万余人，车数千乘，司空荀爽、太仆令韩融等披麻戴孝，执子孙礼者逾以千计。大将军何进遣使致悼词，中郎蔡邕撰制碑铭。

关于中国古代皇帝的谥号，隋朝之前，或一字，或二字：如西汉皇帝刘盈谥"惠"，东汉刘庄谥"明"，三国魏曹丕谥"文"，三国吴孙休谥"景"，西晋司马炎谥"武"，东晋司马睿谥"元"，南朝宋刘裕谥"武"，南朝齐萧鸾谥"明"，南朝陈陈霸先谥"武"，西魏元宝炬谥"文"，东汉刘秀谥"光武"，北朝北魏拓跋珪谥"道武"，北朝东魏元善见谥"孝静"，北朝北齐高洋谥"文宣"，北朝北周宇文觉谥"孝闵"等。

唐朝开始，皇帝的谥号字数不断增加，据《唐书》《资治通鉴》《唐会要》等文献记载,有一至九字不等,如高祖李渊谥曰"大武皇帝""神尧皇帝";太宗李世民谥曰"文皇帝""文武圣皇帝",高宗李治谥曰"天皇大帝",中宗李显谥曰"孝和皇帝",睿宗李旦谥曰"大圣真皇帝",玄宗谥曰"至道大圣大明孝皇帝",肃宗谥曰"文明武德大圣大宣孝皇帝",代宗李豫谥曰"睿文孝皇帝",德宗李适谥曰"神武孝皇帝",顺宗谥曰"至德大圣大安孝皇帝",宪宗谥曰"昭文章武大圣至神孝皇帝",穆宗李恒谥曰"睿圣文惠孝皇帝",敬宗谥曰"睿武昭愍孝皇帝",文宗李昂谥曰"元圣昭献孝皇帝",武宗李炎谥曰"至道昭肃孝皇帝",宣宗李忱谥曰"圣武献文孝皇帝",懿宗谥曰"昭圣恭惠孝皇帝",僖宗李儇谥曰"惠圣恭定孝皇帝",昭宗谥曰"圣穆景文孝皇帝",哀帝谥曰"昭宣光烈孝皇帝"等。

常规情况下为七字,如天宝十三载(754)二月初七,玄宗祭祀太庙,上高祖李渊谥号曰"神尧大圣大光孝皇帝",上太宗李世民谥号曰"文武大圣大广孝皇帝",上高宗李治谥号曰"天皇大圣大弘孝皇帝",上中宗李显谥号曰"孝和大圣大昭孝皇帝",上睿宗李旦谥号曰"玄真大圣大兴孝皇帝"。但无论几字谥,除个别外,谥末一字皆为"孝"字,堪称历代帝谥之典范。

随着时间的推移,有的谥号字数也在逐渐增加。如玄宗李隆基谥加"开元天宝圣文神武应道皇帝";肃宗李亨谥加"文明武德大圣大宣孝皇帝",顺宗李诵谥加"至德弘道大圣大安孝皇帝",宪宗李纯谥加"昭文章武大圣至神孝皇帝",宣宗李忱谥加"元圣至明成武献文睿智章仁神聪懿道大孝皇帝"等。

唐朝在追尊的皇帝中,谥号一般为一字,如献祖李熙谥曰"宣皇帝",懿祖李天赐谥曰"光皇帝",太祖李虎谥曰"景皇帝",世祖李昞谥曰"元皇帝",以及太尉宁王李宪谥曰"让皇帝"。

北宋时期,谥号一般不超过八字,如,宋太祖谥曰"英武圣文神德皇帝",宋太宗谥曰"神功圣德文武皇帝",宋真宗谥曰"文明章圣元孝皇帝",宋仁宗谥曰"神文圣武明孝皇帝",宋英宗谥曰"宪文肃武宣孝皇帝",宋神宗谥曰"英文烈武圣孝皇帝",宋哲宗谥曰"钦文睿武昭孝皇帝",宋徽宗谥曰"圣文仁德显孝皇帝",宋钦宗谥曰"恭文顺德仁孝皇帝",等等。

到了清朝,谥号字数多寡不一,如清太祖爱新觉罗·努尔哈赤,谥曰"承天广运圣德神功肇纪立极仁孝睿武端毅钦安弘文定业高皇帝",计二十四字。其余为二十至二十二字不等。如乾隆帝爱新觉罗·弘历,嘉庆四年(1799)四月,谥曰"法天隆运至诚先觉体元立极敷文奋武孝慈神圣纯皇帝",计二十字。道光帝爱新觉罗·旻宁,尊谥号为"效天符运立中体正至文圣武智勇仁慈俭勤孝敏宽定成皇帝",计二十二字。

帝王生前给自己叠加谀辞的现象比较罕见,而给自己定谥的先例始于武则天。从此,谥号由客观评判变成了一味溢美。

命谥有着特定的用字规范,对立谥之字,既不能随意乱用,也不可任意解释。如庄、武、文、宣、襄、明、睿、康、景、懿等,可作为具有褒扬之意的上谥;怀、悼、哀、闵、殇等,可作为具有怜惜之意的平谥;恶谥则具有贬抑之意,如厉、灵、炀等。

在先秦史籍《逸周书》中就有专门的谥法,当属历代朝廷给谥之范本,现择其要者列举如下(注:括号内文字为原始解法):

德象天地曰帝(同于天地)
仁义所在曰王(民往归之)
立志及众曰公(志无私也)

执应八方曰侯（所执行八方应之）

赏庆刑威曰君（能行四者）

称善赋简曰圣（所称得人，所善得实，所赋得简）

照临四方曰明（以明照之）

经纬天地曰文（成其道）

绥柔士民曰德（安民以居，安士以事）

安民立政曰成（政以安定）；

渊源流通曰康（性无忌）

由义而济曰景（用义而成）

清白守节曰贞（行清白执志固）

辟土服远曰桓（以武正定）

夙夜警戒曰敬（敬身思戒）

刚德克就曰肃（成其敬使为终）

尊贤贵义曰恭（尊事贤人，宠贵义士）

慈惠爱亲曰孝（周爱族亲）

道德纯一曰思（道大而德一）

蚤孤短折曰哀（早未知人事）

壅遏不通曰幽（弱损不凌）

在我国古代文献中，对皇帝的称呼往往采用其年号或谥号或庙号。比如，对隋朝以前的皇帝多称谥号，如秦始皇、汉文帝、汉武帝、汉明帝、魏文帝、晋惠帝、隋文帝、隋炀帝等；对唐宋元代的皇帝则多称庙号，如唐太宗、唐玄宗、宋真宗、宋孝宗、元成宗、元宁宗等；对明清时期的皇帝则多称年号，如洪武帝、永乐帝、万历帝、崇祯帝、康熙帝、乾隆帝、咸丰帝、光绪帝等。

第三节 陵号

陵号,是指历代皇帝及皇后陵寝的名号。陵号产生于战国时期,秦朝帝王没有陵号,汉朝以后,陵号才得到了普及。帝王的陵号一般用于本朝,但有时也用来指代驾崩的皇帝。

陵号是严格按照《逸周书》中的谥法解而命名。以汉陵为例,汉昭帝刘弗陵平陵之"平"字,治而无眚曰平,执事有制曰平,布纲治纪曰平。以唐陵为例:唐高祖李渊献陵之"献"字,博闻多能曰献,惠而内德曰献,智哲有圣曰献,聪明睿智曰献;唐太宗李世民昭陵之"昭"字,容仪恭美曰昭,昭德有劳曰昭,圣闻周达曰昭,声闻宣远曰昭;唐中宗李显定陵之"定"字,大虑静民曰定,安民大虑曰定,纯行不爽曰定,安民法古曰定;唐玄宗李隆基泰陵之"泰"字,循礼安舒曰泰,临政无慢曰泰;唐代宗李豫元陵之"元"字,能思辩众曰元,行义说民曰元,始建国都曰元,主义行德曰元;唐敬宗李湛庄陵之"庄"字,兵甲亟作曰庄,澼圉克服曰庄,胜敌志强曰庄,死于原野曰庄,屡征杀伐曰庄,武而不遂曰庄;唐让皇帝李宪惠陵之"惠"字,柔质慈民曰惠,爱民好与曰惠,柔质受谏曰惠;等等,不胜枚举。

关于唐高宗的陵名,当时有朝臣建议:太宗山陵名曰昭陵,有昭示帝气之意,陛下陵就定名为承陵,以承接太宗恩泽。而高宗舅父、太尉、同中书门下三品长孙无忌奏曰:"梁山位于长安西北,在八卦中属乾位,乾为阳,为天,为帝。长安是陛下今世帝都,梁山自然为陛下万年寿域的天堂帝都,人间天堂,天地合一,乾坤相合,主定陛下永世为帝王。依臣之见,请定名为乾陵!"高宗闻后十分高兴,遂定名为乾陵。此外,还有一种说法是:在八卦中,"乾"代表着"西北"方向,若以长安为中心,该陵正好位于长安的西北方位,故称乾陵。考察唐代另外十七座帝陵,乃至我国数百座古代帝陵,均未发现以"乾、坤、震、巽、坎、离、艮、兑"八卦方位命名的。所以,我们只能说这纯粹属于一种方位上的巧合,不足为凭。相反,以献、泰、定、崇等美好吉祥字眼命名的皇陵几乎历代都有。

图3　唐高宗乾陵　　　　　党明放 摄

在历代帝王的陵寝中,陵号普遍存在着重名现象:

永安陵两座:一为南朝齐宣帝萧承之的陵寝(位于今江苏丹阳市胡桥镇狮子湾村),二为北宋宣祖赵弘殷的陵寝(位于今河南巩义市西村乡)。

兴宁陵两座:一为南朝宋孝穆皇帝刘翘陵寝(位于今江苏镇江市谏壁镇),二为唐世祖李昞陵寝(位于今陕西咸阳市正阳乡)。

献陵两座:一为唐高祖李渊的陵寝(位于今陕西三原县徐木乡),二为明仁宗朱高炽和皇后张氏的陵寝(位于今北京市昌平区燕山山麓)。

昭陵五座:一为南北朝时期北周明帝宇文毓的陵寝(位于今陕西咸阳市渭城区),二为唐太宗李世民与文德皇后长孙氏的陵寝(位于今陕西省咸阳市礼泉县九嵕山),三为五代时期南汉中宗刘晟的陵寝(位于今广东广州市白云区),四为明穆宗朱载垕的陵寝(位于今北京市昌平区燕山山麓),五为清太宗皇太极与孝端文皇后博尔济吉特氏的陵寝(位于今辽宁沈阳市北)。

乾陵两座:一为唐高宗李治与武则天的合葬陵寝(位于今陕西乾县城北之梁山),二为辽景宗耶律贤和睿智皇后萧氏的合葬陵寝(位于今辽宁北镇市富屯乡)。

定陵六座:一为三国时东吴景帝陵寝(位于今安徽当涂县围屏乡),二为南北朝时期北周宣帝宇文赟的陵寝(位于今陕西咸阳市渭城区底张镇),三为西汉广宗王刘如意的陵寝(位于今河北邢台市威县),四为唐中宗李显的陵寝(位于今陕西富平县宫里镇凤凰山),五为明万历皇帝朱翊钧的陵寝(位于今北京市昌平区燕山山麓),六为清咸丰皇帝爱新觉罗·奕詝的陵寝(位于今河北遵化市昌瑞山平安峪)。

泰陵五座:一为西夏景宗李元昊的陵寝(位于今宁夏银川市贺兰山东麓),二为隋文帝杨坚与独孤皇后的合葬陵寝(位于今陕西杨陵区五泉镇),三为唐玄宗李隆基与元献皇后杨氏的合葬陵寝(位于今陕西蒲城县椿林镇金粟山南麓),四为明孝宗朱祐樘的陵寝(位于今北京市昌平区笔架山东南麓),五为清世宗雍正皇帝与孝敬宪皇后及敦肃皇贵妃的合葬陵寝(位于今河北易县永宁山)。

建陵两座:一为南朝梁文帝萧顺之陵寝(位于今江苏丹阳市荆林乡),二为唐肃宗李亨的陵寝(位于今陕西礼泉县昭陵社区武将山南麓)。

崇陵两座:一为唐德宗李适的陵寝(位于今陕西泾阳县蒋路乡嵯峨山南麓),二为清光绪皇帝爱新觉罗·载湉的陵寝(位于今河北易县西陵镇金龙峪)。

景陵四座:一为北魏宣武帝元恪的陵寝(位于今河南洛阳古墓博物馆西院),二为唐宪宗李纯的陵寝(位于今陕西蒲城县义金帜山南麓),三为明宣宗朱瞻基与皇后孙氏的合葬陵寝(位于今北京市昌平区燕山山麓),四为清圣祖爱新觉罗·玄烨(康熙帝)的陵寝(位于今河北遵化马兰峪昌瑞山脚)。

庄陵三座:一为梁简文帝萧纲的陵寝(位于今江苏丹阳市荆林乡),二为隋恭帝杨侑的陵寝(位于今陕西乾县阳洪乡),三为唐敬宗李湛的陵寝(位于今陕西三原县陵前镇)。

和陵两座:一为唐昭宗李晔的陵寝(位于今河南偃师市顾县镇),二为五代时期后蜀太祖孟知祥的陵寝(位于今四川成都市磨盘山南麓)。

在历代帝王陵号中,于"陵"字之前有加一字者,有加两字者。加两字者主要出现在南朝宋、齐、陈及两宋时期。比如:南朝宋武帝刘裕的初宁陵,南朝齐高帝萧道成的泰安陵,南朝陈武帝陈霸先的万安陵,北宋太祖赵匡胤的永昌陵,北宋太宗赵光义的永熙陵,南宋高宗赵构的永思陵等。在两宋帝陵中,陵名首字皆选"永"字,且一"永"到底,整齐划一。

北魏从开国皇帝道武帝拓跋珪到献文帝拓跋弘,五位皇帝均葬在云中(今内蒙古托克托东北),且一直沿用"金陵"为陵号,合称"云中金陵"。除道武帝拓跋珪和明元帝拓跋嗣的陵寝可以确定分别位于内蒙古林格尔县和托克托县外,其余三座陵址均不可考。原因可能与北方民族传统的"潜埋"习俗有关。据《宋书·索虏列传》记载:"死则潜埋,无坟垄处所,至于葬送,皆虚设棺柩,立冢椁,生时车马器用皆烧之以送亡者。"

清朝帝陵的命名比较复杂。第一种情况,如果皇帝已经驾崩,而陵寝尚未建成,或陵寝建成不久,梓宫尚未葬入之前,就为大行皇帝陵寝拟定名号,如世宗孝陵、穆宗惠陵以及德宗崇陵等。随着时间的推移,帝陵名号也在不断变化之中。如顺治陵寝,初称世祖章皇帝陵,后称世祖章皇帝山陵,直至康熙元年(1662),康熙降谕,称尊世祖章皇帝陵曰孝陵。第二种情况,陵寝已经开始动工,但尚未有皇后等待入葬,陵寝则称万年吉地。如兴建于乾隆八年(1743)的裕陵,初称圣水峪万年吉地。乾隆十七年(1752),葬入孝贤皇后之后,改称孝贤皇后陵。乾隆驾崩后,正式定陵号为裕陵。

即便是为皇帝建成的陵寝,而先葬入皇后的,陵寝暂时以皇后谥号命名。但随着入葬皇后人数的增加,陵寝名号也会随之变化,如康熙景陵。康熙十三年(1674),皇后赫舍里氏薨,谥曰仁孝皇后。康熙十五年(1676),称仁孝皇后陵寝。康熙二十四年(1685),康熙第二位皇后孝昭皇后葬入此陵,陵名改称仁孝皇后、孝昭皇后陵寝。康熙二十八年(1689),再葬孝懿皇后佟佳氏入内,又改称陵名为仁孝皇后、孝昭皇后、孝懿皇后陵寝。康熙六十一年(1722)十一月十三日,康熙驾崩,遂与三位皇后同葬。雍正元年(1723),陵寝正式名号为景陵。

在清陵名号中,唯道光的慕陵特殊。道光十五年(1835),道光帝将年仅四岁的皇四子奕詝及三岁的皇六子奕訢叫到身边,教读朱谕:"敬瞻东北,永慕无穷,云山密迩。呜呼,其慕与慕也!"并藏之殿内东暖阁。道光三十年(1850)正月,道光帝病情加重,命将"正大光明"匾额后的锦盒取下,内有御笔两谕:先书"封皇六子奕訢为亲王";后书"立皇四子奕詝为皇太子",并附有相应满文。不久,道光于圆明园慎德堂驾崩,皇四子奕詝即位,是为文宗,改元咸丰。宣读道光遗旨,遂命道光陵寝名号为慕陵。尽管在谥法解中并无"慕"字,但还是比较贴近道光对父母"终生孺慕"的意义。

第四节 追尊陵号

在帝王陵寝制度中,有一个不约而同的惯例,那就是追封祖陵。历朝的开国皇帝,在登基之初,往往会追尊自己数代祖先为"□皇帝"

或"□□皇帝"。同时将原有的祖先坟墓加以修葺,或者重建,最终堂而皇之地也冠以陵号。

南朝宋武帝刘裕建国后,追尊自己的父亲刘翘为孝穆皇帝,母亲赵氏为孝穆皇后,并在丹徒京口(今江苏镇江市京口区)为其建造兴宁陵。宋文帝刘义隆即位后,追尊自己的母亲胡婕妤为章皇太后,并在丹徒京口为其兴建熙宁陵。

李渊祖父李虎,字威猛,陇西成纪(今甘肃天水市秦安县)人,西魏八柱国之一,官至左仆射,封陇西郡开国公,"荣盛恩宠,莫与为比"。西魏大统十七年(551)五月卒,北周建立政权后,袭爵为唐国公,谥襄。初葬长安,隋大业二年(606)迁葬清水(今甘肃清水县)。李渊建唐后,于武德元年(618),又将其灵柩从清水迁回长安(今陕西三原县陵前镇石马道村北),并追尊为景皇帝,庙号太祖,葬地称永康陵。

李渊之父李昺,因佐周伐魏之功,擢为北周安州总管,赐柱国大将军,袭封陇西郡公,北周保定四年(564),加封唐国公。北周建德元年(572)卒,谥仁,葬咸阳塬(今陕西咸阳市韩家湾乡怡魏村南)。实际上这是一座典型的北周国公墓。武德初,李渊追尊其父为元皇帝,庙号世祖,其葬地称兴宁陵。

永昌元年(689),武则天在临朝称制期间,追尊其父武士彟为周忠孝太皇,其母杨氏为忠孝太后,并将咸阳塬(今陕西咸阳市底张镇陈家村西南)的杨氏墓号为明义陵。天授元年(690)九月初九,则天称帝,再追尊其父为太祖孝明高皇帝,其母为太祖孝明高皇后,再改明义陵为顺陵。开元元年(713),李隆基即位后,才削去武士彟的太祖孝明高皇帝及杨氏的太祖孝明高皇后之号,仍称太原王、太原王妃,诏改顺陵为王妃墓。母以女贵,杨氏墓也就随其女武则天风光了二十多年。

李宪(678—741),本名李成器,睿宗李旦嫡长子。在册立皇太子问题上,李宪认为:"储副,天下之公器,时平则先嫡,国难则先功,重社稷也。"因推让皇位与其弟李隆基,有高士之风。睿宗顺应人望,乃许此请。开元七年(719),徙封李宪为宁王,以表其恭谨谦让,安守臣节,不干预朝政,不私结党羽。开元二十九年(741)十一月二十一日李宪病卒,玄宗号泣失声,念兄长推让皇位之功,谥曰让皇帝(推功尚善曰让;德性宽柔曰让)。入殓时,玄宗出御服一袭,并亲手写了二百三十余言的挽词,命右监门将军高力士亲手誊抄,并置于宁王灵前,词称"李隆基表白"。追赠李宪妃元氏为恭皇后,祔葬同州奉先县(今陕西蒲城县)西北十里桥陵之侧。出殡时,适逢雨雪,玄宗垂泪扶柩,并命其长子庆王李潭等文武百官于泥泞中步送十里,号墓为惠陵。

图4 唐让帝惠陵　　　　党明放 摄

洪武元年(1368)正月初四,朱元璋在南京称帝,是为太祖,改元为明,年号洪武。据《明史》记载:

> 太祖即位,追上四世帝号。皇祖考熙祖,墓在凤阳府泗州蠙城北,荐号曰祖陵。设祠祭署,置奉祀一员,陵户二百九十三。皇考仁祖,墓在凤阳府太平乡。太祖至濠,尝议改葬,不果。因增土

以培其封,令陵旁故人汪文、刘英等二十家守视。洪武二年荐号曰英陵,后改称皇陵。设皇陵卫并祠祭署,奉祀一员、祀丞三员,俱勋旧世袭。陵户三千三百四十二,直宿洒扫。礼生二十四人。

洪武二年(1369),朱元璋依北宋帝陵旧制,开始在家乡安徽凤阳为自己的父母修建陵园,"悼往推恩,旌椒兰之懿行,传美名于千古"。洪武十二年(1379)建成,追尊父亲朱五四为淳皇帝,陵号英陵,后改称皇陵。

洪武十九年(1386),朱元璋又在江苏盱眙县洪泽湖西岸建造祖陵,追尊其祖父朱初一为熙祖裕皇帝,曾祖朱四九为懿祖恒皇帝,高祖朱百六为德祖玄皇帝。

清太祖努尔哈赤即位后,追赠其远祖孟特穆为肇祖原皇帝、曾祖福满为兴祖直皇帝、祖父觉昌安为景祖翼皇帝、父亲塔克世为显祖宣皇帝。

第三章 陵寝格局

格,是对事物的认知;局,指事情的形势与结局。格局本意是指事情的一种布局,或是指对事物的一种结构,一种描述。在不同的历史时期,王陵、帝陵的建造都有着不同的格局。

第一节 殷周时期

《周易·系辞传下》:"古之葬者,厚衣之以薪,葬之中野,不封不树。"所谓"不封",就是在地面上不留封土堆;所谓"不树",就是在墓地面不种树木。及至后来,墓地以所种树木种类来区分逝者的等级。《白虎通》云:"天子坟高三仞,树以松;诸侯半之,树以柏;大夫八尺,树以栾;士四尺,树以槐;庶人无坟,树以杨柳。"

殷周时期,王侯列鼎而葬。身份地位不同,殡葬的规模和礼仪也不同。

周朝的棺椁有着严格的等级制度。《礼记·檀弓上》记载:"天子之棺四重,水兕革棺被之,其厚三寸;杝棺一;梓棺二。四者皆周……柏椁以端长六尺。"郑玄注:"诸公三重,诸侯两重,大夫一重,士不重。"清代学者金鹗认为郑玄的注解有误,故在其《求古录礼说·棺椁考》中指出:"天子之下即应是诸侯,不该再分出诸公,故西周时期棺椁制度应当为'天子四重,诸侯三重,大夫二重,士不重。'"《荀子·礼论篇》云:"天子棺椁十重(按:"十"系"七"之误),诸侯五重,大夫三重,士再重。"有学者分析认为,"天子棺椁七重",在形式上,当为"三椁四棺";以此类推,"诸侯五重",当为"二椁三棺";"大夫三重",当为"一椁二棺";"士再重"当为"一椁一棺"。考古发现,长沙象鼻嘴一号长沙王吴著墓为三椁。

针对棺椁规格、色彩及用料,文献详有记载。《礼记·丧大记》云:

> 君大棺八寸,属六寸,椑四寸;上大夫大棺八寸,属六寸;下大夫大棺六寸,属四寸,士棺六寸。君里棺用朱绿,用杂金钻;大夫里棺用玄绿,用牛骨钻;士不绿。君盖用漆,三衽三束;大夫盖用漆,二衽二束;士盖不用漆,二衽二束。君、大夫鬠爪;实于绿中;士埋之。

因死者身份及地位的不同,在出殡的形式和礼仪上也存在着很大的差异。《礼记·丧大记》中讲:"君殡用輴,攒至于上,毕涂屋;大夫殡以帱,攒置于西序,涂不暨于棺;士殡见衽,涂上帷之。""熬,君四种八筐,大夫三种六筐,士二种四筐,加鱼腊焉。"其中,"君四种八筐",是指君王殡时,用八只筐子盛装所用的黍、稷、稻、粱四种谷物。"大夫三种六筐",是指大夫殡时,用六只筐子盛装所用的黍、稷、粱三种谷物。"士二种四筐",是指士人殡时,用四只筐子盛装所用的黍、稷二种谷物。

死者身份和地位不同,棺椁装饰也不同。《礼记·丧大记》载:

> 饰棺,君龙帷、三池,振容。黼荒,火三列,黼三列。素锦褚,加伪荒。缁纽六。齐,五采五贝。黼翣二,黻翣二,画翣二,皆戴圭。鱼跃拂池。君纁戴六,纁披六。大夫画帷二池,不振容。画荒,火三列,黻三列。素锦褚。缁纽二,玄纽二。齐,三采三贝。黻翣二,画翣二,皆戴绥。鱼跃拂池。大夫戴前纁后玄,披亦如之。士布帷布荒,一池,揄绞。缁纽二,缁纽二。齐,三采一贝。画翣二,皆戴绥。士戴前纁后缁,二披用纁。君葬用輴,四綍二碑,御棺

用羽葆。大夫葬用輴，二绋二碑，御棺用茅。士葬用国车。二绋无碑，比出宫，御棺用功布。凡封，用绋去碑负引，君封以衡，大夫士以咸。君命毋哗，以鼓封；大夫命毋哭；士哭者相止也。

因死者身份和地位的不同，停尸时间也不相同。《礼记·王制》云："天子七日而殡，七月而葬；诸侯五日而殡，五月而葬；大夫、士、庶人三日而殡，三月而葬。"《左传·隐公元年》载："天子七月而葬，同轨毕至；诸侯五月，同盟至；大夫三月，同位至；士逾月，外姻至……"

考古发现，湖北随州战国早期姬姓曾国国君曾侯乙墓，整个椁室由底板、墙板、盖板共171根巨型长方木铺垫垒叠而成。木料的规格有两种，一种长10米左右，宽厚在0.5—0.65米之间。另一种长6米左右，宽厚亦在0.5—0.65米之间。北室的盖板和底板各用木材10根，长度在5.8—6米之间，宽0.5—0.55米，厚0.55—0.6米。东室的盖板和底板共用木材34根，长度约6.1米，宽0.6—0.65米，厚0.55—0.6米。据初步估算，仅使用成材的楠木多达500立方米。其木椁全部为梓木，而填塞木椁顶面及四周防潮木炭多达60吨，并在木炭之上覆筑青膏泥、白膏泥，其上盖铺石板，再覆筑五花土，直达墓口。而曾侯乙青铜架楠木髹漆彩绘木棺重达7吨，分内外两层，内棺长2.49米，宽1.27米，高1.32米；外棺长3.2米，宽2.1米，高2.19米。据不完全统计，在漆棺外壁，用黑、黄颜料喷绘出形态各异的神、龙、鸟、蛇及兽等图像九百多个。棺椁盖面的图案由一百三十六条龙组成，共有四行，每行十七组，每组有龙两条，首尾相接。在两侧壁板上各绘一"田"字形的窗棂，在窗棂两侧的守门者为执戟的神兽。椁内分作东、中、北、西四室，棺分内外双重，内棺外面彩绘门窗及守卫的神兽武士，外棺有青铜框架。东室放置主棺一具，彩绘陪棺八具；西室放置彩绘陪棺十三具，多为十三至二十五岁女性。北室放置兵器、车马器及竹简；中厅内置放大量的礼乐器；在东室通往中厅的门洞处，安放狗棺一具。地宫东西长21米，南北宽16.5米，距地表深13米，面积为二百二十平方米。

图5　曾侯乙墓形制

殷周之后，君王模仿皇宫建筑，都会在都邑建置宗庙。其建筑分前、后两部分，前"朝"后"寝"。前面的"朝"，系祭祀场所，里面供奉着神主牌位，称之为"庙""太庙"或"宗庙"。春秋之前，在礼制上，宗庙除了用作祭祀先祖的场所之外，在政治上，还作为举行典礼及宣布决策的地方。每遇军国大事，都要先到宗庙向神主禀报，朝礼、聘礼、策命礼，以及战后的献俘礼等都要在宗庙举行。由此可见，宗庙的地位是凌驾于朝廷之上的。庙后面的建筑陈列神主的衣冠和生活用品，系瞻仰场所，称之为"寝"。《诗经·小雅·巧言》云："奕奕寝庙，君子作之。秩秩大猷，圣人莫之。"由于庙与寝的用途不同，其建筑样式也不相同。《尔雅·释宫》说："室有东西厢曰庙，无东西厢有室曰寝。"庙是按照朝廷宫殿的样式建筑的，所以，在室的东西两侧建有厢房。

陵侧起寝，始于殷商。《汉书·韦贤传附韦玄成传》载："园中各有寝、便殿。"颜师古注："寝者,陵上正殿,若平生路寝矣。便殿者,寝侧之别殿耳。"按照蔡邕的说法,秦始皇为了便于死者灵魂能够就近饮食和起居,便在陵旁立庙,陵侧起寝。

第二节　秦汉时期

秦朝(前221—前207)是由战国时期的秦国发展起来的中国历史上第一个大一统王朝。秦始皇陵是中国历史上第一位皇帝嬴政的陵寝,位于陕西西安市临潼区骊山北麓。《括地志》载："秦始皇陵在雍州新丰县西南十里。"《关中记》载："始皇陵在骊山。泉本北流,障使东西流。有土无石,取大石于渭诸山。"

骊山是秦岭北麓的一个支脉,东西绵延约二十五公里,南北宽约七公里。传说因其山体像一匹骊色(黑色)骏马而得名。同时,骊山是神话传说中女娲生活过的地方,又是中国历史上"褒姒一笑,周幽王痛失江山"故事的发源地。骊山以山色艳丽著称,"骊山晚照"更是驰誉中外的"关中八景"之一。每当夕阳西下,骊山所呈现出的壮丽景象,令人心旷神怡。明人刘储秀《骊山晚照》诗云："由来秀岭多奇峰,一望岚光翠且重。复此斜阳相掩映,红云万朵照芙蓉。"清人朱集义《骊山晚照》诗云："幽王遗没旧荒台,翠柏苍松绣作堆。入暮晴霞红一片,尚疑烽火自西来。"《水经注》云："秦始皇大兴厚葬,营建冢圹于骊戎之山,一名蓝田,其阴多金,其阳多美玉,始皇贪其美名,因而葬焉。"

骊山,海拔千余米,断层错落,山峦与沟壑相间,一条条南北走向的山谷,形成了一道道河流。秦始皇帝陵就位于骊山北麓冲积扇上。此地背倚山峰,面临平原,有东西两侧水流的拱卫。

陵园依照国都咸阳城的格局设计,设计者为丞相李斯,少府令章邯监工。共征集了七十二万人力,动用修陵人数最多时近于八十万。据《秦始皇帝陵考古报告》载,秦始皇陵有内、外两重夯土城垣,建筑结构平面呈长方形,内城长 1355 米,宽 580 米,周长 3870 米,外城周长 6321 米。整个陵区范围约有两平方公里。

从总体上看,秦始皇陵就是一座坐北向南的皇都宫城,但陵城和地宫的正门却是面东,也就是说,陵园坐西面东。陵墓位于内城垣右部,左部为寝殿和便殿。从礼制方面考察,秦朝以右为尚,故将陵墓置于右部,不但主次明确,而且也与文献上"起殿于墓侧"的记载相吻合。

秦始皇陵冢位于内城南部,呈覆斗形,外表呈四棱柱体,一喻东西南北四面,代指四方天下;二喻春夏秋冬四季,代指古往今来。顶部略微平坦,自下而上,筑有陵台三层。按照《汉书》记载,秦始皇陵"其高五十余丈,周回五里余"。汉代一丈折合今天的 2.30 米,以此计算,秦始皇陵原高度为 115 米,经过两千多年的风雨剥蚀,再加上人为因素的破坏,现高 51 米。底部近似正方形,南北长 515 米,东西宽 485 米,底边周长 1700 余米。唐代许浑曾作《途经秦始皇墓》,诗中道:"龙盘虎踞树层层,势入浮云亦是崩。一种青山秋草里,路人唯拜汉文陵。"

图 6　秦始皇陵　　　　　　　陈雪华 摄

据史料记载,秦始皇陵园中曾建有各式宫殿,陈列着许多奇珍异宝。秦陵四周分布着大量形制不同、内涵各异的陪葬坑和陪葬墓,其中包括举世闻名的、被誉为"世界第八大奇迹"的兵马俑坑。1987年12月,秦始皇陵及兵马俑坑被联合国教科文组织批准列入《世界遗产名录》。

经对秦始皇陵地宫钻探,在垂直26米深处仍然是夯土层。专家推测秦始皇陵地宫深度当在50米左右。

关于秦始皇陵的地宫,根据现代科学探测提供的资料分析,地宫的主体部分应是一个广口小底的直竖式方形坑穴。据科学探测,地宫四周有宫城墙,宫城平面近似方形,采用砖坯砌成,南北长460米,东西宽392米,墙体高、宽各为4米。

在秦始皇陵园西侧,则是埋葬修陵役徒的墓地。

西汉(前206—8),是中国历史上继秦朝之后的大一统王朝,史称"前汉"。

西汉帝陵分设长安城东南陵区和咸阳塬陵区。在长安城东南陵区,则分布着汉文帝刘恒霸陵、汉宣帝刘询杜陵。因政治中心南移,为了形成"渭水贯都,以象天汉"的规模,导致汉陵只能往咸阳东南延伸。咸阳塬陵区地势开阔,黄土深厚,面临渭河,遥望终南,背靠北山,依势而建,皆能体现皇权的至高无上。自东而西依次为:汉景帝刘启阳陵、汉高祖刘邦长陵、汉惠帝刘盈安陵、汉哀帝刘欣义陵、汉元帝刘奭渭陵、汉平帝刘衎康陵、汉成帝刘骜延陵、汉昭帝刘弗陵平陵、汉武帝刘彻茂陵,九座帝陵东西一线,绵延百里,号称"渭北九陵"。

在西汉十一座帝陵中,东门皆为正门。汉高祖刘邦长陵(今陕西咸阳渭城区正阳镇怡魏村)首开"因陵设县"之先河。汉文帝霸陵(今陕西西安市东郊白鹿原东北)首开"因山为陵"之先例。所谓"因山为陵",就是将墓室直接开凿在山体之中,或称"崖墓"。

据说，崖墓形制的产生与道家的"羽化升天"的观念有关，即希望人死后可"带体升天"，得道成仙。

除汉高祖刘邦、汉惠帝刘盈的陵庙建于长安城内，汉文帝刘恒的陵庙建于长安城南外，自景帝刘启开始，创立"陵旁立庙"制度。清代徐乾学《读礼通考》云：

> 汉不师古，诸帝之庙不立于京师而各立于陵侧，故有朔望及时节诸祭，此实祭庙，非祭陵也。又皆祠官致祭，天子不亲行，即世祖祭长安诸陵，止因巡幸而祭之，亦非特祭。其率百官而特祭于陵，实自明帝始也。

《汉书·韦贤传》载：

> 京师自高祖下至宣帝，与太上皇、悼皇考各自居陵旁立庙，并为百七十六。又园中各有寝、便殿。日祭于寝，月祭于庙，时祭于便殿。寝，日四上食；庙，岁二十五祠；便殿，岁四祠。又月一游衣冠。

在陵寝与陵庙之间辟有一条通道，到了祭祀的日子，就要把"寝园"中先帝生前穿戴过的衣冠"请出"，通过专用通道游历到"陵庙"，谓之"衣冠所出游道"，或称"衣冠道""宗庙道""游衣冠""游道"，意在引领墓主的灵魂到陵庙中接受祭祀。

出游衣冠时，为了显示隆重和气派，还得动用车马护送。史载："今衣冠出游，有车骑之众。"除了每月一次的"游衣冠"外，尚有其他祭祀活动。晋灼引《汉仪注》：

宗庙一岁十二祠。五月尝麦,六月、七月三伏,立秋䝝娄,又尝粢。八月先夕馈飨,皆一太牢,酎祭用九太牢。十月尝稻,又饮烝,二太牢。十一月尝,十二月腊,二太牢。又每月一太牢,如闰加一祠,与此上十二为二十五祠。

游衣冠专用通道隶属于掌宗庙礼仪的专门机构——太常,如果出了问题,太常就得担责。《汉书·百官公卿表下》载,元朔二年(前127),"蓼侯孔臧为太常,三年,南陵桥坏,衣冠道绝,免(职)"。

据《汉书·匡张孔马传》记载:

禹年老,自治冢茔,起祠室,好平陵肥牛亭部处地,又近延陵,奏请求之。上以赐禹,诏令平陵徙亭它所。曲阳侯根闻而争之:"此地当平陵寝庙衣冠所出游道,禹为师傅,不遵谦让,至求衣冠所游之道,又徙坏旧亭,重非所宜……宜更赐禹它地。"根虽为舅,上敬重之不如禹,根言虽切,犹不见从,卒以肥牛亭地赐禹。

由此可见,到了西汉晚期,"衣冠道"已经显得不那么重要了。

每逢正月,公卿百官、皇亲国戚,以及地方郡吏皆聚集京师,出席朝贺皇帝的仪式,谓之"元会仪"。永平二年(59),东汉明帝刘庄为了表达对先帝的思念之情和孝敬之心,遂将每年正月举行的"元会仪"移至光武帝刘秀原陵(今河南孟津县白鹤镇铁榭村),向光武灵位行朝拜祭祀之礼,地方郡吏则依次向光武灵位禀报黎民疾苦及风土民情等,以便于光武的在天之灵明察国事。与此同时,又把每年八月在宗庙举行的"酎祭礼"也移到陵寝中举行,谓之"上陵礼"。

为了进一步适应礼制的需要,还会在原有陵寝基础设施上进行扩建,诸如举行仪式的大殿,悬挂大钟的钟虡等。在上陵礼中,"钟鸣,谒者治礼引客,群臣就位如仪","高祖庙钟十枚,各受十石,撞之声闻百里"。

园寝,或称陵寝,是指以寝殿为中心的建筑群。园寝之名始于汉朝。据《后汉书·祭祀志下》云:"汉诸陵皆有园寝,承秦所为也。"又云:"秦始出寝,起于墓侧,汉因而弗改。"根据中山国王陵中的兆域图,称陵墓上的中心建筑为"堂",堂内置编钟,秦改称"陵寝"。堂上设神座、床、几、匣、匮、被、枕、衣冠以及日常生活用具,由宫人如同对待活人一般侍奉,每天"随鼓漏,理被枕,具盥水,陈严(妆)具",并且四次按时向墓主进奉食品。这种"日祭于寝""日上四食"的陵寝制度得到了传承。

西汉时期,又称"陵寝"为"寝殿"。礼仪规制是,帝陵坐西朝东,寝殿则位于陵墓之北。从西汉盛世的开创者——汉景帝刘启阳陵开始,寝殿被易至陵园之外帝陵东南。东汉帝陵的陵寝,一般都建造在帝陵之东。

阳陵居于陵园中部偏西。后陵、嫔妃及王公大臣陪葬墓区、罗经石遗址位于帝陵南北两侧,左右对称;刑徒墓地及三处建筑遗址在帝陵西侧,呈南北一字排列。陪葬墓园呈棋盘状分布于帝陵东侧的司马道两侧;阳陵邑则设在陵园的东端。整个陵园以帝陵为中心,四角拱卫,南北对称,东西相连,布局规整,结构严谨,显示了唯我独尊的皇家意识和严格的等级观念。

西汉帝陵还有一个特点,就是在陵园附近建置陵庙。陵庙是由宗庙发展而来,公元前156年,汉景帝刘启在汉文帝刘恒的霸陵旁建立了陵庙,称霸陵陵庙。中元四年(前146),汉景帝刘启诏令在自己的陵寝——阳陵,建造德阳宫,称阳陵陵庙。从此以后,"陵旁立庙"制度便一直持续到汉末。

关于陵庙制度,文献记载是起始于汉高祖刘邦长陵,而专家考证则始于汉文帝刘恒霸陵。正殿乃陵庙的主体建筑,另有便殿,周有城垣,四面各辟一门,谓之"庙园"。有专门的机构和专人职奉陵庙。

汉陵墓室称为"方中",方中的玄宫,称作"明中",一般高一丈七尺,周长二丈,距离地表深为十三丈。

帝王之棺称作"梓宫",四重,内涂朱红色,外施以黑色,上面彩绘日月鸟兽图案。梓宫长一丈三尺,宽高各为四尺。

墓室四面居中位置各辟一条墓道,谓之"羡道"。在羡道与方中相通处有"羡门",在地面上与羡道相连接的道路,被称为"神道",分别与陵园四面司马门相对。

西汉承袭秦朝规制,墓上建筑石阙、石祠堂及墓前石刻,风行建造城门、宫殿、祠庙及墓前对称的石刻。

阙,又称"两观",或称"象魏",是最早出现在周朝的建筑物,主要用途是表示大门。春秋战国时期,阙建于宫门前以供张贴告示或法令。西汉时期,墓阙一般两座相对,分列于神道两旁,由础石、阙身和阙顶组成,高2—6米不等,阙身装饰有人物、禽兽、花卉之类的图案,阙顶样式或单檐或重檐。

东汉(25—220),是中国历史上继西汉之后又一个大一统的中原王朝,与西汉统称"两汉"。西汉宗室刘秀称帝,定都雒阳(今河南洛阳)。东汉在洛阳城东南和西北分设两大陵区。在东南陵区,分布着明帝刘庄显节陵、章帝刘炟敬陵、和帝刘肇慎陵、殇帝刘隆康陵、冲帝刘炳怀陵、质帝刘缵静陵、桓帝刘志宣陵。在西北陵区,分布有光武帝刘秀原陵、安帝刘祜恭陵、顺帝刘保宪陵、灵帝刘宏文陵。

在东汉十二座帝陵中,自明帝刘庄显节陵开始,不再设置陵邑,并废除"陵旁立庙",继之在墓前修建石殿,实行"同堂异室"的供奉制度,并改用"行马"替代陵园四周城垣。行马,古称梐枑,俗称鹿角,拦阻人马通行的栅栏,常置于官署前,以为路障。

第三节　唐宋时期

长安是中国历史上第一座被称为"京"的都城，意为"长治久安"。周、秦、汉、西晋、前赵、前秦、后秦、西魏、北周、隋、唐等十三朝曾建都于此，与南京、洛阳、北京、开封、杭州、安阳并称"中国七大古都"，与罗马、开罗、雅典并称"世界四大古都"，也是中国古代规模最为宏伟壮观的都城。长安，西周时称镐京、秦称咸阳、后秦称常安、隋称大兴城，城池在规划过程中，包含"法天象地""天人合一"的建筑理念。

唐长安城南北长为8651米，东西宽为9721米，面积84平方公里，周长35.5公里，墙宽12米左右，墙高5米多。按中轴对称布局，由宫城、皇城及外郭城组成。宫城位于全城北部中心，皇城在宫城之南，外郭城则以宫城、皇城为中心，向东西南三面展开。宫城、皇城、外郭城平行排列，以宫城象征北极星，以为天中；以皇城百官衙署象征环绕北辰的紫微垣；外郭城象征向北环拱的群星。唐人张子容《长安春早》诗云："开国惟东井，城池起北辰"，说的就是这种布局效应。

唐代长安城内，东西南北交错的二十五条大街将全城分为两市一百零八坊。其中以朱雀大街为界将城区分为东西两部分：东部属万年县，一市五十三坊；西部属长安县，一市五十五坊。一百零八坊排列恰好寓意一百零八位神灵的一百零八颗星曜；南北排列十三坊，象征着一年有闰；皇城以南东西各四坊，象征着一年四季；皇城以南，南北九坊，象征着《周礼》书中所谓的"五城九逵"。长安城布局规整，城内百业兴旺，人口最多时超过100万，堪称中国古代都城的典范。

长安城内主要宫殿有太极宫、大明宫和兴庆宫，俗称"三大内"。太极宫是隋唐时期皇帝的寝所和视朝听政之地，东西长1968米，南北宽1492米，称"西内"，或"大内"。据文献记载，在太极宫南面辟有五门，正门为承天门，东为长乐门，再东为永春门，承天门西为广运门，再

第三章 陵寝格局

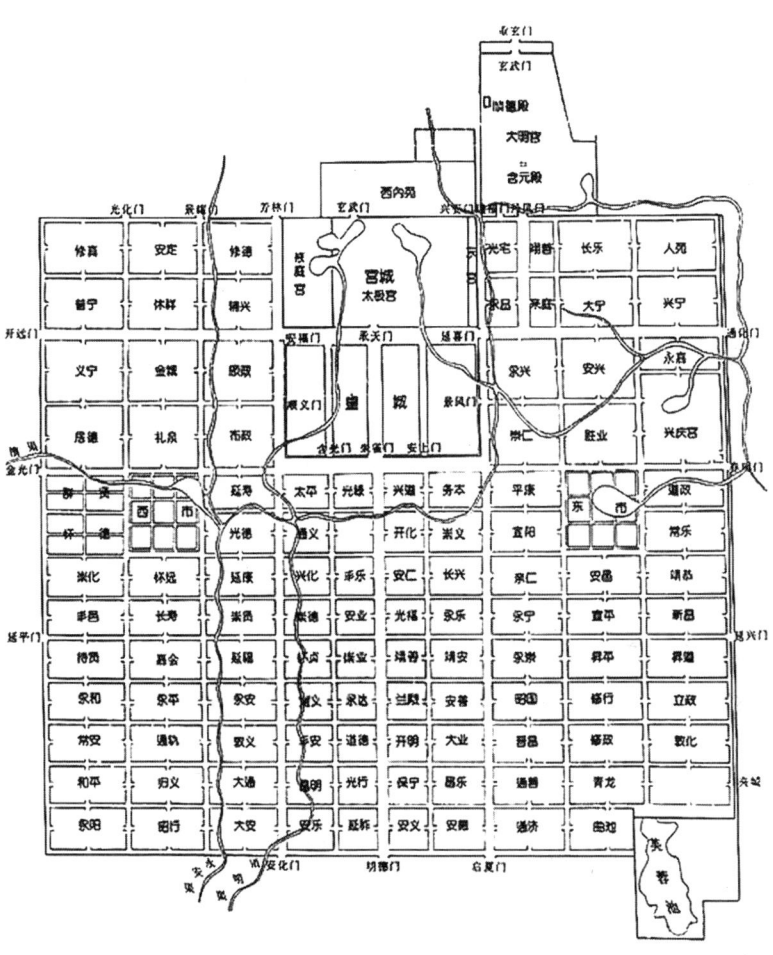

图7 唐长安城平面图

西为永安门,太极宫地面辟有两门,正北即玄武门,东侧为安礼门。

唐朝帝陵,除唐末昭宗李晔和陵、哀帝李柷温陵分别位于河南偃师缑氏镇之景山及山东菏泽朱集乡朱水河畔外,其余十八座皆分布在陕西渭河以北的第二道黄土台塬及北山山脉各主峰南麓,自东而西,横跨蒲城、富平、三原、泾阳、礼泉及乾县六县,绵延三百里,人称"唐十八陵",或称"关中唐十八陵""渭北唐十八陵"。唐十八陵在地理位置上,恰好形成了一个以唐长安城为中心,平铺于渭河之北呈 102°的扇面形。古人尚北,据《旧唐书·吕才列传》记载:"古之葬者,并在国都之北,域兆既有常所。"唐十八陵,南与秦岭遥相对峙,气势壮观。

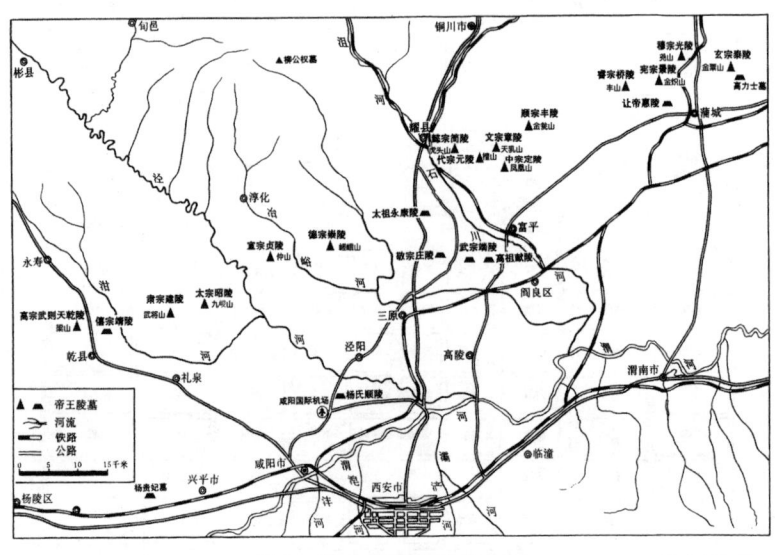

图 8　关中唐十八陵分布图　　　马永军 绘

唐朝奉行以方为贵。在唐十八陵中,有四座封土为陵,陵丘为方形覆斗式。有十四座因山为陵,多属圆锥形孤山,山峰南北多为巨石陡坡,东西多为沟壑深谷。这种背依山原,面临平川,隔渭河与长安城相望的山陵布局,使得帝王陵墓的博大、威严、肃穆得到充分的

第三章 陵寝格局

展现。

唐陵陵园仿照长安城格局设计,分内、外城,城墙四面各开一门,四角建有阙楼,四门外各列置石狮一对,南门外设神道,两旁列置石刻,北门外列置仗马及控马人各三对,部分帝陵列置石虎及蕃酋石像。下宫,即亲庙,位于陵山西南方向,用以供奉帝王皇后的灵魂起居,以及陵署令、丞、录事、府、史、主衣、主辇、主乐、典事、掌固、陵户等陵役人员住所。因受地理和山形等因素制约,下宫去陵远近不等。最近者乃文宗章陵,下宫去陵三里;最远者乃太宗昭陵,下宫去陵十八里;其次是宣宗贞陵,下宫去陵十里;其次是懿宗简陵,下宫去陵七里,高祖献陵、高宗乾陵、中宗定陵、睿宗桥陵、玄宗泰陵、肃宗建陵、代宗元陵、德宗崇陵、顺宗丰陵、穆宗光陵、敬宗庄陵及僖宗靖陵,下宫去陵皆为五里;武宗端陵,下宫去陵四里。

处于关中道渭河之北的唐帝陵,因地貌不同,神道长度与宽度也不相同,而神道的长度和宽度又直接影响着石刻与石刻之间的间隔距离。据文献记载,高祖献陵神道长575米,宽39.5米;高宗乾陵神道长649米,宽25米;中宗定陵神道长623米;睿宗桥陵神道长625米,宽110米;肃宗建陵神道长710米,南宽约268米,北宽约215米。

初建李渊献陵时,由于唐陵寝制度上不完善,只能参照汉陵制度。其后的唐太宗昭陵、唐高宗乾陵、唐中宗定陵、唐睿宗桥陵、唐玄宗泰陵、唐肃宗建陵、唐代宗元陵、唐德宗崇陵、唐顺宗丰陵、唐宪宗景陵、唐穆宗光陵、唐文宗章陵、唐宣宗贞陵、唐懿宗简陵等十四座帝陵皆"因山为陵",规模宏大,气势恢宏,墓室设在半山腰处,高踞陵园北部,皇帝皇后同穴而葬。陵园分内外两重,四周筑有围墙,内城围墙四面正中各辟一门,按左(东)青龙、右(西)白虎、前(南)朱雀、后(北)玄武四神方位命名。朱雀门为正门,门外设神道,并于神道两侧筑乳阙一对,再往南筑鹊台一对。外设城墙,外城墙有三道门,神道两侧所列置

47

的石刻位于第二道和第三道门之间。陵宫位于陵城正中,其南为献殿,其西南为下宫,在第一道门外的东南方向则分布着皇族宗室及文武大臣的陪葬墓。

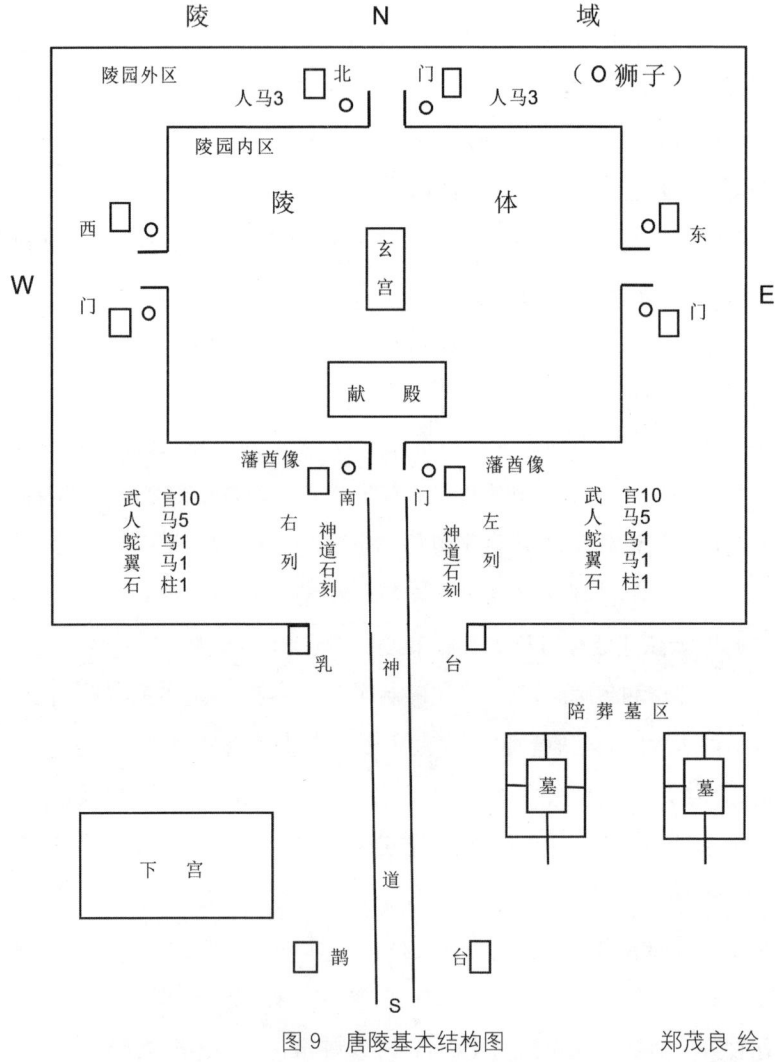

图9 唐陵基本结构图　　　　郑茂良 绘

昭陵位于陕西省礼泉县境内的九嵕山。经魏徵推荐,建陵工程由负责营建长安城的工部侍郎阎立德、阎立本兄弟仿唐长安城的建制设计。九嵕山南麓陡峭,北麓舒缓。因受地形的制约,献殿设在朱雀门内,遗址约40米见方,重檐九间,主要用于上陵朝拜或举行重要祭祀典礼之用。东西面有庑房、阙楼以及门庭。殿东有翔鸾阁,殿西有栖凤阁。两阁有飞廊与大殿相通,殿前有一条呈波浪状的通道,谓之"龙尾道"。大殿东西长约60米,南北宽约10米。献殿遗址曾出土了一件古建筑脊饰实物——鸱尾。鸱尾体高1.5米,底长1.0米,宽0.65米,重约150公斤。祭坛设在玄武门,东西长53.5米,南北宽86.5米,面积达4500多平方米,呈南高北低,平面略呈梯形。上面陈列着十四个少数民族酋长的石像。石像俱高八尺,座高三尺。东西庑殿陈列着闻名世界的昭陵六骏浮雕石刻。

图10　唐太宗昭陵　　　　　　　党明放 摄

帝王陵园里的献殿除了供特定的具有政治意义的国事活动外,还安奉墓主的神位和陈列墓主生前的服御之物。《昭陵志》载:"高力士于太宗献殿见小梳厢一、柞木梳一、黑角篦子一、草根刷子一,叹曰:

'此先帝首创义旗,新王皇极,随身服用,惟留此物。将欲传示子孙,永存节俭。'"

据文献记载,在乾陵神道东侧乳峰下,原有六十朝臣画像祠堂。北宋元祐七年(1092)六月,奉天县(今陕西乾县)县丞赵楷曾看到陕西转运使游师雄所绘《唐高宗乾陵图》,元人李好文《长安志图》记载:

> 唐之诸帝,功烈如太宗明皇者,可谓盛矣!宜其立陇完固,及于无穷,今兵火之余,荒墟坏皿,瓦砾仅存,理亦宜也。独高宗武后之陵,崇丘磅礴,上诣青冥,双阙耸峙,丹青犹在,是岂造物者有以扶护而致然耶?抑亦穷匮国力,深规厚图、使人未易窥耶?转运游公,一日,按部过乾陵,慨然兴叹,乃录高宗天后时朝臣六十人重图于陵所。其间忠良骨鲠、高才俊逸,如张说、苏颋、狄仁杰、娄师德、刘仁轨、唐休、宋璟、李峤、贺知章、马周、李昭德、王琳、张仁愿、崔神庆、李务光、张柬之、魏元忠、陆元方、李怀远、毕诚、杜景佺,皆一代善士,固当纪者。若夫武三思、韦巨源、崔湜、武承嗣、苏味道、封德彝之辈,回邪险佞、负国自谋而皆绘形于壁,镌记于石,丹青可渝,而善恶之迹不可变,珉石可磨,而劝戒之意不可泯,则斯名也,其与天地同于不朽哉!

从文献记载情况看,六十人仅记有二十七人,其中大半为高宗李治与武则天时代的朝臣,个别为太宗李世民的朝臣。

六十朝臣画像祠堂原为阁楼式,内以墙壁隔成小间,在每一小间的东壁和南壁上各绘一人,北壁上书写所绘朝臣事迹及赞语。武则天称帝后,为泄私愤,将反对过她的司徒、赵国公长孙无忌及尚书右仆射、河南郡公褚遂良的绘像清除掉。司空、太子太傅、上柱国、英国公、赠太尉、扬州大都督李勣之孙李敬业于扬州起兵反武,武则天除掘李勋墓外,又将其绘像涂掉。睿宗复位后,却将武三思的绘像除掉,重新绘了长孙无忌、褚遂良及李勋画像,真是一朝天子一朝臣啊!

图11　唐乾陵古建筑分布示意图　　刘向阳 提供

靖陵是唐僖宗李儇的陵寝,位于陕西乾县铁佛乡南陵村,是目前唯一被动抢救发掘的唐朝帝王陵墓。唐朝灭亡后,靖陵遭到多次盗掘。1994年12月30日晚,一伙盗墓贼在陵墓封土堆南侧用炸药炸开了一道十六米深的盗洞,对墓葬造成严重的破坏。靖陵地宫由墓道、甬道及墓室三部分组成,全长44.18米。其中墓道长35.6米,宽2.4—2.9米不等,在其腰部留有一个二层台。在墓道的东、西两侧原绘有壁画,题材为青龙、仪卫等。甬道长3.8米,宽2.4米,顶部已经坍塌。在甬道两壁绘有执戟武士壁画,北部东西各楷两个壁龛,内绘兽首人身生肖图案。甬道以北为土洞墓室,穹隆顶,东西5.8米,南北4.5米,在东西两壁,各有对称的三个小龛,南壁东西两侧各一小龛,龛内绘制着宽袖长袍、双手执笏的兽首人身生肖图案。在墓室的北壁上,隐约可见侍臣图及顶部天象图的残留部分。而最令人吃惊的是,墓室内的石棺床竟然是用乾陵陪葬墓的尚书左仆射豆卢钦望和杨再思的墓碑做成的。堂堂帝陵如此,可见朝廷财政的窘迫之态。

北宋帝陵皆积土成冢。陵台为方形覆斗状三重式,神墙环绕,四角有阙台,上建楼观亭阁,南设神道,神道两边列置石刻。不设围墙,

中国古代陵寝文化

图12　唐僖宗靖陵　　　　　陈雪华 摄

用橘枳之属做成篱笆，围绕陵园。每陵设"柏子户"若干，陵台四周广植松竹橘柏，纵横如织，谓之"柏城"。

北宋帝陵的规模远不及唐陵，建制也与唐陵有别：整个陵园皆由茔域上宫及下宫组成，茔域四周广植棘枳，除了皇帝陵外，还有皇后陵，以及功臣和宗室的陪葬墓。上宫是陵台及四周墙垣以内部分。陵台居上宫中心位置，呈覆斗形。四面墙垣中心各开一门，四隅建角阙，南门为正门，门外置放石武士、石奔狮各一对，其南为神道，远处设土阙两重。

北宋帝陵分布在河南巩义市芝田镇八陵村南。陵区地形开阔，岗坡平缓，东与隔天坡河相望，南依嵩山余脉白云山，北接伊洛水，地势呈南高北低，东穹西垂，依次为太祖永昌陵、太宗永熙陵、真宗永定陵、仁宗永昭陵、英宗永厚陵、神宗永裕陵、哲宗永泰陵，加上太宗赵匡胤之父宣祖赵弘殷永安陵，被称"七帝八陵"。这里祔葬着二十二位皇后，以及分布着上千座皇室子孙的陪葬墓。

北宋帝陵由上宫、下宫、后陵及陪葬墓组成。上宫是指陵墓前面的所有建筑物,从鹊台开始,经乳台、神道、神墙到陵台;下宫是守墓宫人进行日常祭祀的场所,位于玄武门外西北方向约30米处。宋人李攸《宋朝事实·仪注三》记载:"英宗葬永厚陵。英宗梓宫至永厚陵,馆于席屋。从韩公下视,宫有正殿,置龙輴,后置御座;影殿置御容,东幄卧神帛,后置御衣数事。斋殿旁皆守陵宫人所居。其东有浣濯院,有南厨。厨南,陵使廨舍,殿西,副使廨舍。都知石全育为陵使。"意思是说,正殿之后有影殿,影殿供奉皇帝画像及衣冠。影殿之后有斋殿,斋殿内供奉佛像,斋殿旁房屋为守陵人所住。英宗永厚陵石椁高一丈,其凿长一丈二尺,深阔七尺,盖条石各长一丈,阔二尺,十四板。皇堂方三丈,深二丈三尺;麓巷长八十三尺,深阔一丈八尺。自平地至深六十三尺,隧道长四百七十尺,石人物六十事。

北宋帝陵的封土堆被称为陵台,陵台分三层,平面呈方形覆斗状,陵台下部的墓室,称玄宫,或称皇堂。陵园四周筑有神墙,四面正中各辟一门,谓之神门。神墙四角建角阙。神门外设置乳台一对,列置石狮一对,在南神门外建有鹊台,两侧列置石刻,自外而里依次为石望柱、石像生。尽管都属帝陵,但各陵神道的距离,陵台、鹊台、乳台、神墙、神门的高度,以及陵园的方广不尽相同,主要由太常礼院、司天监及陵园奉修所参酌议定。

《宋会要辑稿·礼》三十九之一载:

> 太祖乾德元年十二月二十三日,诏改卜安陵……二年正月七日以宰臣范质为改卜安陵使……十一日有司请新陵皇堂。下深五十七尺,高三十九尺。陵台三层,正方,下层每面长九十尺。南神门至乳台,乳台至鹊台皆九十五步。乳台高二十五尺,鹊台增四尺。神墙高九尺五寸。周回四百六十步,各置神门角阙。

乾德元年，即公元963年。

《宋会要辑稿·礼》三十九之二载：

真宗咸平六年二月，太常礼院议康、定二陵制度，请依改卜安陵例，诏比安陵减省制度。康陵比安陵减省外，皇堂深四十五尺，灵台高三十三尺，四面各长七十五尺。神墙高七尺五寸，四面各长六十五步。四神门，南神门外至乳台四十五步，乳台高一丈五尺。乳台至鹊台五十五步，鹊台高一丈九尺。简穆皇后陵比孝明皇后减省，亦同此制。其石作比安陵减三分之一。每陵四神门外，各设狮子二。南神门外宫人二，文武官各二，石羊、石虎各四，石马各二，并控马者望柱石二。

咸平六年，即公元1003年。

《宋会要辑稿·礼》三十七之六十九载：

高宗皇帝绍兴二十九年九月二十日，皇太后崩于慈宁宫之慈宁殿。二十一日，文武百官赴慈宁殿听宣皇太后遗诰，曰："园陵制度，务从俭省，毋事烦劳。"十月一日，礼部、太常寺言："大行皇太后攒宫已依典故差按行使、副，检照国朝典故，园陵并系祔葬，止差按行使，不曾差覆按。昨隆祐皇太后攒宫系创始营奉，及显肃皇后攒宫系与徽宗皇帝同时迁奉，曾差覆按使，事体不同。今来大行皇太后攒宫合祔永裕陵，依典故自不合差覆按使。"从之。以得旨令有司检照典故，至是讨论来上。四日，太常寺讨论大行皇太后攒宫合用典礼下项：一、国朝典故，园陵皇堂、神台下深丈尺不同,及园陵上宫合置四神门,南门乳台、鹊台、石作宫人等。今来止系修奉攒宫,欲并依昨昭慈圣献皇后、显肃皇后攒宫礼例修奉施行。

绍兴二十九年,即公元1159年。

《永定陵修奉采石记》记载了永定陵营建规模情况:皇堂石二万七千三百七十七段,门石一十四,侍从人物象马之状六十二,共计二万七千四百五十三段。永定陵皇堂之制,深八十一尺,方百四十尺。永熙陵皇堂深百尺,方广八十尺。两座帝陵如此差别,是因墓室砖结构与石结构不同缘故所造成。

在帝陵下宫的前方稍偏西的位置为皇后及嫔妃的陵墓区。四周围绕神墙,神墙四面正中各辟一门,门侧设阙台,门外列置石狮一对。神墙四隅建角阙。朱雀门外设神道,神道两侧列置石刻。

南宋系偏安王朝,在祖宗陵园沦陷之后,另择陵地于绍兴,以"潜埋"方式为暂厝之所,谓之"攒宫",意为攒集梓宫之处,待将来收复失地后,再迁回祖茔重建陵墓。

在南宋九位皇帝中,除恭帝、端宗等末三帝外,其余如高宗、孝宗、光宗、宁宗、理宗、度宗六帝皆权攒于浙江绍兴市皋埠镇宝山,潜埋于此,攒宫加陵号。

南宋永思陵的皇堂石藏子为长方形石室,外置石壁一重。后因江浙地区地库土湿,再置石壁一重,在两壁之间以胶土夯筑,与石藏一平。根据《读礼通考·山陵五》的记载情况如下:皇堂在焉,初开穴,南北长三丈七尺六寸,东西阔三丈二尺,深九尺,四围用白石胶土五层,以石周砌为,石藏长一丈六尺二寸,阔一丈六寸,所用椁长一丈二尺三寸,高七尺一寸,阔五尺五寸。纳梓宫于中,以天盘橐网覆盖,乃用青石为压栏,次铺承重柏木枋二十余条,次铺白毡二重,次铺竹箦,然后用青石条掩攒讫。上用香土二寸,客土六寸,然后以方砖砌地,其实土不及尺耳。南宋诸陵不起陵台,仅在其上建造殿堂三间,谓之"龟头",龟头下筑皇堂石藏子(即玄宫)。龟头外绕以砖砌之阶,施勾栏十七间。正面设以踏道。建筑亦分上、下宫,上宫外围竹篱,辟有四门,外篱之内有红灰墙一道,周长六十三丈五尺,内筑棂星门、殿门及献殿等,下宫建有前、后殿堂及神厨亭、库室、更衣厅及陵户驻守之所。其皇室子孙及大臣分散埋葬在杭州及绍兴两地。

南宋德祐二年(1276),元兵攻克临安,俘恭帝赵㬎等北去。后来,赵㬎出家甘州(今甘肃甘州区)白塔寺,后被害,葬地不详。临安失守后,群臣奉益王赵昰即位,是为端宗。端宗驾崩,葬海滨乱山之中,号永福陵。祥兴二年(1279),元兵穷追不舍,至崖山,丞相陆秀夫负帝赵昺投海,后尸体漂浮,身穿龙袍,当地百姓见状,打捞并埋葬于崖山(今广东江门市新会区)慈元庙附近。

第四节 明清时期

明朝帝陵除追封的祖陵外,共分为三处。在十六位皇帝中,除了太祖朱元璋葬在南京钟山南麓,惠帝朱允炆因"靖难之役"下落不明,景帝朱祁钰葬在京郊金山,其余十三位皇帝均葬在京郊昌平天寿山,称"明十三陵"。十三陵的营建历时二百多年,占地约四十平方公里,陵区周围群山环绕,陵皆背山而筑,因山设置围墙。

明孝陵是明朝开国皇帝朱元璋与皇后马氏的合葬陵,坐落在南京钟山南麓独龙阜玩珠峰下。独龙阜北依钟山主峰,阜高150米。孝陵占地面积达170万平方米,布局宏伟,规制严谨,周边泉幽林深,环境优美,是中国规模最大的帝王陵寝之一,2003年被列入联合国世界文化遗产名录。

明孝陵始建于洪武十四年(1381),至永乐十一年(1413)建成,历时三十年之久,先后征用役工十万。孝陵的建制,直接影响着明、清两朝五百余年二十多座帝陵的建筑格局,在中国帝王陵寝发展史上有着特殊的地位。

明孝陵总体布局,由卫岗的下马坊至文武方门全长2400米,周以红墙围绕,周长22.5公里。沿神道自南而北依次有:下马坊、神烈山碑、大金门、神功圣德碑碑亭、御桥、石像生、棂星门,由此折向东北,便进入陵园。在这条正对独龙阜的南北轴线上,依次有金水桥、文武方门、孝陵门、享殿、内红门、大石桥、方城、明楼及宝顶等,并筑有围墙。孝陵与历朝帝陵不同之处是,为了确保陵宫的安全,在陵区内设有外御河、内御河和宝城御河三条排水系统。下马坊是一座二间柱的石牌坊,额刻"诸司官员下马"楷体六字,告示凡进入孝陵祭祀的官员,须自此下马步行,以示对开国皇帝朱元璋的尊崇。神烈山碑位于下马坊东边36米,嘉靖十年(1531),改钟山为神烈山时所立,面阴钩浅刻"神烈山"三字,原有碑亭,现仅存四角石柱础。再向东17米处有一块禁约碑,崇祯十四年(1641)立,碑刻禁止损坏孝陵及谒陵的有关九条禁约。大金门位于下马坊西北750米处,是孝陵的第一道正南大门。原为黄色琉璃瓦重檐式建筑,现仅存砖石墙壁,下部为石造须弥座,面阔26米多,进深8米,墙壁上辟有三个券门洞,中门高5米,左右两门高约4米。神功圣德碑及碑亭位于大金门之北70米处,建于永乐十一年(1413),内置明成祖朱棣为其父朱元璋所立"神功圣德碑"。碑亭为砖石砌筑,现仅存四壁,每壁各辟宽5米的拱形门洞一孔,外观酷似城堡,俗称"四方城"。御桥位于神功圣德碑及碑亭西北约100米处。神道依地形山势建造,全长615米,在每一段落的节点处列置石像生来控制空间,形成一派肃穆气氛。石像生下铺垫完整的六朝砖。两侧列置石狮、石獬豸、石骆驼、石象、石麒麟、石马。每种两对,一跪一立,夹道迎侍。神道西端折向正北至棂星门,全长250米。两侧列置石望柱及石人。石人分文臣和武将。棂星门位于神道北18米处，现已重新修复。从遗迹看，棂星门当为三开间建筑。金水桥在棂星门东北275米处，亦称御河桥。桥为石砌，原为五孔，现存三孔。文武方门为孝陵正门，原为五门洞，三大二小，中间三个为拱形门洞，两边二个为长方形门洞。庑殿顶覆黄色琉璃瓦。到了同治年间，将其改建为一个门洞，上嵌清石门额，阴刻楷书"明孝陵"三字。1999年重新修复，恢复为五门，黄瓦、朱门、红墙，正门上方悬长方形门额，鎏金"文武方门"四字。宣统元年（1909），在正门东侧立有"特别告示"碑，以六国文字书写。碑亭后原有两御亭，东侧称具服殿，西侧称宰牲亭。孝陵门乃孝陵享殿前的中门，亦称碑殿。原为五门洞，后毁。清时改建为一歇山顶，三开间，红墙小瓦建筑，南北正中各开一门，亭内立碑刻五通。享殿位于碑殿之后。原殿毁于战火，现尚存三层汉白玉须弥座台基，通高3米，有大型柱础64个。台基四角石雕螭首，享殿基长57.30米，宽26.6米。现存地表建筑为同治十二年（1873）重建。

图13 明太祖孝陵神道石骆驼　　　　党明放 摄

相传，朱元璋崇仰天象，为了使自己的陵寝达到"魂归北斗"的完美效果，故将自己的寿域设计成"北斗星"图形，"勺头"为绕梅花山环行的导引神道部分，"勺柄"为正北方向直线排列的陵寝建筑部分，在"勺头""勺柄"上的"七星"依次为：四方城、石望柱、棂星门、金水桥、文武坊门、享殿、宝城。从平面结构图上看，孝陵的"七星"排列走向与南北朝、唐及辽所绘"北斗七星图"毫无二致。

明孝陵神道系永乐帝朱棣所建造，而"北斗七星图"说纯属巧合。事实上，神道之所以弯曲，与三国吴大帝孙权墓有关。当初修陵时，有朝臣建议将孙权墓迁走，但朱元璋认为孙权也是一位历史人物，遂将其墓留下，神道这么一绕，孙权墓反倒成了朱元璋墓的天然屏障和守卫门户。明孝陵曲径通幽、曲折藏深，无形中给人产生出了一种神秘感。明孝陵是中国传统建筑艺术与自然地理环境相融合的优秀典范。

图14　明太祖孝陵神道石象　　　　党明放 摄

朱棣（1360—1424）是朱元璋第四子，明朝第三位皇帝。洪武三年（1370），徙封燕王，镇守北平。建文帝朱允炆与亲信齐泰、黄子澄等采取一系列削藩举措，与此同时，又在北平部署兵力，将燕王朱棣的护卫精兵调往塞外戍守,准备削除燕王。于是,建文元年(1399),朱棣起兵反抗,挥师南下,史称"靖难之役"。战争历时四年,战乱中,建文帝下落不明。朱棣率军攻占南京,夺侄儿建文帝朱允炆帝位,改元永乐,史称成祖。

朱棣从称帝的那一刻起,就有了迁都的打算。永乐四年(1406),开始修建北平。翌年,皇后徐氏病故。永乐六年(1408),成祖派遣礼部尚书赵羾率钦天监阴阳训术曾从政、术士刘玉渊及廖均卿等人远赴北平城郊昌平县境内卜选陵地。据说,最先选址在口外的屠家营。屠,是宰杀的意思。因皇帝姓朱,"猪""朱"同音,此处犯讳,不可用。后又选在了昌平西南的羊山脚下,可在不远处有个村庄名叫狼儿峪,"猪"旁有"狼",则随时会有被吃的危险,也不可用。后又选中了一个名叫雁家台(今北京市门头沟区)的地方,"雁家台"谐音"晏驾台",晏驾,古时指帝王死亡,故又弃而不用。后几经周折,终于相得黄土山为吉壤。

黄土山属燕山余脉军都山的一支。朱棣亲临阅视,称"甚合朕意",遂封黄土山为天寿山。清朝地理学家梁份《帝陵图说·天寿山》云:天寿山乃"北干王气所聚"之地,主峰雄峙陵北,千峰崔巍,层峦叠嶂,东蟒山、西虎峪环抱左右,南面有龙山、虎山遥相呼应,环山之内川原开阔。

永乐七年(1409),开始为明成祖朱棣营造长陵,永乐二十二年(1424),朱棣驾崩于漠北,成了第一个入葬十三陵的帝王。自成祖朱棣开始,明代十四位皇帝中,就有十三位葬在这里。

十三陵有一个完全不同于历朝帝陵的情况,那就是长陵的神道、牌坊以及石刻组合均为其他陵墓"公用"之物,一条南北长达七公里的神道蔚为壮观。在陵区的正门外,有一座建于嘉靖十九年(1540)的石牌坊,高大雄伟,其结构为六柱五间十一楼,面阔二十九米,在六根方

第三章 陵寝格局

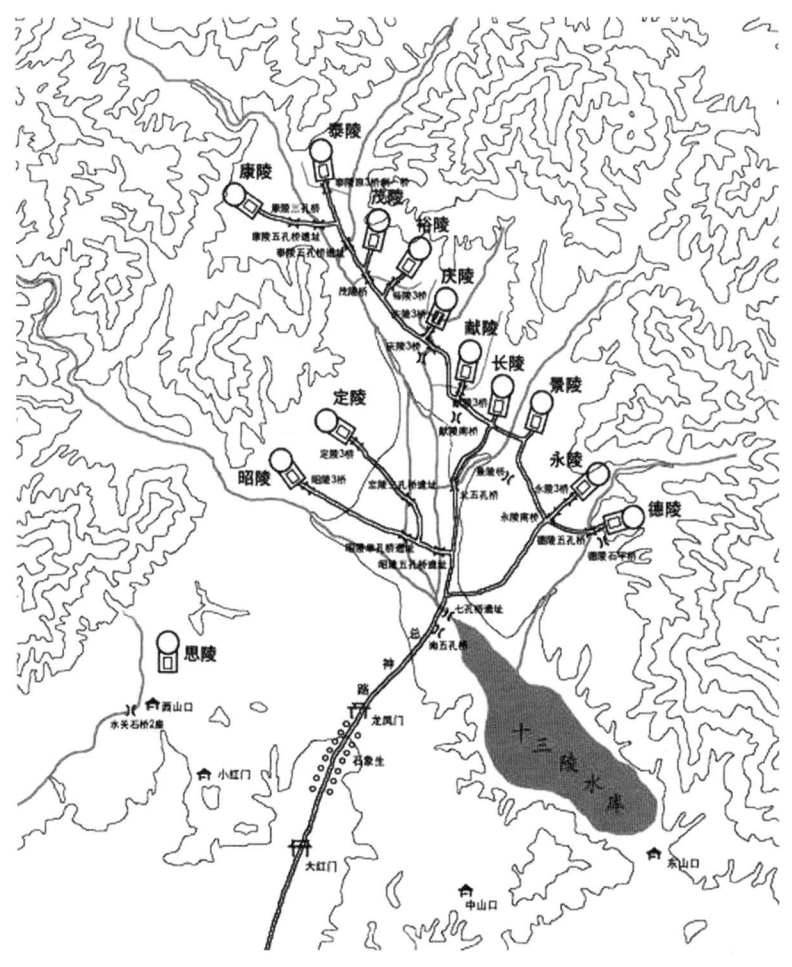

图 15 明十三陵分布图

柱底部浮雕云龙,顶端饰雕卧兽。陵区内,各陵形成各自独立的陵寝,每座陵都建造在各自的小山下面。随着山川的走势,设有绕陵墙垣一道,周长约为四十公里。大宫门之北是碑亭,碑亭位于神道中央,是一座歇山重檐、四出翘角的高大方形亭楼,亭内竖有高约七米的石碑一通,龟跌碑座,上题"大明长陵神功圣德碑"。碑阳由明仁宗朱高炽撰制,三千多字,明初著名书法家程南云书丹。碑阴为清代乾隆御制《哀明陵三十韵》。

图16 明长陵神功圣德碑亭　　　党明放 摄

碑亭之北约八百米长的神道两旁列置着大型石刻,依次为:望柱两尊,蹲狮一对、立狮一对、蹲姿獬豸一对、立姿獬豸一对、卧姿骆驼一对、立姿骆驼一对,卧象一对、立象一对,蹲姿麟麟一对、立姿麒麟一对,卧马一对、立马一对,个个威武雄壮,象征着皇帝生前朝会或大典时所设的仪仗和护卫。将军两对,品官两对,功臣两对,武大臣形象逼真,表情肃穆,栩栩如生。北接三门六柱式棂星门,顶饰龙状异兽,也称火焰牌坊,俗称龙凤门。

在十三陵神道的尽头,便是长陵的祾恩门(即天门之意),朱门金钉,面阔五间,进深两间。在祾恩门后,便是祾恩殿,是供奉皇帝和皇后神位,以及陵上祭祀活动的场所,其形制类似故宫的太和殿,面阔九间,进深五间,红墙黄瓦重檐,六十根金丝楠木明柱承托殿顶,显得庄重森严。祾恩殿后即为内红门,门上彩绘,色调深沉肃穆。门内即院,院内建筑有棂星门、石案及明楼,明楼后即为圆形宝城。宝城内置宇墙,外侧雉堞林立,中为马道,类似城堡。

从长陵建筑的疏密关系看,出现四个明显的节奏变化:一、从石牌坊到大红门,总长1253米,仅有三孔石桥一座,此段呈现为"疏";二、从大红门到龙凤门,总长1658米,分布有神功圣德碑亭、华表、望柱及十八对石像生,此段呈现为"密";三、从龙凤门到陵宫门,总长4393米,仅有七孔石桥一座,此段呈现为"疏";四、从陵宫门到陵宫,楼殿参差、廊庑辐辏,此段呈现为"密"。整体呈现"疏—密—疏—密"的变化节奏。

再从长陵建筑高低分布看,位于神道前端的神功圣德碑亭最高,其次为大红门、石牌坊、石像生、龙凤门。在陵宫的建筑中,祾恩殿最高,其次为祾恩门、陵门、殿后陵门、棂星门、石几筵。最后为明楼,突兀崛起,为陵寝建筑最高点。长陵整体建筑呈现"高—低—高—低—高"的起伏节奏,疏密有致、高低错落,烘托出了陵寝的庄严肃穆,同时给人一种强烈的艺术感染力。

明定陵是神宗朱翊钧与孝端皇后王氏、孝靖皇后王氏的合葬陵寝,坐落在大峪山下。

于万历十二年(1584)破土动工,历时六年完工,耗银逾八百万两。在玄宫金刚墙的后面,有一根神秘的自来石。石长1.60米,上有"玄宫七座门自来石俱未验"墨迹。自来石是明清帝王陵寝常用的封门方式。

定陵地面建筑十八万平方米,前有宽阔院落三进,后有高大宝城一座。陵正门前方是三座汉白玉石桥。过了桥是高大的碑亭。亭周围有祠祭署、宰牲亭、定陵监等建筑物300余间。再往后就是陵园最

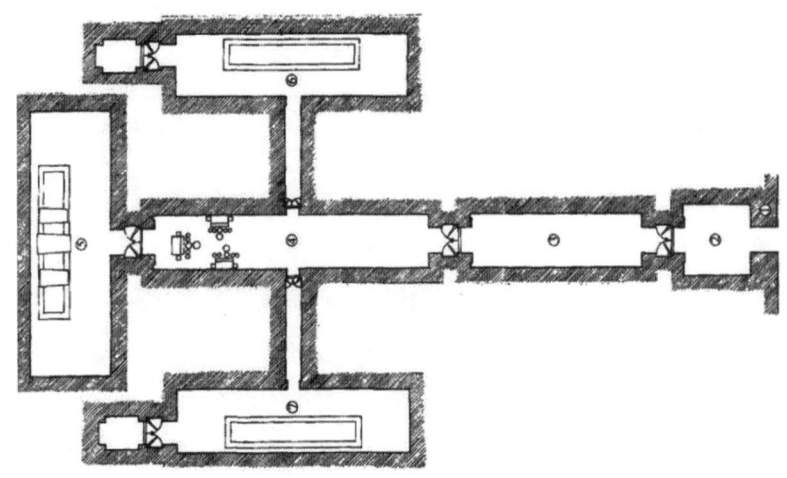

图 17　明定陵玄宫平面图　　　　采自《定陵》

外面的围墙——外罗城。

陵宫的总体布局亦呈前方后圆之形。地上部分的主体建筑坐落在大峪山与蟒山主峰之间的中轴线上。陵前有长方形青石板铺就的神道，全长 3000 米，宽阔的路面上可并行三辆马车。从七孔桥北 100 米处向西北延伸，经三孔桥和金水桥，便可直抵陵园门口处的无字碑。无字碑体积巨大，螭首龟趺，因其迥异于常见石碑，通身光洁不留一字而得名，也成为后人心中的谜。

在外罗城内，稍偏后部位为宝城。其平面近似圆形，直径约 230 米。宝城墙的垛口均采用打磨平整的大块花斑石垒砌。内环砖砌宇墙，宇墙与垛口之间为铺砖马道。在墙的前部设有城台（又称"方城"），城台下承石刻须弥座，上建重檐歇山顶式的明楼，楼内采用砖券顶，无木构梁架，且上下两层檐的檐椽、飞子、望板、斗拱、额枋、平板枋及上下檐之间的榜额（刻"定陵"两字）也全部用巨石雕刻拼砌而成，其上油饰油漆彩画，酷似木构建筑，然实无片木寸板。楼壁前、后、左、右四面各辟券门,楼内竖圣号碑一通,高6.2米,碑首为方形,前后刻双龙戏珠图,正面有篆额"大明"二字。碑身正面刻"神宗显皇帝之陵"七个径尺楷书大字。碑跌采用上小下大五级方台式,其上面四级自上而下,分别雕刻双龙戏珠、宝山、海浪等图案。城台下部虽无券门之设,但左右各有冰盘檐式石刻门楼,由门楼进入,有礓磋道由城前上达宝城、明楼。宝城之内封土满填,中部有三合土夯筑而成的上小下大圆柱形的"宝顶"。据《明熹宗实录》记载:天启元年(1621)闰三月,定陵隧道回填完毕,工部曾奏请议定宝顶规制,神宗之孙熹宗下旨:"定陵宝顶规制乃皇祖亲定……着照永陵丈尺培筑。"但实际上,定陵宝顶比永陵还大。宝城的排水采用墙外设石刻排水螭首和墙内设排水方井的方式。

在外罗城内设有三进方形院落。第一进院落,前设单檐歇山顶式陵门一座,制如外罗城门,为陵寝第二道门,又称重门。其左右各设有随墙式掖门一道。院落之内无建筑设施,院落之前(外罗城之内)左侧建有神厨三间,右侧建有神库三间。第二进院落,前墙之间设祾恩门。其制面阔五间,通阔26.47米,进深两间,通深11.46米,下承一层须弥座式台基。台基之上龙凤望柱头式的石栏杆及大小螭首设置齐备。前后还各设有三出踏跺式台阶。第三进院落,在前墙间建有祾恩殿。其形制为重檐顶,面阔七间,通阔50.6米,进深五间,通深28.1米,下承须弥座式台基一层,围栏雕饰同祾恩门。台基前部出有月台。月台前设三出踏跺式台阶,左右各设一出。殿有后门,中出踏跺设有御路石雕,上刻龙凤戏珠及海水江牙图。祾恩殿左右各设随墙式掖门一座。院内沿中轴线设有两柱牌楼门(棂星门)一座、石几筵一套。牌楼门的两柱作出头式,白石雕成,截面为方形,顶部雕坐龙,前后戗以石抱鼓。石几筵,由石供案和石供器组成。石供案作须弥座式,石供器由一座香炉、两座烛台、两座花瓶组成。

迄今为止,明定陵是考古界主动发掘的第一座帝王陵寝。

十三陵诸陵的分布,充分体现了宗法礼制,根据主从关系,尊者居主脉,卑者居从脉布列。在长陵左侧,分布着景、永、德三陵,右侧则为献、庆、裕、茂、泰、康六陵。在长陵右前方,则有昭、定二陵。

明朝皇帝与皇后同穴而葬,而嫔妃则大多埋葬在东、西井中,有的或另起陵寝。在明十三陵中,前十二座帝陵都建有各自的神功圣德碑亭。除长陵外,其余十一座帝陵的神功圣德碑上都没刻文字,类似于唐乾陵的无字碑。

在明十三陵陵区设有专门的驻陵管理机构。内官有天寿山守备太监,统辖各陵神宫监官,各陵神宫监下设掌印太监,另有金书、司香等员若干。陵区以植松柏为主。在神道及陵宫,除松柏外,还植有橡树。在行宫和衙署,则植以国槐。

清朝陵墓区分为三处:一为盛京三陵,一为清东陵,一为清西陵。清陵石刻均列置于神道两侧。以孝陵为例,在长达5600米的神道上,自南而北,依次为:

石牌坊一座,属于礼制性的建筑物,由六根石柱和五座石雕庑殿式大屋顶及六座石雕庑殿式小屋顶组成,高12.35米,宽31.35米。中间面阔5.05米,在两柱四周刻有云龙戏珠浮雕图案。次间面阔4.4米,在西次间的西石柱及东次间的东石柱的四周均雕一只龙首牛鼻凤尾异兽,或称"摩羯龙"。稍间面阔3.7米,在西稍间西柱及东稍间东柱的四周均雕双狮戏珠浮雕图案。在明间夹柱石顶上,雕有四只卧姿麒麟;在次间和稍间夹柱石上雕有八只卧姿狮子。牌坊有斗拱、飞头、椽檩、吻兽、筒瓦、梓框、额枋、花板等,地面漫铺条石。

清朝是满洲人建立起来的中国历史上最后一个封建王朝,历十一帝二百六十八年。

在古人的观念中,虚幻的天人世界是一个具有九重宫门的处所。

《淮南子·兵略训》载:"夫圆者,天也;方者,地也。天圆而无端,故不可得而观;地方而无垠,故莫能窥其门。"故帝陵金券地面为方形,四周砌平水墙,符合"方者地也"的理念;顶以青白石砌成拱券,象征"圆者天也"的理念。在天覆地载中营造出来的帝陵内景,更加突显了帝王所谓的"父天母地"的崇高地位。

按照"事死如事生"的礼制原则,清陵地宫的布局基本上依帝王生前所在紫禁城皇宫的布局建造。建造规制为九券四门式。所谓"九券",指前后有隧道券、闪当券、罩门券、头道门洞券、明堂券、二道门洞券、穿堂券及金券。在九券中,金券一道至关重要,据现有考古资料,裕陵、昌陵、定陵、惠陵及崇陵均属于此。慕陵由于刻意求俭,地宫为五券二门。五券:即隧道券、罩门券、门洞券、梓券及金券。类同皇后陵寝地宫的构造。

裕陵地宫九券四门的券顶、墙壁及门对等处,刻有藏文经29464字,梵文经647字。据档案记载,仅由喇嘛写经文及用工雕刻,前后费时三年多,耗银一万多两。除此而外,还有佛像四十余座,在每座佛像身后,都饰有形似龛座的光背。在头道门洞券的东西两壁,有东方持国天王、西方广目天王、南方增长天王及北方多闻天王雕像。在穿堂券的两壁,各有五只精刻的花瓶,瓶内均插莲花一朵,花朵托着明镜、琵琶、波罗、香料及衣物,称"五欲供"。在八扇石门上均雕有高约1.5米菩萨。

清祖陵永陵,坐落在今辽宁新宾满族自治县永陵镇启运山南麓,是清太祖努尔哈赤的远祖、曾祖、祖父、父亲等六位祖先的陵寝,与位于辽宁沈阳市东努尔哈赤福陵、辽宁沈阳市北皇太极昭陵,合称"大清关外三陵"。

作为"盛京三陵"之一的清太祖努尔哈赤福陵,前临浑河,背依天柱山,地势北高南低,殿宇凌云,巍峨壮观。四周筑土红色围墙,中为正红门。甬道两旁列置石柱、石人、石虎、石马及石骆驼等。

清朝承继古制,凡皇后先于皇帝而薨,尚未葬埋者,可与皇帝合葬一陵。如果皇后晚于皇帝薨,不得合葬,则在帝陵附近另建皇后陵墓。

清陵建筑布局为:石牌坊、大红门、神功圣德碑亭、石像生、龙凤门及东西配殿、明楼、宝顶等。大红门以庑殿顶形势建造,神功圣德碑亭一如明陵,为重檐歇山式建筑。宝顶仿照明孝陵及长陵等,为圆形。凡立有神功圣德碑的,其上皆有文字。道光的情况比较特殊,《钦定大清会典事例》载,道光因败于鸦片战争,深感丧权辱国,无颜面对列祖列宗,遗诏自称:"在朕则何敢上拟鸿规,妄称显号?而亦实无可称之处,徒增后人之讥评,朕不取也。"明确表示在自己的陵寝中取消这一建筑。从此,定、惠、崇诸陵皆不建置此碑。

孝陵及泰陵分别为清东陵和清西陵的首座帝陵。关于孝陵,清代昭梿《啸亭杂录》载:

> 章皇帝尝校猎遵化,至今孝陵处,停辔四顾曰:"此山王气葱郁非常,可以为朕寿宫。"因自取佩鞢掷之,谕侍臣曰:"鞢落处定为佳穴,即可因以起工。"后有善青乌者,视丘惊曰:"虽命我辈足遍海内求之,不克得此吉壤也!所以奠我国家万年之业也。"

清亡后,赵尔巽主编《清史稿》,也沿用上述说法。乾隆曾作《恭谒孝陵诗》:"松柏守宫阙,星辰侍礼仪;鼎湖亲卜吉,昌瑞万年基。"诗下有乾隆自注:"昌瑞山乃我世祖行围至此亲定者,初未用堪舆家也。"由此可见,清孝陵陵址确为顺治生前亲自选定。

与孝陵陵址由顺治亲自选定不同,嘉庆曾亲口说,他本人的万年吉地是由太上皇乾隆选定的,《清仁宗实录》载:"易州太平峪系皇考赐朕之吉地。"

清陵陵院分前后两部分，前为方形院落，后为圆形院落，顶部为龟头状。隆恩门面阔五间，进深两间。东西配殿，前有走廊，面阔均为五间，进深均为三间。陵寝门，又称三座门，或琉璃花门。二柱门位于陵寝门之北，为楼牌式建筑。五供祭台，有三块青白石合称的须弥座。在五供之后，有月牙河一条，其上有平桥一座。方城为台式建筑，有基座，为长方形，东西南三面为雉堞，北面为宇墙。哑巴院，位于宝顶与方城之间，院落呈北直南弧之月牙状，或称月牙城。在东西地面上各有一个六星沟漏。宝顶，即坟墓，宝顶之下为地宫。自宣宗慕陵开始，一改前代帝陵规制，首先取消了歌功颂德的圣德神功碑亭，改隆恩殿重檐歇山式为单檐歇山式，撤隆恩殿月台四周的望柱和栏板，并在月台东侧置四棱石幢一尊，西侧置日晷一座。王其亨《清代帝陵建筑制度沿革》记载：

（慕陵）方城一座，见方四丈八尺，城身高一丈四尺四寸五分。月台面宽五丈二尺，进深五尺，明高五尺。隧道口长八丈一尺七寸五分，面宽一丈八尺。马尾礓磋面宽四丈八尺，进深一丈四尺。重檐明楼面宽一丈九尺七寸，周围廊深五尺，下檐柱高一丈四尺二寸；台明高九寸，台明至垛口五尺一寸。宝城进深十三丈八尺，面宽十一丈六尺，城身高一丈一尺四寸五分。

清陵的营建，多以宗室王公领衔监修。据文献记载，孝陵工程由赐进士出身、工部营缮司主事段昌祚监督，雷世显负责招募匠人及工役。景陵前期工程由康熙第八子允禩监修，后期工程则改由康熙第十七子允礼及工部尚书兼户部尚书孙渣齐协同监修。泰陵工程由雍正十七弟果亲王允礼、恒亲王允祺领衔监修，以内大臣常明、尚书海望等先后总理工程事务。定陵前期工程由怡亲王载垣、郑亲王端华领衔监修,大学士彭蕴章、协办大学士伯葰、尚书瑞麟、全庆、侍郎基溥等承修。咸丰八年(1858),因戊午科场案发,伯葰被杀。咸丰十一年(1861),在"辛酉政变"中,载垣、端华被令自尽。定陵后期工程则由定郡王载铨领衔监修,以大学士周祖培、吏部尚书全庆为承修大臣。惠陵工程由醇亲王奕譞领衔监修,魁龄、荣禄、翁同龢为承修大臣。崇陵工程由贝勒载洵领衔监修,庆亲王奕劻总司稽查。普祥峪万年吉地由道光第五子惇亲王奕誴领衔监修。普陀峪万年吉地由醇亲王奕譞监修。裕陵工程无宗室王公监修,以吏部尚书果毅公讷亲等六人为承修大臣。昌陵由户部尚书范宜恒等监造。宝华峪万年吉地由大学士戴均元、尚书英和、侍郎阿克当阿总理事务。

在清陵浩大的工程建筑中,用量最大的是楠木。楠木主要生长在南方"深林穷壑,人迹罕到"之处,采集异常艰辛。木材水运比较便捷,但"深涧急滩,溪流迂折",颇费周折,往往需历数月,方至工地。方国华《裕陵楠木采办考略》载,木材须"径二尺五寸,长三丈五尺者,每日用抬扛夫八十八工"。木板须"长三尺五寸,宽一尺,厚七寸者,每日用抬扛夫十五工"。兴建泰陵时,采办楠木5430余件。兴建裕陵时,采办楠木5883件。同时,还需采集大量的杉木、柏木及铁梨木等。除此之外,就是石料,包括汉白玉石、紫花石、青白石、青砂石及豆渣石。汉白玉石采自房山县大石窝,紫花石,又名豆瓣石,产地河南,青白石采自蓟县盘山,豆渣石主要采自昌平州、蓟县盘山及遵化州鲇鱼关。

关于石料的采运,《大清会典事例》载,雍正元年(1723),议准规格及价格:大石窝青白石,折阔厚一尺,长一丈至四丈五尺,每丈银二两七钱;五丈至五丈九尺,每丈银四两五钱;十丈至十九丈五尺,每丈银七两;二十丈至三十九丈九尺,每丈银九两;四十丈至五十丈一尺以上,每丈银十四两;折阔厚一尺,长一丈西山汉白玉石,每丈银五两七钱;马鞍山青砂石、盘山青白石、鲇鱼关豆渣石,每丈银二两七钱。运送石料一律按日付费,每马每日付银二两一钱。

清陵所用砖料主要是城砖和金砖,称澄浆砖。城砖采自山东临清,金砖采自江苏苏州的御窑。顺治四年(1647)题准:临清城砖,每块给银二分七厘。按例则由过往临清闸口的船只捎带,每船捎带四十五块。凡官、民船只至天津、通州的,每梁头(清代对运输船只按丈尺征税的名目)一尺,带砖二十块,称之为"长载"。不到天津的船只,免带城砖,但每梁头一尺,须缴运价银一钱七分。苏州的金砖,须按一正一副烧造。顺治十四年(1657),一尺金砖,每块工料银五钱八分八毫,一尺七寸金砖,四钱八分二厘七毫;一尺七寸副金砖,二钱七分七厘;苏州府二尺副金砖,每块工料银三钱三分三厘八毫八丝。江宁等六府二尺副金砖工料银四钱三分七厘三毫二丝。康熙十八年(1679)重新议定,金砖按正十副三烧造。其次是琉璃砖瓦,烧制地址在京城琉璃厂。光绪五年(1879),改归西山窑烧制。琉璃件主要有鸱吻、垂脊、筒瓦、版瓦等。关于琉璃件料的运送,按四十件一车,每车每十里给银六分。

在清陵中,道光的慕陵规制最为简约,既无方城、明楼、地宫,又无圣德神功碑、石柱、石像生等,但整个工程质量坚固。隆恩殿用金丝楠木,不施彩绘,以蜡涂搪,精美异常。在整个天花板上,浮雕龙头俯视,众龙吞云吐雾,栩栩如生,走进殿内仿佛置身于"万龙聚会、龙口喷香"的艺术境界。围墙不挂灰、不涂红,磨砖对缝,干摆灌浆。墙顶亦以黄琉璃瓦覆盖,灰黄相映。陵墙随山势起伏,把殿亭、宝顶环抱在内,显得清明、肃穆。尤其龙凤门前二棵枝叶繁茂、造型独特的迎客松,为慕陵增添了诗一般的韵味。

雍正泰陵坐落在河北易县泰宁山太平峪。陵址选定后,于雍正七年(1730)十二月初二降旨:"一应所需工料等项,俱着动用内库银两办理。规模制度,务从俭朴。其石像等件所需石工浩繁,颇劳人力,不必

图 18　清道光慕陵　　　　　党明放 摄

建设,着该部遵行。"陈宝蓉《清西陵纵横》书中披露,实际情形是:在一百五十二里的周界上打立红桩时,强令将十九处村庄夷为平地,拆毁瓦房七十三间,石板房十四间,草房一千三百三十六间,草棚四百六十一间,占用山场二百处,砍伐民众树木六千一百五十四棵,强行圈用民地超过六十三顷,圈用寺庙香火粮地三项三十二亩多,等等。据乾隆二年(1737)统计,营建泰陵时,共采办楠木和杉木九千九百一十四根,当泰陵竣工后,尚余楠木四百一十根,遂被运至东陵,以备建造他陵之用。

图 19　清雍正泰陵　　　　　党明放 摄

坐落在泰陵之西太平峪的昌陵乃嘉庆陵寝。嘉庆六年（1801），昌陵监工大臣盛住等人提请将昌陵方城改为青白石券洞。嘉庆指责此举不过是"欲为浮销地步，靡费钱粮"，令将监工大臣盛住交部议处，将随声附和的汪承需、额勒布等人交部察议。《清仁宗实录》载，嘉庆八年（1803）十月二十一日，也就是在将孝淑皇后奉安昌陵地宫之后的第四天，嘉庆"以万年吉地工程坚固宏整，赏监工大臣盛住双眼花翎，侍郎范建丰花翎，余赏赍加衔议叙有差"。可惜好景不长，嘉庆十三年（1808），嘉庆派遣皇二子绵宁前往太平峪逐层详察昌陵，发现质量问题。嘉庆获知后，又派遣长麟等人勘查，结果属实。嘉庆命其重修。《清仁宗实录》载："所有承修地宫内外，及穿堂以内各工者，著列为一等罪。承修方城、二柱门、琉璃花门、配殿、宫门、朝房、神厨库各工者，著列为二等罪。承修明楼、大殿、碑亭不如式者，著列为三等罪。"道光元年（1821）六月，道光皇帝命建昌陵圣德神功碑，至道光十一年（1831），昌陵圣德神功碑建成。

图20　清嘉庆昌陵　　　　　　党明放 摄

乾隆年间，驻扎在清东陵的总兵布兰泰，及清末镇守西陵的泰宁镇总兵陈增荣，二人心血来潮，分别为东西陵各八处景观命名。清东陵八景为:汤泉浴日、龙门跃鲤、双泉映带、七井连辉、拊石喧霉、鲇鱼来游、黄崖晚照、将军古石。清西陵八景为:荆关紫气、拒马奔涛、易水寒流、云蒙叠翠、峨眉晚钟、奇峰夕照、福山捧日、华盖烟岚。东西陵八景相映成趣,后经大肆渲染,得以相传。

　　光绪三十四年(1908)十二月初二,爱新觉罗·溥仪即位,翌年改元宣统。"宣统"寓意"宣宗之统绪",指亲缘血统来自道光。即位后的宣统,便在清西陵陵区开始了声势浩大的陵寝营建工程。1911年辛亥革命爆发,2月12日,宣统被袁世凯逼迫颁布退位诏书,被迫逊位,陵建工程也随之废止。抗日战争时期,溥仪充当日本扶持的伪满洲国"皇帝",年号康德。抗战胜利后溥仪被定为战犯,经毛泽东特赦,成为中华人民共和国公民,1964年调到全国政协文史资料研究委员会任资料专员,并担任第四届中国人民政治协商会议全国委员会委员和中央文史馆馆员。1967年10月17日,溥仪因病逝世,火化后骨灰安放八宝山。同年,溥仪在台湾的后裔为其上了庙号"宪宗"及谥号"配天同运法古绍统粹文敬孚宽睿正穆体仁立孝襄皇帝"。1995年,溥仪遗孀李淑贤将其骨灰迁至河北易县清西陵光绪崇陵附近的华龙皇家陵园。

第四章 陵寝形制

新石器时代的中晚期,逐渐出现了石棺、石椁、木棺、木椁等葬具。所谓椁,是指套在棺材外面的葬具。段玉裁注《说文》云:"周于棺,如城之有郭也。"棺外之椁有一重、多重之分。

战国中晚期之前,所有墓葬都采用土坑竖穴。河南安阳殷墟的商王墓室呈巨大的"囗"形、"亞"形(四条墓道),或"中"字形(两条墓道)。而王室成员的墓室则有"中"字形(两条墓道),或"甲"字形(一条墓道)。战国中晚期之后,王陵除与商代王陵相似外,又在两边开设引棺入墓的墓道。

第一节 黄肠题凑

所谓"黄肠",是指堆垒在棺椁外的柏木,木色呈黄色,如黄肠一般。所谓"题凑",是指将小方木的一头聚齐向内,再按照一定的规格垒砌而成的墓葬结构,亦称椁室。三国魏苏林在注释《汉书·霍光传》中"黄肠题凑"云:"以柏木黄心致累棺外,故曰黄肠;木头皆内向,故曰题凑。"《后汉书·礼仪志》大丧条下刘昭转引《汉书音义》云:"题,头也。凑,以头向内,所以为固也。"

"题凑"是一种葬式,最早出现在春秋时期。郑玄注《礼记·丧大记》云:"天子之殡,居棺以龙,攒木题凑象椁。"在当时,题凑为天子葬制,诸侯不得享用。

"黄肠题凑"之名最初见于《汉书·霍光传》:"光薨,上及皇太后亲临光丧,太中大夫任宣与侍御史五人持节护丧事。中二千石治莫府冢上。赐金钱、缯絮、绣被百领,衣五十箧,璧珠玑玉衣,梓宫、便房、黄肠题凑各一具,枞木外藏椁十五具。"根据汉代礼制,黄肠题凑与梓宫、便房、外藏椁、金缕玉衣等同属帝王陵墓中的重要组成部分,被视为最高级别的特殊葬制。《吕氏春秋·节丧》云:"题凑之室,棺椁数袭,积石积炭,以环其外。"《群书政要》引东汉崔寔《政论》云:"送终之家亦无法度,至用襦梓黄肠,多藏宝货,烹牛作倡,高坟大寝。盖汉天子之椁,以柏黄肠为里而表以石。"

图21 黄肠题凑墓葬　　　　　　吴家林 摄

北京大葆台汉墓,是一座工程浩大的纯木结构的地下宫殿,有东、西两座墓葬,分称一号墓和二号墓。一号墓由外藏和内藏组成,墓室内有梓宫、便房和黄肠题凑,三棺二椁。在外椁与内回廊之间有一个宽0.9米的三面贯通的空间。外椁长5.08米,宽3.44米,厚0.24米,复原高2.70米;门宽2.92米,高2.2米,厚0.12米。内椁长3.82米,宽2.34米,板厚0.22米,复原高2.04米;门宽1.92米,高1.62米,厚0.10米。内外椁均为长方形,双扇对开,均外髹黑漆,内涂朱漆。据《北京大葆台汉墓》记载,内外椁的单体部件,从开料、拼合到刷漆,都是先在墓坑外制作，然后再在墓坑内进行组装。

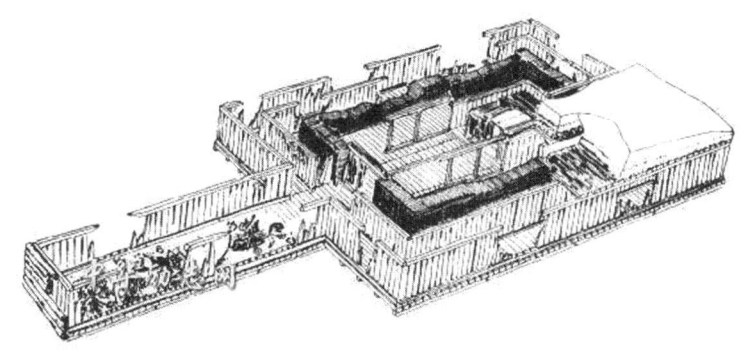

图 22　北京大葆台一号墓室结构示意图　采自《北京考古四十年》

一号墓室内黄肠题凑系用一万五千多根柏木横向垒排而成，顶端用压边木加固，高达三米，直抵墓室顶部，南、北两壁顺向纵铺，东、西两壁横铺，每壁均为三十层，在南壁的正中辟有一门，与甬道相接。在四角交接处，南北壁的黄肠木端头垂直顶靠在东西壁黄肠木上。棺椁置于后室正中。在墓室外，还有殉葬车马及一柄渔阳铁斧。关于墓主的身份，一说是燕王，一说是广阳顷王刘建，二号墓当为其妻墓。

西汉晚期的江苏高邮天山一号墓葬，其黄肠题凑的构筑方式复杂，且保存完好，可谓"黄肠题凑"的代表。但因其与题凑原型不同：框之平面呈近似方形，南北长 13.5 米，东西宽 11.2 米，高 4.1—4.5 米。四周用去楠木 857 根。每根长约 0.94 米，宽厚均为 0.4 米。在题凑的南北两端均设门道，门外用短题凑木封闭，使墓室俨如方城。题凑之外，东西各有侧廊（即外藏椁），东侧廊长 22.51 米，宽 1.3—1.62 米不等，高 1.6 米，内以间柱分隔为八间。西侧廊长 21.24 米，宽 1.55—1.62 米，高 1.6 米，内以间柱分隔为七间，放置车马、仪仗及灶、井模型。在题凑内与中椁之间，东西各筑五间厢房，内椁分前、后两室，前室，即便房，放置漆坐、漆案等。后室，即梓宫，放置棺具。需要指出的是，在这

857根木料上,除涂有一层黄色颜料外,还在两端横截面中心部位镶嵌有方形小木块。对于此种现象,尤振尧在《"黄肠题凑"葬制的探讨》中认为:在题凑木上加涂黄色颜料,恐怕是与楠木代替柏木有关。而镶嵌小方木,恐怕是与"绣墙题凑"有关。

  长沙象鼻嘴长沙王吴著墓,垒黄肠题凑,共用柏木908根,四壁均与外椁板呈垂直方向排堆,后墙壁垒砌六层,其余三壁各为四层,高度为1.85米,被砌成一个"凸"字形。除用柏木、楠木外,也有用石材替代木材作题凑的,谓之黄肠石。《后汉书·礼仪志下》载:"方石治黄肠题凑便房如礼。"据《河北定县北庄汉墓发掘报告》记载,在河北定县一座东汉诸侯王墓中出土黄肠石400多块,石块大多为方形,长和宽各为1米左右,厚为0.25米。其中有174块石面上有铭刻或墨书文字,内容为奉献石材的县名、石工的姓氏、籍贯,以及石料的规格等。在砖构墓室的外侧,以黄肠石垒成题凑,再在砖室上面平铺石块三层。

  位于今河南洛阳市北的邙山帝陵,主要有东周王陵八座、东汉帝陵五座、曹魏帝陵两座、西晋皇陵五座、北魏皇陵六座、后唐帝陵一座、南明帝陵一座;另有蜀汉后主刘禅、东吴后主孙皓、南陈后主陈叔宝、百济国王扶余义慈、后蜀后主孟昶、吴越国王钱俶、南唐后主李煜等帝陵七座,还有四十余座东周、东汉、曹魏、唐、后梁、后唐、后晋、北宋等朝代的帝王陵,分布在邙山周边的洛阳盆地内,计八十余座,可见密度之大。

  邙山除了数量巨大的帝王陵外,还葬有许多历朝历代的名人,著名的有:商代伊尹、伯夷、叔齐,东周苌弘、苏秦、张仪,秦相吕不韦,西汉贾谊,赤眉军樊崇,东汉竺法兰、摄摩腾、班超、董宣,曹魏曹休,西晋石崇,北魏尔朱荣,唐代杜甫、王之涣、孟郊、狄仁杰、刘幽求、薛怀义、颜真卿,北宋石守信,明代福王朱常洵、王铎等。另有白居易、邵雍、二程、文彦博、范仲淹、姚崇、张说、褚遂良等葬在邙山周边的洛阳盆地。

在中华人民共和国成立前,邙山出土的黄肠石甚多。郭玉堂《洛阳出土石刻时地记》载:

> 汉黄肠石,刻永建、阳嘉等年号,出土处在洛阳城东北三十里的邙山岭上的耀店村、后沟村、三十里铺、象庄村一带。

永建、阳嘉均为东汉顺帝刘保的年号,由此可见,这些黄肠石都出自东汉顺帝年间。在今河南博物馆、偃师博物馆中,就收藏有很多东汉时期墓葬的黄肠石。

第二节　陵旁兴邑

陵邑,是为侍奉帝王陵园所设置的邑地,属于特殊的行政区域。凡迁徙来陵邑的定居者,谓之"奉山陵"。陵邑制度肇始于秦始皇陵。秦王嬴政十六年(前231)置丽邑。丽邑古城位于秦始皇陵园北,即今临潼新丰刘家寨。丽邑南北长约1000米,东西宽约500米,管辖范围东至郑县,西至芷阳,南至骊山,北至渭河。秦始皇帝三十五年(前212),也就是在置陵邑十九年之后,始皇帝嬴政又迁三万户于丽邑,每户以五人计,总人口为十五万。晚唐时期,以才颖著称的吏部郎中曹邺发思古之幽情,留下了《始皇陵下作》:"千金买鱼灯,泉下照狐兔。行人上陵过,却吊扶苏墓。累累圹中物,多于养生具。若使山可移,应将秦国去。舜殁虽在前,今犹未封树。"诗中有褒有贬,有赞有叹,表示虽经过秦始皇陵但不屑一看,反而愿意去凭吊刚毅勇武、为人宽仁的公子扶苏。

西汉时期,陵邑的建置与县平级,故有"陵县"之称。设置陵邑,除了为安排陵户奉守陵园外,主要目的还是削弱地方诸侯和豪强的潜在势力,强化中央集权。《汉书·地理志下》载:

> 汉兴,立都长安,徙齐诸田,楚昭、屈、景及诸功臣家于长陵。后世世徙吏二千石、高訾富人及豪杰并兼之家于诸陵,盖亦以强干弱支,非独为奉山园也。

颜师古注:"訾,读与赀同。高訾,言多财也。"在长安城外及咸阳原上的十一座汉陵中,先后设置了高祖长陵邑、惠帝安陵邑、景帝阳陵邑、武帝茂陵邑、昭帝平陵邑,史称"五陵邑"。一说兴置陵邑九座,即高祖长陵邑、惠帝安陵邑、文帝霸陵邑、景帝阳陵邑、武帝茂陵邑、昭帝平陵邑、宣帝杜陵邑,以及高祖薄太后的南陵邑和武帝赵婕妤的云陵邑。至汉元帝渭陵,不再徙民立邑。

长陵邑城址位于今陕西咸阳市韩家湾镇,居高祖陵及吕后陵之南。平面呈长方形,南北长2200米,东西宽1245米,墙厚7—9米不等。长陵邑之内设有官署、市场和里居。据《汉书·地理志上》记载:"长陵,高帝置。户五万五十七,口十七万九千四百六十九。"长陵邑的人口主要是从齐、楚之地迁徙而来,其中的大族有昭氏、屈氏、景氏、怀氏、田氏五姓。高祖九年(前198),就有十万人从关东而来,就其人口密度而言,超越了都城长安。据史书记载,汉武帝曾亲往长陵邑内的小市寻找自己异父同母的姐姐。清人白纶《长陵天朗》诗云:"高耸长陵逐鹿雄,长陵如在砀山中。明禋不觉趋跄下,想见当年赋大风。"清代王士禛游长陵诗云:"日照长陵小市东,依然踪迹逐飞蓬。未央宫阙悲歌里,鄠杜莺花泪眼中。已见铜人辞汉月,空留石马卧秋风。多情最有咸阳草,和雨和烟岁岁同。"通过这首吊古抒怀诗,可以想见当年邑中的繁华景象。作者面对长陵飞蓬、秋风石马,联想到秦汉诸代的兴亡史。

朝廷规定,凡迁徙到长陵邑的居民,不仅可以享受到政治上的殊遇,而且在经济上还能得到中央政府的"与利田宅"。到西汉末年,长陵邑人口"十不存一",至东汉光和年间(178—183),"领户不盈四千"。进入三国时代,这座曾经万般荣耀、盛极一时的城邑遭到彻底的废弃。

安陵邑,位于安陵之北五里处,是咸阳原上西汉设置的第二个帝陵陵邑。安陵邑由北大南小两块长方形城池相连构成,平面略呈"凸"字形,四面筑墙,东西长1548米,南北宽445米。在东、北墙中央辟有城门,南门位于陵园的北门。居民大多从楚国迁来。大族主要有爰氏、班氏、籍氏、闳氏等。其中,籍孺、闳孺曾为高祖刘邦和惠帝刘盈的男宠,靠婉顺献媚得到皇上宠幸,甚至同皇上同卧,连公卿大臣都要通过他们去向皇帝沟通。《长安志》载:"徙关东倡优乐人五千户以为陵邑。善为啁戏。故俗称女啁陵也。"就是说,在安陵邑中,有五千户人家是艺人。

阳陵邑位于阳陵之东二里处。《史记·孝景本纪》载:景帝前元五年(前152)夏,"募徙阳陵,予钱二十万"。徙民主要来自函谷关东。大户人家主要有田氏、爰氏、周氏、张氏、郦氏、奚氏、秘氏、单父氏等。阳陵邑东西长4500米,南北宽1000—3000米。现已探明:阳陵邑东西向有主街道十一条,宽度在9—50米之间;南北向街道三十一条,形成了百余个棋盘式的里坊。城里有密集的建筑,有官署区、民居区和制陶作坊区,有铸造钱币的作坊和儿童墓地等。景帝和武帝时期,时有达官显贵徙居阳陵邑。

茂陵邑位于茂陵陵园东北二里处,即今陕西兴平市南位乡道常村东窑匠沟之西。文献记载茂陵故城"周长三里"。茂陵建成后,武帝刘彻曾于建元二年(前139)、元朔二年(前127)、太始元年(前96)先后三次徙民于此。第一次为了动员吏民迁徙,每家赐钱二十万,赐田两顷。在这些徙民中,一类是从巨鹿、邯郸两地来的官吏,品级为"吏二千石";另一类是当地的土豪。在当时,居茂陵邑的首要条件是必须有足够量的家资。如元朔二年(前127),民间游杰郭解在迁徙的名单之列,大将军卫青以郭解家贫为由为其说情,后在汉武帝的坚持下,郭解不得不迁徙。

《汉书》载:"茂陵,武帝置。户六万一千八十七,口二十七万七千二百七十七。"比当时首都长安城的人口还超出三万多。

相传茂陵邑中,有"天下高訾"的挚氏,有"资产巨亿"的马氏,有家童多达千人的袁氏等。在陵邑中,也有以种种奇特手段发家致富的,如焦氏、贾氏。他们眼界宽阔,头脑灵活,曾投资千万之巨,采买囤积营建陵墓所需的木炭和苇草,以牟取暴利。适逢汉昭帝暴亡,急需营造陵寝之物,焦、贾二人便趁机大发横财。

茂陵邑具有比较特殊的地位,故而导致陵邑内豪强们在政治上不知不觉地拥有了绝对的强势。如,大司农田延年为筹措建陵经费上书:"商贾或豫收方上不详器物,冀其疾用,欲以求利,非民臣所当为,请没入县官。"被触怒的列强土豪们便"出钱求延年罪"。田延年在修建昭帝墓圹时,租赁民间车辆,贪污三千万钱的事也被焦、贾两家揭发。尽管田延年有拥戴之功,尽管有大将军霍光、太仆杜延年及御史大夫田广明等朝臣向宣帝求情,然均无济于事,最终,宣帝赐田延年自刎,才算平息了这场政治风波。

在茂陵邑,迁徙而来的袁广汉可谓富商大贾。《西京杂记》载:茂林富人袁广汉,藏镪巨万,家僮八九百人。于北邙山下筑园,东西四里,南北五里,激流水注其内。构石为山,高十余丈,连延数里。养白鹦鹉、紫鸳鸯、氂牛、青兕,奇兽怪禽,委积其间。积沙为洲屿,激水为波潮,其中致江鸥海鸥,孕雏产鷇,延漫林池。奇树异草,靡不具植。屋皆徘徊连属,重阁修廊,行之,移晷不能遍也。广汉后有罪诛,没入为官园,鸟兽草木,皆移植上林苑中。此条详细记述了我国第一个私家园林的建置布局状况。镪,本为穿钱的绳子,引申为成串的铜钱。

货殖私庭,藏钱数万。袁广汉后以罪被诛,武帝将其所造园林没收充公,凡园中鸟兽草木,皆移于汉武帝所建上林苑中。

董仲舒,西汉著名思想家、经学家,年老归居茂陵邑,每遇重大军国之事,武帝刘彻都会派遣廷尉张汤或其他官员专程赴茂陵邑董府征求他的意见。董仲舒死后,葬于京师长安西郊下马陵。有一次,武帝经过董的墓地,还特地下马致哀。

平陵邑位于汉昭帝平陵之东,东西约1500米,南北约2000米,其范围东至今北上照村,西至平陵,南至渭惠渠,北至庞村一带。"王氏一斗"铜鼎就出土于庞村一带。《史记·吕不韦列传》载,"武、昭、宣三陵皆三万户"。以每户五人计算,则每陵人口约十五万。

当时的平陵邑属于全国重要城市之一,在政治、文化和经济等方面占有主导的地位。西汉晚期,在宣帝刘询、元帝刘奭、成帝刘骜、哀帝刘欣及平帝刘衎当政的七十八年间,共有丞相二十一位,其中魏相(宣帝朝)、王嘉(哀帝朝)、平当(哀帝朝)、平晏(平当之子,平帝朝)皆出自平陵邑。平陵邑学者云集,文化气氛浓郁,朱云、韦贤、张山拊、郑宽中、士孙张、吴章、涂恽等著名士人皆家居平陵邑。东汉时期,如鲁恭、鲁丕、窦武、苏竟、何敞等大儒也都出自平陵邑。在经济方面,平陵邑的石氏、罗衺均在长安或巴蜀经营大宗生意,年获利千余万。尤其是如氏、苴氏,家资雄厚,被誉为天下高訾。

曹魏黄初元年(220),改平陵邑为始平县,西晋泰始二年(266),设始平郡,领始平、槐里、户县、武功等四县。前秦苻坚当政时,划始平县归茂陵县,平陵城逐渐被废弃。

第三节　因山为陵

因山为陵,又称凿石为冢,是指在山崖上开凿出墓穴,起源于汉武帝霸陵。位于河北满城陵山的中山靖王刘胜及其妻窦绾墓葬仿照其祖父霸陵治崖墓,是我国目前保存最完整、规模最大的因山为陵的墓葬,墓道及墓室系凿山而成,呈弧形。在平面布局上,两墓大同小异,分为墓道、甬道、南耳室、北耳室、中室和后室六个部分。墓室中分别修建了木结构瓦房和石板房,形成了一座功能齐备的豪华山中宫殿。

在陕西关中唐十八座帝王陵墓中,除高祖李渊献陵、敬宗李湛庄陵、武宗李炎端陵及僖宗李儇靖陵外,其余十四座帝陵皆因山为陵。

唐太宗昭陵位于陕西礼泉县城东北的九嵕山主峰。九嵕山地处渭河之北,泾河之南,海拔1200多米,九梁拱举,一峰独秀,奇石参差,苍鹰翱翔。南与太白、终南诸峰遥相对峙,东连仲山,西接武将山,东西两侧山峦起伏,沟壑纵横,岚浮翠涌,愈加衬托出主峰的高耸回绝。从南向北望去,山体两侧岩层伸展,呈簸箕形状,山峰呈圆锥形,大有"刺破青天"之势。从东南向西北望去,却成三峰聚会,活似一个笔架。相传此山为大禹治水时所用笔的支架。再从西南向东北望去,山峰又呈覆斗状,很像日本的富士山。加上渭水萦带其前,泾水环绕其后,愈加显示出山势的雄伟壮观。据《唐会要·陵议》载,贞观十八年(644),太宗李世民对侍臣说:"昔汉家皆先造山陵,既达始终,身复亲见,又省子孙经营,不烦费人功,我深以此为是。古者因山为坟,此诚便事,我看九嵕山孤耸回绕,因而傍凿,可置山陵处,朕实有终焉之理。"

据说,汉武帝生前也看中了九嵕山这块风水宝地,但遭到了太中大夫东方朔的强烈反对。东方朔对武帝说,卜选陵址主要看三个方面:一是龙,即地脉之行止;二是砂,即山与周围环境的朝迎关系;三是水,即看水流形态与山形的关系。九嵕山中峰高,两边低,中峰乃帝峰,三峰高低不等,主前、后帝王弱势。另外,九嵕山后有泾水,此水割断了九嵕山的龙脉,大的方面,会引发江山易手,小的方面,会导致国运不兴。武帝听后,只好作罢。

贞观十年(636)六月二十一日,年仅三十六岁的文德皇后长孙氏薨于长安,唐太宗遵长孙氏"请因山而葬"遗愿,命人在九嵕山南腰开凿石室,是年十一月初四,安厝长孙皇后于昭陵石室。

图23　九嵕山安厝长孙皇后的石室　　　党明放 摄

昭陵从埏道到地宫75丈,约合230米,前后安门五道,象征金、木、水、火、土。地宫布局犹如大明宫,中间为寝室,设置如紫宸殿。东厢为承欢殿、长安殿、大福殿、拾翠殿、三清殿及承香殿等;西厢为太和殿、清思殿、洛堂殿、珠镜殿及宣徽殿等。开挖大池于紫宸殿后,象征大明宫太液池。大池四周有珊瑚树、翡翠山、黄金桥及白玉船等,池中散有白银鱼。各殿设排石桌、石椅、石人,内置黄金蜜橘、白玉苹果、翡翠桃李、珍珠葡萄等,真可谓富丽堂皇。

据相关资料记载,昭陵墓道共用石头三千块,每块重达两吨,且石与石之间相互铆扣,使其固为一体。清人周垣曾作《望九嵕昭陵》,其中描述道:"石色寒云人迹远,松阴斜日鸟飞还。明良想象君臣际,陵谷依然天地间。"

在唐十四座因山为陵的帝陵中,因地理环境,以及山形地貌的迥

异,高大的陵体则产生出不同的视觉冲击,大自然的鬼斧神工所造就的山陵奇特地貌,在人们脑海里产生诸多浮想:

当你站在昭陵东北角向南眺望,九嵕山酷似一只体型硕大的卧虎,虎头朝向东南,贴于地面,虎眼和鼻翼轮廓清晰,栩栩如生,前腿平伸于东北方向,后腿微屈,虎臀高高隆起,给人以一种雄健有力的感觉,尾巴平迤于西北方向,又给人一种悠悠然而自得的美妙感觉。

而当你站在咸阳塬上向梁山眺望,乾陵宛如一位出浴的美人,静静地仰卧在茫茫苍穹之下:梁山主峰是其头颅,主峰之北的碧绿松林是其飘逸的秀发,司马道是其玉颈,陵寝之天然门户——东西对峙的山峰,似其浑圆挺秀的双乳,微凸的腹部和自然舒展的双腿则于朦胧之中伸向广袤无垠的八百里秦川,弥漫在陵区的淡淡山岚则给这座古陵增添了旷远神秘的色彩。

图 24 唐乾陵远眺　　　　　　　　吴家林 摄

中宗李显定陵位于陕西富平县境内凤凰山。凤凰山是由三个东西排列的墨玉色石灰岩山峰组成。在山峰之北,围绕着一道半圆形的山梁,东西两端各连一峰,中峰从山梁正中伸出,恰似凤凰头,左右两峰东西对峙,犹如凤凰展开的两翼,从南往北远眺,整个山形犹如一只美丽的凤凰,在浩瀚无垠的原野上展翅翱翔。

肃宗李亨建陵,位于陕西礼泉县武将山南麓,周围沟壑纵横,北衬群山起伏叠嶂,形势壮阔,南望沃野广袤,漫无边际。东与九嵕山之昭陵遥相对峙,西与梁山之乾陵隔川相望,面临泔河,居高临下,气势壮观。主峰海拔981米,挺直陡立,酷似竖起的佛指。

德宗李适崇陵位于陕西泾阳县嵯峨山南麓,地势高亢,气势雄伟,主峰海拔955米,山有五峰,形似笔架。

图25　唐德宗崇陵　　　　　　　　　　党明放 摄

顺宗李诵丰陵位于陕西富平县金瓮山南麓,向北远眺,山形酷似卧虎,头西尾东,主峰恰似虎头,左腿伸出,右腿及后腿微曲,形象逼真,造型自然。

第四节　同茔异穴

同茔异穴,是汉代墓葬形制之一,即将一对夫妻葬在同一个墓园内的两个相互紧靠的墓穴中。同茔异穴起源于战国王陵,西汉时期的帝陵继承了这一葬制。《关中记》载:"高祖陵在西,吕后陵在东。汉帝、后同茔,则为合葬,不合陵也。诸陵皆如此。"根据对西汉帝陵的调查和发掘情况,西汉帝后合葬也都是同茔异穴。

西汉自文帝开始,皇帝和皇后陵园分开建造,人各一座。按照当时的礼制,皇帝陵在西,称西园,皇后陵在东,称东园。如此布局,倒是合乎王充《论衡·四讳篇》所云:"夫西方,长老之地,尊者之位也,尊长在西,卑幼在东。"一般情况下,皇帝陵陵园边长400～450米,陵园墙高约为10米。皇后陵陵园边长在330米之内。

在陵园外,有勋戚陪葬墓。陵旁设陵邑。在汉代,皇帝一般居未央宫,皇后居长乐宫。未央宫在西,长乐宫在东,两宫均位于长安城南部,帝王陵园酷似皇城里的未央宫,皇后陵园酷似皇城里的长乐宫。但也有例外,如惠帝安陵、武帝茂陵及元帝渭陵,其皇后陵均在帝陵之西。

北宋时期,由于后妃政治地位的不断提高,除宋宣祖永安陵是夫妻合葬外,其他帝王陵园内皇后单独起陵,但在规模上,则远远逊于皇帝陵,旧有"帝陵百亩,后陵四十"的说法。

第五节　陵旁置寺

永固陵是北魏文成帝文明皇后冯氏的陵墓,位于山西大同市镇川乡。永固陵采取墓、寺结合的布局,颇具佛教色彩。冯太后一生笃信佛教,此设计可能出于冯太后本人意愿。寺院平面呈方形,四周广植松柏。永固陵开创了陵、寺相结合的陵寝制度。

而专门为皇陵建置寺院,则始于东汉明帝刘庄。据北魏杨衒之《洛阳伽蓝记》记载:"明帝崩,起祇洹于陵上。自此以后,百姓冢上,或作浮图焉。"浮图,亦作浮屠,梵文Buddha的音译,是对佛或佛教徒的称呼,又指佛教建筑,后专指高塔。

光业寺,位于河北隆尧县魏庄乡,为唐祖陵附属建筑物,兴建于唐高宗总章(668—669)年间。寺内原建有宝塔、珠台、前湖、仙馆、佛星宫宇、灵帝观楼、银函藏经楼以及塑像和壁画等。后屡兴屡废,寺院遗址今成耕田。唯有开元十三年(725)所刻《大唐帝陵光业寺大佛堂之碑》存于隆尧县碑刻馆内。碑文记载:"光业寺者,盖开元八代祖宣皇帝、七代祖光皇帝陵园之福田也。"福田,佛教用语,谓可生福德之田,犹如农夫耕田便有收获。

唐贞观五年(631),李世民在陕西武功县城南庆善宫为其母穆太后建造慈德寺,又在陕西礼泉县九嵕山西南十八里之处为长孙皇后建造瑶台寺,并敕令玄琬法师在德业寺为皇后写佛藏经。某年,昭陵下宫失火,焚毁严重。德宗遂将昭陵下宫迁至瑶台寺旁。根据宋人李好文《长安志图》中对《唐昭陵图》的标示,在昭陵周边,除皇家陵寺——瑶台寺外,还分布有百城寺、舍卫寺、升平寺、香积寺、菩提寺、惠昭寺、安乐寺、知胜寺、宝国寺、证圣寺、澄心寺等多座寺院,但不知其中还有哪些属于昭陵陵寺。

北宋时期,帝王陵寝区域内都设有皇家寺院,作为帝王陵寝建筑的有机组成部分。寺院大多位于陵区的西北部。宋代李攸《宋朝事实》载:"永安陵、永昌陵、永熙陵,以上系永昌禅院;永定陵系永定禅院;永昭陵、永厚陵,以上系昭孝禅院;永裕陵、永泰陵,以上系宁神禅院。"

永昌禅院是专为宋宣祖赵弘殷、宋太宗赵匡胤、宋太宗赵光义"诵经荐福"之所,故又称三陵永昌院。建置年代在宋太祖太平兴国元年(976)之后。永定禅院位于河南巩义市芝田镇,始建于乾兴元年(1022)四月,当地人称丁香寺,距永定陵上宫约1000米。现地面残存四件幡杆夹石,两两成组,通体光滑。昭孝禅院位于今河南巩义市康店镇寺沟村,始建于宋神宗熙宁初年,东南距英宗永厚陵3000米。徽宗政和年间改名寿圣寺,复改昭孝禅院。后遭兵灾,明初迁移至山麓。宁神寺院位于河南巩义市芝田镇,始建于宋哲宗元祐初年,东南距永裕陵上宫约1300米,南距永泰陵上宫约850米。自徽宗崇宁元年(1102)以后,又追奉宋哲宗永泰陵,为永裕、永泰二陵的"荐福之所"。寺院二僧,赠紫衣予一僧。

第六节 前朝后寝

明太祖朱元璋在南京紫金山南麓独龙阜玩珠峰下为自己建造孝陵时,既继承了唐宋及唐宋之前帝陵"因山为陵""封土为陵"的陵寝制度,又改"方坟"为"圜丘"。"圜"通"圆",古人认为"天圆地方",其象征意义明显。并按照皇宫"前方后圆"的格局建筑。所谓"前方",指方形院落,"后圆",指圆形宝城。陵园平面布局由前朝的方形改为长方形,从而开创了"前朝后寝"的三进院落制陵寝建筑格局。

明孝陵,沿中轴线纵向排列宝顶、明楼及享殿,作为一种新的陵寝布局形式出现了。其次,取消寝宫建筑,扩大祭殿建筑设施,废除宫人侍奉墓主灵魂起居饮食的旧制。

图 26　明太祖孝陵　　　党明放 摄

明孝陵方城用巨型条石砌成,东西长 75.26 米,南北宽 30.94 米,前高 16.25 米,后高 8.13 米,底部为须弥座。正中为一拱门,中通圆拱形隧道,由五十四级台阶而上出隧道。明楼位于方城之上,为重檐歇山顶,上覆黄色琉璃瓦,东西长 39.45 米,南北宽 18.47 米,南面开三个拱门,其余三面各开一个拱门。每扇门上的门钉为九行,每行九颗,以彰显九五之尊。宝顶近似圆形大土丘,直径约 400 米,亦称宝城,是帝后寝宫所在地。周围砌有砖墙。宝城厚实坚固,依山势起伏,下砌巨石,上用明砖垒筑,厚约 1 米。

"前方后圆"的陵寝规制所突出的就是皇权政治,所体现的就是封建礼制。此规制一直规范着明清两代五百余年、二十多座帝陵的建筑格局。

第五章 陵寝建筑

帝陵建筑是中国古代建筑的重要组成部分。古人普遍重视丧葬礼仪,因此,任何时代的统治阶级都会对陵墓、陵寝、陵园进行精心构建,在漫长的历史进程中,产生了举世罕见的帝后墓群,且在历史演变过程中,陵墓建筑逐渐与书法、绘画、雕刻等诸多艺术融合,成为反映中国古代艺术成就的综合体。

第一节 两汉时期

西汉时期的墓葬流行壁画,一般会在墓门内的门额和主室中的立柱、梁额、隔墙、后壁及顶部绘制。

画像石墓出现在西汉晚期,分布在全国各地。一般分为全石建筑及砖石混合建筑两种。无论是哪种建筑,都会在墓室设置一条中轴线,并在此线上分布前、中、后三室。墓室的门楣、门槛、立柱、过梁等部位都雕刻画像,有浮雕,有线雕;形制上有"回"字形,有"品"字形,还有"卜"字形。

画像砖是建筑墓室时选用的一种一边印有花纹的长方形或方形的小砖,花纹面朝向墓内。画像砖所表现的体裁和内容非常广泛,有劳动场面,有生活场景,有宴乐,有观伎,有出行,还有歌舞百戏及神话故事,等等。1954年,在山东临沂县北寨村发掘了一座东汉晚期汉画像石墓,墓室全部使用石材砌成,长8.7米,宽7.55米,有三个主室、四个耳室和一个东后侧室,占地88.2平方米。而画像总面积达442平方米,主要分布在墓门和前、中、后三室。战争图像画在了墓门的门额上,是两军于桥上对阵的场面。在前室和中室的横额上,画有祭祀吊唁场面。在中室四壁，刻有"完璧归赵""荆轲刺秦"等十八幅历史故事图画。后室主要刻画家居生活场面。另外，在墓室各处还有大量的东王公、西王母等神话传说人物及仙禽神兽画像。

图 27　东汉宴乐画像砖

"东汉宴乐画像砖"1965年出土于四川成都昭觉寺，现藏四川博物馆。图上端有案，下有酒樽、杯、盂等饮食之器。下方一男一女共席，一人起舞，一人屈身伸掌叩鼓为节；左上方二人，一人抚琴拨弦，一人侧首歌唱。汉魏宴饮酒酣时，饮者常常随兴起舞。

1996年，在陕西神木县大保当镇发掘了二十六座东汉墓，在其中的十三座墓内发现画像石逾六十块。在绝大多数画像石上都涂有桃红、朱红及白、紫、褐三色，墨线勾绘，焕然一新。

第二节　魏晋南北朝时期

魏晋南北朝时期，由于战乱迭起，政局分裂，社会秩序紊乱，盗墓之风盛行。西汉刘向《谏成帝营陵寝疏》云："其葬愈厚，丘陇弥高，宫庙甚丽，发掘必速。"所以，埋金藏玉之厚葬帝陵便成为盗墓者频频光顾的首选对象，往往遭遇"珠柙离玉体，珍宝见剽掠"的后果。为了避免遭此厄运,魏太祖曹操遗令:"殓以时服,葬于邺之西冈,与西门豹祠相近。无藏金玉珍宝。"黄初元年(220),葬曹操于高陵(今河北省临漳县、磁县一带),不起坟丘,不建寝殿。为乱人耳目,传其置七十二疑冢。唐云明等《磁县讲武城七十二疑冢调查》记载:"据县志记载,为三国时曹操置之,民国以来经人盗掘,方知这些土冢大部分为北齐、北魏王公要人之墓。但这些记载是否与事实相符,目前尚难知道,只有待以后的发掘来证实。"在调查中,发现有一墓冢前有石碑,推知乃北齐忠武王高肃墓。由此可以看出,曹操疑冢实际上是北朝的古墓群,确切数字是一百三十四座。

在四川成都武侯祠刘备寝殿,原悬挂有清人完颜崇实所撰楹联,颇耐人寻味。联云:"一抔土尚巍然,问他铜雀荒台,何处寻漳河疑冢;三足鼎今安在?剩此石麟古道,令人想汉代官仪。"上联的大意是说,刘备的坟墓至今尚在,而在漳河边上的铜雀台旁,怎么能找到曹操的假墓呢?

魏文帝曹丕鉴于汉氏诸陵被盗掘之惨状,竭力废除秦汉以来的陵寝制度。《三国志·魏书·文帝纪》记载,黄初三年(222),曹丕选都城洛阳的首阳山东麓为其陵寝之所,以"古不墓祭,皆设于庙"为由,下诏毁去先帝高陵上的所有殿屋,使"车马还厩,衣服藏府",并留下终制:

> 自古及今,未有不亡之国,亦无不掘之墓也。丧乱以来,汉氏诸陵无不发掘,至乃烧取玉匣金缕,骸骨并尽,是焚如之刑也,岂不重痛哉!祸由乎厚葬封树。"桑、霍为我戒。"不亦明乎?其皇后及贵人以下,不随王之国者,有终没皆葬涧西,前又以表其处矣。盖舜葬苍梧,二妃不从,延陵葬子,远在嬴、博,魂而有灵,无不之也,一涧之间,不足为远。若违今诏,妄有所变改造施,吾为戮尸地下,戮而重戮,死而重死。臣子为蔑死君父,不忠不孝,使

死者有知,将不福汝。其以此诏藏之宗庙,副在尚书、秘书、三府。

遗令"寿陵因山为体,无为封树,无立寝殿,造园邑,通神道。夫葬也者,藏也,欲人之不得见也。骨无痛痒之知,冢非栖神之宅,礼不墓祭,欲存亡之不黩也,为棺椁足以朽骨,衣衾足以朽肉而已。故吾营此丘墟不食之地,欲使易代之后不知其处"。

黄初七年(226),曹丕四十而驾崩,《三国志·魏书·文帝纪》记载:"葬首阳山,自殡及葬,皆以终制从事。"魏明帝曹叡,生前虽崇尚奢华,但在丧事上提倡薄葬,以至于"未遽营陵之制也"。由于曹氏父子的薄葬言行,竟然达到了上行下效的积极作用。曹操第三子陈思王曹植、第十一子中山恭王曹衮皆遵遗令,依父兄终制。又据《三国志·魏书·后妃传》记载,文帝皇后郭氏的外甥孟武欲厚葬其母,郭皇后知道后连忙制止说:"自丧乱以来,坟墓无不发掘,皆由厚葬也;首阳陵可以为法。"

西晋是中国历史上继三国之后的统一王朝,历四帝五十二年,是魏晋南北朝长期分裂时期中的短暂统一。西晋帝陵承袭曹魏之风,因山为陵,丧埋从简。《晋书·宣帝纪》载,嘉平三年(251),晋宣帝司马懿驾崩,生前预作终制:"于首阳山为土葬,不坟不树,作《顾命》篇,敛以时服,不设明器。后终者不得合葬。"晋景帝司马师驾崩,其"丧事制度,又依宣帝故事"。晋文帝司马昭的皇后王氏及晋武帝皇后杨氏薨,皆承前制,实行薄葬。又据《晋书·惠帝纪》记载,永平元年(291),惠帝司马衷废除东汉时期所创立之上陵礼,诏令:"子弟及郡官并不得谒陵。"也算是在帝王陵寝制度上的一次改革。

东晋是由西晋皇族司马睿南迁后建立起来的王朝,属于门阀士族政治,与北方的五胡十六国并存,历十一帝一百零四年。太宁三年(325)八月,明帝司马绍遗命:"不幸之日,敛以时服,一遵先度,务从简约,劳众崇饰,皆勿为也。"咸康七年(341)三月,年仅二十一岁的恭皇后杜氏病薨,埋葬后,成帝司马衍诏令:"今山陵之事,一从节俭,陵中唯洁扫而已,不得施涂车刍灵。"

元熙二年(420),在位仅一年半的恭帝司马德文遭到臣子刘裕的逼迫退位,被废为零陵王,迁秣阳(今湖北荆门市),正朔、车驾、衣服等俱依晋例,刘裕派遣冠军将军刘遵考带兵监管,翌年被杀。选墓址于富贵山(今江苏南京市玄武区)南麓峡谷之中,曰冲平陵,埋葬后,填土使之与两旁山梁齐平。太妃卒,合葬于陵,备物一如晋典。据《建康实录》记载,东晋诸帝除穆帝永平陵外,墓葬多不起坟。永平陵高一丈六尺,也仅有西汉诸陵的八分之一。

与东晋同时并列的北方十六国中,以石勒为始主的后赵国力最为强盛。石勒(274—333),字世龙,上党郡武乡县(今山西省榆社县)人,羯族部落首领石周曷朱之子,年六十驾崩,在位十五年,是中国历史上唯一一位奴隶出身的皇帝。匈奴、鲜卑、羯、羌、氐为主的少数民族君主入居中原后,其墓葬方式多采用"潜埋"。《晋书·石勒载记上》载,建兴元年(313),后赵明帝石勒生母王氏去世,石勒将母"潜窆山谷,莫详其所。既而备九命之礼,虚葬于襄国城南"。石勒临终曾有遗言,"三日而葬,内外百僚既葬除服……敛以时服,载以常车,无藏金宝,无内器玩……"《晋书·石勒载记下》载,后赵建平四年(333),石勒驾崩后,"夜瘗山谷,莫知其所,备文物虚葬,号高平陵,伪谥明皇帝,庙号高祖"。《太平寰宇记》引《郡国志》云:"勒尸别在渠山葬之。夜为十余棺分道出埋,以惑百姓。"石虎死后,同样是潜埋虚葬,"自别于深山"埋之。由此可见,潜埋虚葬是石赵诸王及王室丧制的成规。《十六国春秋·南燕录》载,太上元年(405),南燕献武帝慕容德驾崩,"为十余棺,夜分出四门,潜瘗山谷,莫知其尸所在,虚葬于东阳陵"。

第三节　唐宋时期

在唐朝,帝王陵寝的营建,是全国政治生活中的一件大事。与其他朝代一样,除朝廷置有专门的建设机构外,一般情况下,继位皇帝首先会在即位之初,诏命朝廷品秩较高的大臣全面负责陵寝建设工程的进展,谓之"山陵使"。据文献记载,部分负责唐陵建设的朝臣如下:

唐高祖李渊献陵位于陕西三原县徐木乡永和村东北徐木原。唐称万寿原。堆土成陵。《旧唐书·高祖本纪》载,贞观九年(635)五月,李渊下诏:"既殡之后,皇帝宜于别所视军国大事。其服轻重,悉从汉制,以日易月。陵园制度,务从俭约。"是年是月初六,李渊驾崩于长安城太安宫垂拱前殿,太宗李世民以司空高士廉在万寿原营山陵,司空房玄龄护山陵。是年十月二十七日,葬高祖于献陵。一百六十四年后,即贞元十四年(798),德宗遣左谏议大夫、同平章事崔损充修奉八陵使,给献陵造屋三百七十八间。

唐太宗李世民昭陵位于陕西礼泉县九嵕山,为李世民生前所选陵寝。九嵕山主峰海拔1224.9米,高耸挺拔,气势雄伟,两侧沟壑纵横。贞观十一年(637)二月,太宗颁《九嵕山卜陵诏》,以太尉长孙无忌为山陵使、中书令崔敦礼为山陵卤簿、司空阎立德共同营护山陵,开始了大规模的营建工程。贞观二十三年(649)五月二十六日,唐太宗驾崩于终南山翠微宫含风殿,八月十八日,葬太宗于昭陵。一百五十年后,即贞元十四年(798),德宗遣左谏议大夫、同平章事崔损充修奉八陵使,给昭陵造屋三百七十八间。

唐高宗李治乾陵位于雍州好畤县(今陕西乾县)梁山。梁山海拔1047.5米,东有豹谷,西有漠谷,南接平壤,北连丘陵,孤峰特起,俊秀挺拔。当时高宗车驾洛阳,病危时说:"苍生虽喜,我命危笃。天地神祇若延吾一两月之命,得还长安,死亦无恨。"弘道元年(683)十二月二十七日晚,高宗李治驾崩于东都洛阳真观殿。《旧唐书·高宗本纪》载:宣遗诏:"七日而殡,皇太子即位于柩前。园陵制度,务以节俭。军国事有不决者,取天后处分。"太子李显于柩前即位,是为中宗。执政两月余,被太后废为庐陵王。又扶豫王李旦即位,是为睿宗。太后临朝称制,以太常博士韦叔夏、太常博士裴守贞及中书舍人贾太隐为山陵礼仪使,高宗叔父司徒霍王定州刺史李元轨及侍中刘齐贤知山陵,摄司空、吏部尚书摄司空韦待价及将作大匠韦泰真共同护营山陵。文明元年(684)五月十五日,睿宗李旦护送高宗灵驾西返长安,八月十一日,葬高宗于乾陵。一百一十四年后,即贞元十四年(798),德宗遣左谏议大夫、同平章事崔损充修奉八陵使,给乾陵造屋三百七十八间。

唐睿宗李旦桥陵位于京兆同州蒲城县(今陕西蒲城县坡头镇安王村)丰山。丰山又称金帜山,海拔751米,山势耸峻,飞峰险势,挺拔中多见峻秀。开元四年(716)六月二十日(一说十九日),睿宗驾崩于长安大明宫百福殿。玄宗以将作少监李商隐监营、御史大夫李杰护作。同年十月二十八日,葬睿宗于桥陵。八十二年后,即贞元十四年(798),德宗遣左谏议大夫、同平章事崔损充修奉八陵使,给桥陵造屋一百四十间。

唐玄宗泰陵位于京兆同州奉先县(今陕西蒲城县)东北十五公里处的金粟山。金粟山海拔852米,因有碎石若金粟,故得此名。开元十七年(729)十一月初十,玄宗拜谒五陵。《旧唐书·玄宗本纪下》载,玄宗至桥陵,见金粟山岗有龙盘凤翥之势,复近先茔,谓侍臣曰:"吾千秋后宜葬此地,得奉先陵,不忘孝敬矣。"宝应元年(762)四月初五,太上皇李隆基驾崩于长安城太极宫神龙殿,皇孙代宗李豫以京兆尹兼御史大夫严武为桥道使营建泰陵,广德元年(763)三月十八日,葬玄宗于泰陵。三十五年后,即贞元十四年(798),德宗遣左谏议大夫、同平章事崔损充修奉八陵使,给泰陵造屋三百七十八间。而《旧唐书·崔损传》记为五百七十间。

唐肃宗建陵位于京兆醴泉县(今陕西礼泉县建陵镇石马岭村)武将山。武将山海拔981米,主峰像竖起的佛指,南望沃野广袤,北衬群山起伏叠嶂,东与九嵕山昭陵遥相对峙,西与梁山乾陵隔川相望,居高临下,气势壮观。宝应元年(762)四月十八日,肃宗驾崩于长安大明宫长生殿,与玄宗驾崩相隔十三天。代宗李豫以中书侍郎兼御史大夫裴冕为山陵使,以京兆尹兼御史大夫严武为桥道使。宝应二年(763)三月二十七日,葬肃宗于建陵。

唐代宗李豫元陵位于京兆富平县(今陕西富平县庄里镇陵里村)檀山。檀山海拔851米。东北距唐文宗章陵三公里,西南距唐中宗定陵五公里。大历十四年(779)五月二十日,代宗病危,急诏太子李适监国,急命邠宁庆节度使(驻邠州)郭子仪入京摄政。当晚驾崩于长安紫宸内殿,太子李适于柩前即位,是为德宗。德宗以司徒兼中书令、灵州大都督、汾阳郡王郭子仪为摄冢宰,充山陵使。是年十月十三日,葬代宗于元陵。十九年后,即贞元十四年(798),德宗遣左谏议大夫同平章事崔损充修奉八陵使,给元陵造屋三十间。

唐德宗李适崇陵位于京兆云阳县(今陕西泾阳县将路乡蒙家沟)嵯峨山。嵯峨山,古称荆山,又名慈山,气势宏伟,为关中名山之一。山有五峰,形似笔架,故又名笔架山。主峰海拔955米,登上峰巅,泾、渭、黄诸河尽收眼底。贞元二十一年(805)正月二十三日,德宗驾崩于长安大明宫会宁殿。二十六日,太子李诵带病于太极殿即位,是为顺宗。顺宗以司空杜佑为山陵使、工部尚书李涵为山陵副使、门下侍郎杜黄裳为礼仪使、李庸为礼仪副使、李扞为按行山陵地副使、郑云达为卤簿使共同护营山陵。八月初四,顺宗在宦官俱文珍等逼迫下退位,在位不足七个月。八月初九,宦官拥立李纯于长安大明宫宣政殿即位,是为宪宗,改元元和。是年十月十四日,宪宗葬德宗于崇陵。

唐顺宗李诵丰陵位于京兆富平县（今陕西富平县曹村镇陵前村）金瓮山。金瓮山海拔851米，山势雄伟，恰似卧虎，俗称虎头山。山之东、南部地势平缓，西、北部层峦叠嶂。元和元年（806）正月十九日，顺宗驾崩于长安兴庆宫咸宁殿。宪宗以宰相杜佑摄山陵使，工部尚书李涵为山陵副使、门下侍郎杜黄裳为礼仪使共同护营山陵。七月，葬顺宗于丰陵。

唐宪宗李纯景陵位于京兆同州奉先县（今陕西蒲城县三合乡义垄村）金帜山。金帜山海拔872米，山势高耸，直入青冥，犹如一面旗帜悬挂在空中。山的东、南面地势平缓，西面深沟壑，北面群峦蜿蜒。元和十五年（820）正月二十七日夜，宦官陈弘志、王守澄潜入长安大明宫中和殿，杀害宪宗，伪称皇帝误服丹石，毒发暴崩，矫诏拥立庸弱无能的李恒继位，是为穆宗。穆宗以中书侍郎令狐楚为山陵使，以户部尚书柳公绰为山陵副使、以吏部尚书韩皋为礼仪使、以京兆尹崔元略为桥道使、京兆府户曹参军韦正牧、奉先县令于犟以及翰林阴阳官共同营建山陵。是年十月二十六日，葬宪宗于景陵。

唐穆宗李恒光陵位于京兆同州奉先县（今陕西蒲城县翔村乡光陵村）尧山西麓。尧山，又名浮山，海拔1091米，山之南、东南及北部地势平缓，东北部山峦重叠。长庆四年（824）正月二十二日，穆宗驾崩于长安城大明宫清思殿，翌日，皇太子李湛于太极殿前即位，是为敬宗。敬宗以中书侍郎牛僧孺为礼仪使。以及桥道使、仪仗使、监修使等协助山陵使营护山陵。并由神策六军士兵以及奉先（今蒲城县）、栎阳（今临潼区）、美原（今三原县）、高陵（今高陵区）、富平（今富平县）五县的百姓承担完成。

唐敬宗李湛庄陵位于京兆三原县（今陕西三原县陵前镇柴家窑村东）荆塬上，系唐代第二座堆土为陵的陵寝。宝应二年（826）十二月初八晚，敬宗外出打夜狐，还宫之后，又与宦官刘克明、田务澄、许文端以及击球军将苏佐明、王嘉宪、石定宽等二十八人饮酒,敬宗酒酣耳热,入室更衣,被刘克明、苏佐明等同谋杀害,年仅十七岁。枢密使王守澄与翰林学士韦处厚等趁机拥立江王李涵(后改名李昂)即位,是为文宗,文宗以中书侍郎牛僧孺为礼仪使,协助宰相裴度为山陵使营护山陵。太和元年(827)七月十三日,葬敬宗于庄陵。

唐武宗李炎端陵位于京兆三原县(今陕西三原县徐木乡桃沟村东北)徐木原西侧,此地海拔540米,系关中唐十八陵中第三座堆土成陵的帝王陵墓。会昌六年(846)三月二十三日,武宗病崩于长安大明宫内殿,二十六日,李忱以皇叔身份于皇侄李炎柩前即位,是为宣宗。宣宗以司空、门下侍郎李德裕为山陵使护营山陵。是年八月初三,皇叔宣宗李忱葬皇侄武宗李炎于端陵。

唐懿宗李漼简陵位于京兆富平县(今陕西富平县庄里镇东窑里村村北)紫金山中峰南麓。咸通十四年(873)七月十六日,左神策护军中尉刘行深、右神策护军中尉韩文约等趁懿宗病危之机,矫诏立年仅十二岁的普王李俨为皇太子,并改名李儇,"权勾当军国政事"。七月十九日,懿宗驾崩于长安城大明宫咸宁殿。翌日,皇太子李儇于懿宗柩前即位,是为僖宗。僖宗尊懿宗生前遗诏:以司空、门下侍郎、平章事韦保衡摄冢宰支持营建简陵。乾符元年(874)二月初五,葬懿宗于简陵。

据《长安志》记载,在关中唐十八陵中,因受山形地貌的影响,不同时期的帝陵封域各不相同。自大而小,依次为:太宗李世民昭陵、宣宗李忱贞陵,封域均一百二十里;高宗李治乾陵封域八十里;玄宗李隆基泰陵封域七十六里;其余如中宗李显定陵、睿宗李旦桥陵、肃宗李亨建陵、代宗李豫元陵、德宗李适崇陵、顺宗李诵丰陵、宪宗李纯景陵、穆宗李恒光陵、敬宗李湛庄陵、文宗李昂章陵、武宗李炎端陵、懿宗李漼简陵、僖宗李儇靖陵十三座封域均四十里;高祖李渊献陵封域仅为二十里。

唐陵皆坐北向南,其整体建筑自南而北主要有:鹊台、下宫、乳台、神道、石刻、阙楼、门阙、庑殿、献殿、宫殿等。

乾陵所在的梁山,初称凉山,是一座从黄土台塬上平拔而起的圆锥形石灰岩石山,北倚群峰,南临广壤,东望九嵕山,西接翠屏。豹谷环其东,漠谷绕其西。梁山峥嵘峭拔,地势险要,为东西通衢之咽喉、古代兵家必争之地,史学家称其为"秦地之上游,北门之锁钥"。

梁山峰顶上现有一块浑圆似璞的巨石,据说是当年古公亶父逾梁山时坐过,被后世称为"丢石",故有"昔太王一逾而奠八百载宏基"之赞语。《元和郡县图志·奉天县》云:"古公亶父逾梁山止于岐下,及秦立梁山宫,皆此山也。"《三辅黄图》云:"梁山宫,始皇幸梁山,在好畤。"《括地志》云:"梁山宫俗名望宫山,在雍州好畤县西十二里,北去梁山九里。"《三秦记辑注》云:"梁山宫城皆文石,名织锦城。"汉武帝刘彻在此猎获白麟。据今人何清谷先生考证,梁山宫的主要宫殿位于今漠谷东岸,梁山大岭东南,乾县城东好畤村之西。

图 28　乾陵所在之梁山

第五章 陵寝建筑

梁山系岐山支脉,为乾县境内各山之祖脉,山脊长约18公里,宽约1公里,山石崔嵬苍润,素有"金岭"之称。唐初梁山地区归好畤县管辖,天授元年(690),析好畤、礼泉、始平、武功、永寿五县部分辖区置奉天县,意为供奉天子陵寝。城因陵而设,筑城为"龟"形,意取长治久安。乾宁二年(895),更名乾州。民国二年(1913)改州为县。《乾县新志》云:"梁山横亘于县北,为境内各山之祖脉,东与九嵕山比峻,北同五峰山相映,南与太白终南遥拱。"

相传,武后临朝,曾派袁天纲和李淳风为卜陵使,分头去为高宗秘选陵寝之地,期限以一月为度。临行前,武后赐给李淳风铜钱一枚,赐给袁天纲凤簪一支,说道:李淳风若选中吉壤,可将此钱埋入地下。结果,李淳风跑了两个多月,在梁山的龙穴之处埋下了这枚铜钱。而袁天纲经过一个多月的寻找,也在梁山的吉壤处插下了这支凤簪。后来,武则天派人去验证他们二人所选吉壤是否一致,结果挖开一看,袁天纲的凤簪正好插在李淳风的铜钱方孔之中。从此,民间传说袁天纲是天罡星中智慧之星下凡。

此外,坊间还流传着另外一种说法:高宗即位不久,就派自己的舅父、太尉兼检校中书令长孙无忌和专管天文历法的太史令李淳风为自己选择陵地。有一天,他们二人巡视到梁山,只见此山三峰高耸,主峰上摩烟霄,东隔乌水,与九嵕山相望,西有漆水,与娄敬山相连。乌、漆二水汇聚山前抱合,形成水垣,围住地中龙气,实乃"龙脉圣地"。

长孙无忌和李淳风回京,袁天纲知道后,立即禀报高宗:"梁山从外表上看是一块风水宝地,但细看有许多不足之处:其一,梁山虽然东西两面环水,能围住龙气,但与太宗龙脉隔断,假如老百姓选祖茔于此,是可以兴盛三代,但作为帝王山陵,恐三代后江山有危。大唐龙脉从昆仑山分出一支过黄河,入关中,以岐山向东蔓延至九嵕山、嵯峨山、凤凰山、丰山、尧山、金粟山,今太宗归葬之九嵕山为龙首。陛下绝对不可越居龙首之前,况梁山在周代乃龙脉之尾,尾气必衰,主陛下治国无力。其二,梁山北峰居高,前有两峰似女乳状,整个山形远观似少妇仰躺。陛下选陵于此,恐后必为女人所控。其三,梁山主峰直秀,属木格,南二峰圆利,属金格。三峰虽然挺拔,但远看方平,为土相。金克木,土生金,整座山形龙气助金,地宫营建于主峰之下,主陛下必为金格之人所控。依臣愚见,万万不可建陵于此!"

高宗听后,犹豫不决,遂退朝不议。早有武则天亲信密报武氏,武氏听了兴高采烈,她暗自思忖:小时候听父亲说,袁天纲在为我相面时说我将来能做女皇,如此看来要应验了。晚上,就不失时机地给高宗吹了一阵枕边风,第二天早朝时,高宗传出圣旨,定梁山为陵址。袁天纲一听,仰天长叹:"代唐者,必武昭仪。"袁天纲为防不测,便挂冠而去,云游四方。

梁山三峰鼎立,北峰雄伟峭拔,耸入烟霄,海拔1047.9米,相对高度约300米,是乾陵玄宫所在。南二峰稍低,且东西对峙,为陵寝之天然门户。顶端又各有一座天然形成的土阙,其形状宛若女人的两个乳头,故称乳峰,当地人称奶头山。南北主轴线长达4900米。

弘道元年(683)十二月初四晚,高宗李治驾崩。初八,武则天命摄司空、吏部尚书韦待价为山陵修作使,以户部郎中、朝散大夫韦泰真为将作大匠,共同护营乾陵工程。《新唐书·陈子昂列传》载:

  山陵穿复,必资徒役,率癯弊之众,兴数万之军,调发近畿,督扶稚老,铲山辇石,驱以就功……

乾陵修成后,武则天又命侍中刘齐贤和霍王元轨知山陵葬事,文明元年(684)八月十一日,为高宗举行了隆重的葬礼仪式。从高宗驾崩到埋葬,历时二百七十三天。埋葬高宗后,乾陵营建工程仍在继续进行。地面上的寝殿建筑及大型石雕都是在武则天时期逐渐建造和树立的。整个陵园宫阙林立,重城森严,完全符合武则天的心愿。

乾陵仿唐长安城格局营建,分内、外城垣两重。内城,又称皇城。内城基本呈方形,城墙总长 5918 米。南北城墙基本一致,东西城墙稍有出入。四周城基夯土宽度 2.10—2.50 米,地表夯土厚 0.75—1.35 米,层厚 0.10—0.12 米,残高 0.50—2.50 米。东城基:南起今沈家池村,向北经东华门村再稍向西北延伸至 824 米处止,全长 1582 米。南城基:东起今沈家池村北,往西经今石马道村、黄巢沟上坡岭(当地村民称棒槌岭)向西南延伸,全长 1450 米。西城基:由今西华门村向南,经过西华门、下沟(何家沟)上坡到岭上,全长 1436 米。北城基:由今东华门村北 842 米处起,向西经后宰门村,再向西至 708 米处止,全长 1450 米。东西南北四面正中各辟一门,分别以青龙、白虎、朱雀、玄武四神命名。门址均宽约 27 米。四门建有阙楼,均为最高等级的三出阙,即一个为母阙,两个为子阙,土木结构,楼基和墩台均系夯筑,以砖包砌。门外各置石狮一对,北门加置六马及石虎一对。陵前建献殿。筑阙台一对,城垣四隅建有角楼,角楼基址现均在。周围均遗存有残砖、瓦片、瓦当和石渣等。

乾陵陵园原地面建筑遗址主要有:

青龙门阙台,位于东门门址外 28 米处,两阙相距 28 米。南阙址底长 19.30 米,残宽 8.50 米,残高 4 米;北阙址底长 19.50 米,宽 11.50 米,残高 6 米。夯层厚 0.08—0.09 米。

白虎门阙台,位于西门门址外 31 米处。两阙相距 43.50 米。南阙址底长 17 米,残宽 6.40 米,残高 4 米。夯层厚 0.08—0.09 米。周围遗存有大量的残砖、瓦片和红烧土等。

朱雀门阙台,位于南门门址外 25 米处。北距朱雀门遗址约 650 米。如阙凌霄,可谓"表南山之巅以为阙",显现帝王陵园的肃穆与威

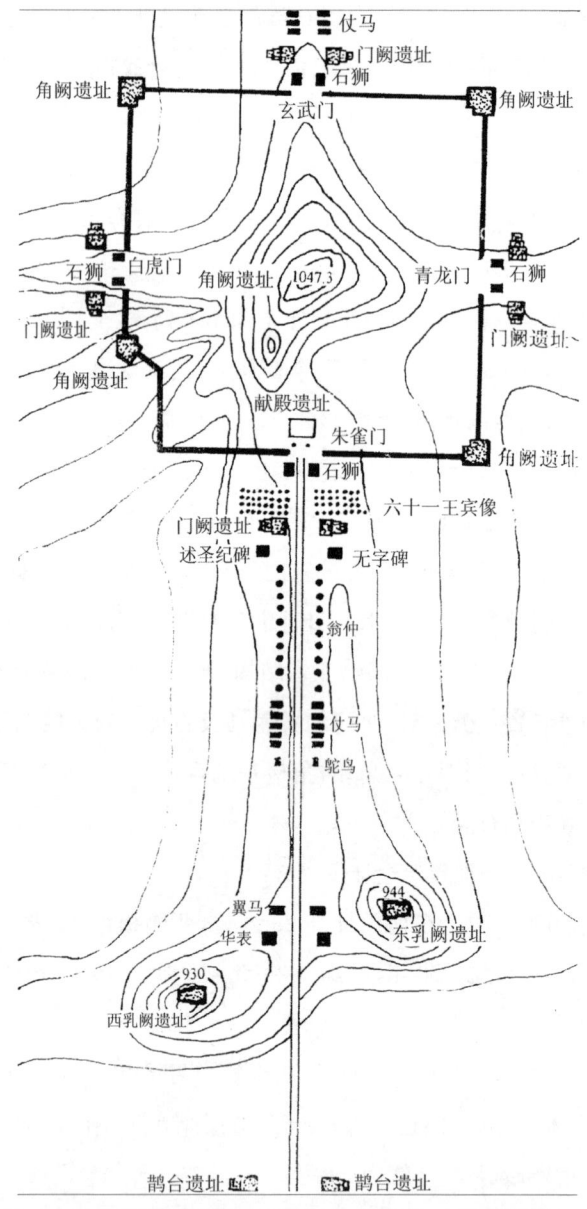

图29 唐乾陵陵园及石刻分布示意图 刘向阳提供

严。东乳峰海拔944米,西乳峰海拔930米,双峰呈东北西南走向,斜向对峙,两者相距约380米。双阙分别筑于峰顶。现东阙址残高14.40米,西阙址残高9.70米,下部尚存基石及包砌砖。

玄武门阙台,位于北门门址外28米处。两阙相距40米。东阙址底长20米,残高11.50米。夯层厚0.08—0.09米。周围遗存有大量的残砖、瓦片和红烧土等。

邀驾宫,是唐代后世帝王祭祀乾陵时的休憩处所,位于乾陵陵园第一道门西南方向约300米处,即今邀驾宫村。此宫西临漠谷河。

下宫,是守陵人员和负责谒陵祭祀礼仪的宫人居住的地方,位于乾陵神道西侧,即西乳峰山下。唐朝规定:"唐诸陵有署令一人,从五品上;府二人,史四人,主衣四人,主辇四人,主药四人,典事三人,掌固二人。又有陵令一人,掌山陵,率陵户卫之。"

献殿,又叫寝宫,是后世帝王子孙上陵祭祀天地神祇和祖宗的场所,位于朱雀门内侧,即今陵碑位置的平台之上,系宫殿式建筑,平面呈长方形,东西长63米,南北宽11.80米。现在遗址处发现石灰岩质方形柱础1个,边长0.74米,中间有卯眼,裸露地面0.10米。

游殿,又称上仙观,位于梁山之巅,是一种礼制性的建筑物,为虚拟灵魂的栖息之所。《旧唐书·代宗本纪》载,大历八年(773)"夏四月戊申,乾陵上仙观天尊殿有双鹊衔紫泥补殿之隙缺,凡十五处"。四月戊申,即四月初三。基址东西长27.50米,南北宽16.50米。另有原六十四蕃臣像廊房、石雕长廊、无字碑和述圣纪碑碑亭等。

神龙元年(705)十一月二十六日,武则天崩于洛阳上阳宫。《资治通鉴》载,武则天临终前遗旨:"去帝号,称则天大圣皇后。"十二月二十一日,中宗李显为满足母后"归陵"遗愿,欲合葬于乾陵。不料,却遭到给事中严善思的反对。据《资治通鉴·中宗大和大圣大昭孝皇帝中》记载:

太后将合葬乾陵,给事中严善思上疏,以为:"乾陵玄宫以石为门,铁锢其缝,今启其门,必须镌凿。神明之道,体尚幽玄,动众加功,恐多惊黩。况合葬非古,汉时诸陵,皇后多不合葬,魏、晋已降,始有合者。望于乾陵之傍更择吉地为陵,若神道有知,幽涂(途)自当通会;若其无知,合之何益!"

严善思的意思是说,若尊者先葬,卑者就不宜惊动尊者而后葬入。则天太后卑于天皇大帝,今若开陵合葬,即以卑动尊,恐惊龙脉。而宽厚仁慈的中宗最终还是命人重启玄宫隧道,于神龙二年(706)五月十八日,将武则天合葬乾陵。从此,乾陵实际成为中国古代帝王陵墓中唯一一座一陵葬两帝的陵园。之后的中宗、睿宗朝,又将两位太子、三位王公、四位公主、八位大臣陪葬乾陵。乾陵的整个营建工程经武则天、中宗及睿宗朝初期,历时57年之久。

据专家推测,乾陵墓室由墓道、过洞、天井、前后通道及左右宫殿组成。

玄宫位于梁山主峰南麓的中腰部,拔地104米。此处地形如出水莲花,案似高楼凤阙,内外明堂开亮,左右弼辅森严,拱顾周旋,云秀朝宗。墓室开凿在古生代奥陶纪灰岩山体中。据陕西省文管会1960年勘探,通向墓室的隧道呈斜坡形,全长63.10米,南宽北窄,最宽处4米,最窄处仅2.80米。勘探资料表明,在隧道砌石上有夯土,土层厚2.80米,夯层厚0.16—0.23米。夯土由黑、黄褐土和石灰混合而成,并夹杂有少量的残砖、瓦片、石灰及小石渣等。石条排列整齐,但由于祔葬武则天时重新开启玄宫隧道的缘故,导致刻字编号紊乱,有的石条与石条的凹槽之间已经残破,也没有嵌铁栓板,只是填满了石灰。

弘道元年(683),高宗驾崩。皇太子李显即位,将高宗棺椁放入乾陵玄宫后,用不同规格的石条自南而北顺坡层叠扣砌,然后密封,共39层,从平面看,每层用石条410块。最长者1.08米,最宽者0.60米,最厚者0.45米,最薄者仅0.10—0.15米。在其中的110块石条表面上刻有363个字,并在字的笔画内涂有红色,用以记载石条的方位,比如:莱常口、常惠、常黄、常则、高便才、焦才、王积、合一、合三、元二、左二、开一、六十四、六十五、左五、一百二十九、日、月、星辰等。为固定叠砌的石条不致移动,在左右相邻的石条上凿有燕尾形凹槽,两槽尾部相对,其间嵌以长0.18—0.27米,厚0.055—0.08米,重9—10.5公斤的燕尾型细腰铁栓板,在上下相邻的石条间凿孔以铁棍相穿,缝隙再用锡铁浆液浇注。再在隧道石条的上面用石块、石灰及黄褐及红褐二色的夯土打成,使之同整个山体浑然一体。

另外,在隧道中腰偏南两侧的墙壁上残存有石灰和壁画痕迹。北端的石壁上有"□中古社至"和"渭南居上□"等墨笔字样。《旧唐书·严善思列传》载:"乾陵玄阙,其门以石闭塞,其石缝隙,铸铁以固其中。"

传说,武则天篡权后,为了使乾陵地宫更加华丽,曾命所有官员在三个月内,每人奉献夜明珠一颗,否则官降三级。一时间,举国上下掀起了一股寻找夜明珠的狂潮。三个月期限已到,户部竟然收到了三十万颗。后来,武则天听说吐蕃有很多夜明珠,遂派使臣前去索要,意想不到的是遭到吐蕃的拒绝,武则天一怒之下,诏命薛仁贵领兵三十万出击吐蕃,结果吐蕃大败,被迫献出了五万颗夜明珠。

为了突出对历史文物的保护和研究,重展东方第一封建帝王陵园的雄姿,1985年1月,国家投资一百五十万元,历时两年,建成了一条奥妙无穷的登陵石阶路。

乾陵台阶路从陵前村东西路起步,全长578米,比举世闻名的南京中山陵的石阶还长出75米,宽11米,落差86.2米。用32000块规格为80×40×20厘米的富平墨玉石料砌成526级台阶和18座平台。下为起步平台,以石栏杆座绕其一周,面积5635平方米,雄关高峙,远看酷似一座团城。上为石柱平台,建有双层栏杆座绕其两侧。南接御道,北衔神道,穿东西乳峰中间,与自然山势融为一体,为乾陵平添了一处靓丽景观。

北宋皇陵位于河南郑州巩义市。除徽、钦二帝被金兵掳去死于黑龙江五国城外,其余七位皇帝及赵匡胤之父均葬于巩义,通称"七帝八陵"。《宋史·山陵》载,在北宋八陵中,永安陵的陵寝制度:"皇堂下深五十七尺,高三十九尺,陵台三层,正方,下层每面长九十尺。南神门至乳台,乳台至鹊台皆九十五步。乳台高二十五尺,鹊台增四尺。神墙高九尺五寸,环四百六十步,各置神门、角阙。"陵台为覆斗形,规定"下层每面长九十尺",按宋一尺等于0.32米计算,陵台边长为28.8米。所谓"陵台三层",是指陵台夯土层自下而上,内收两阶,加上顶部平面,总体呈三层台阶状。北宋之所以将帝陵陵台夯成"三层"形状,具有"山陵"寓意。而在陵台表面"涂丹",似为北宋帝陵所首创。

北宋帝陵陵园为正方形,边长230米。神墙四面正中各开一门,谓之神门。四门外各置石狮一对。除南神门的石狮为走姿外,其余三神门为蹲狮。同时还明确规定:亲王一品,坟高一丈八尺,墓地方九十步;三品官坟高一丈四尺,墓地方七十步。

南宋王朝共传九帝一百五十二年,前六帝葬于浙江绍兴皋埠镇牌口村攒宫山下,俗称"宋六陵"。

淳熙十四年(1187)十月,宋高宗驾崩,陵号永思。据周必大《思陵录》记载:

下宫之制,殿门三间,四椽,每间阔一丈四尺;深二丈。前后殿各三间，六椽，其深三丈，每间阔一丈四尺；东西两廊一十八间，四椽，其深一丈六尺，每间阔一丈一尺；殿门东西皆有挟屋一间，六椽，各阔一丈六尺，其深三丈，又有棂星门、神游亭、换衣厅。

南宋帝王墓均为暂厝，而非正式埋葬，诸陵有皇堂之名，而无玄宫之实，只是将棺材安置于比较浅的墓穴里。南宋诸后攒宫与帝攒宫相同，只是规制较小。如，显仁皇后韦氏的石藏里明长一丈四尺八寸八分，阔一丈三寸，深九尺。庆元三年（1197），宪圣慈烈皇后吴氏薨后，依高宗皇帝石藏里明长一丈六尺二寸，阔一丈六寸，深九尺。

第六章 陵寝随葬

早在旧石器时代晚期,就有在死者身旁随葬器物的习俗。随葬物谓之"明器""冥器""盟器"。《礼记·檀弓下》云:"其曰明器,神明之也。涂车刍灵,自古有之,明器之道也。"在男性墓葬中,随葬品多有石斧、石刀、石铲等生产工具或生活用具,在女性墓葬中,多有石纺车之类的生活用具或装饰品。新石器时代,普遍葬以陶制器皿,如鼎、鬶、瓶、壶、罐、盆、杯、尊、碗、钵、盉等。荀子《礼论》云:"丧礼者,以生者饰死者也,大象其生以送其死也。故事死如生,视亡如存,始终一也。"

第一节 夏商周时期

夏朝自禹至桀,历十四代十七王,四百七十一年。商朝是一个祭政一体的国家,自汤至纣,历十七代三十一王,五百余年。周朝是继夏商之后最后的一个世袭奴隶制王朝,传三十二代三十七王,七百九十年。周朝又分西周与东周。西周由周武王姬发创立,定都镐京(今陕西西安长安区)。周平王姬宜臼元年(前770)东迁,定都雒邑(今河南洛阳)。其中东周又分为春秋时期和战国时期。

夏商周奉行隆丧厚葬,王室及贵族墓葬中的随葬品种类繁多,包括青铜器、玉器、漆器及骨角器等。青铜器有死者生前使用过的酒器、食器、车马器及兵器等。在食器中,鼎和簋居多,说明这两种食器在生活中占重要位置有关。《周礼·天官·亨人》:"亨人掌共鼎镬,以给水、火之齐。"意思是,负责烹饪的人掌管着烹煮器鼎和镬,掌握烹调时的水量和火候。

《孔子家语·致思》云:"从车百乘,积粟万钟,累茵而坐,列鼎而食。"

"列鼎而食",形容王公贵族生活上的奢侈。鼎是古代的烹煮器,一般为三足两耳。夏商周以鼎为国之重器,鼎在国在,国灭则鼎迁。

簋,侈口,圆足,方座,或带盖。有无耳、两耳、四耳之分。原本用于盛放稻谷、高粱之类的器物,后被用于祭祀和宴享。

鼎和簋,都被称为"礼器"。按照周朝礼制规定,天子用九鼎,诸侯用七鼎,卿大夫用五鼎,士用三鼎或一鼎。据《仪礼·聘礼》《仪礼·公食大夫》记载,九鼎所盛肉食有牛、羊、豕、鱼、腊、肤、鲜鱼、鲜腊、肠胃九种,称之为"大牢",或"太牢"。七鼎所盛肉食有牛、羊、豕、鱼、腊、肠胃、肤七种,亦谓"大牢"。五鼎所盛肉食有羊、豕、鱼、腊、肤五种,称之为"少牢",三鼎所盛肉食,《仪礼·丧礼》谓豕、鱼、腊,《仪礼·有司彻》谓羊、豕、鱼,亦称"少牢"。一鼎所盛肉食为豕,即小猪。簋与鼎配合使用,鼎用奇数,簋用偶数,如,九鼎用八簋,七鼎用六簋,五鼎用四簋,三鼎用二簋。但从实际考古发掘出土的文物看,并没有如文献所记载的那样严格。

图30 商兽面纹鹿耳四足青铜甗

图31 后母戊大方鼎

为了体现生前的排场,商周王室或贵族会在墓葬周边另设坑穴,用于埋葬车马,称为"车马坑"。通常情况下,埋葬车马的数量视死者身份而定,如河南浚县西周晚期卫侯墓的车马坑殉马72匹,车12辆,堪称地下长龙。

妇好是商王武丁的配偶,其墓坐落在河南安阳小屯村。1976年春,经中国科学院考古研究所发掘,该墓南北长5.6米,东西宽4米,深8米。墓上建有被甲骨卜辞称为"母辛宗"的享堂。墓内有二层台和腰坑。东、西两壁各有一长条形壁龛。葬具为木棺木椁。椁长5米,宽3.5米,高1.3米。妇好墓共出土青铜器、玉器、宝石器、象牙器、骨器、蚌器等不同材质的随葬品1928件,其中青铜器468件,以礼器和武器为主。礼器类有炊器、食器、酒器、水器等,多成对成组。以"妇好"铭文的鸮尊、盉、小方鼎各1对,成组的如圆鼎12件,每组6件,铜斗8件,每组4件。司母辛铭文的有大方鼎、四足觥各1对。其他铭文的,有成对的方壶、方尊、圆斝等,且多配有10觚、10爵。刻有铭文的铜礼器共190件,其中铸"妇好"铭文的有109件,占有铭文铜器的半数以上,且多大型重器和造型新颖别致的器物,如鸮尊、圈足觥,造型美观,花纹繁缛。三联甗、偶方彝等皆为首次问世。玉器750余件,有琮、璧、璜等礼器,有作仪仗用的戈、钺、矛等。骨角器560多件,另有海贝6800多枚,装饰品420多件,多佩戴玉饰和镶嵌玉饰,少数为观赏品。玉饰除玉石人外,尚有神话传说的龙、凤、怪鸟兽等,其余则为虎、熊、象、猴、鹿、马、牛、羊、兔、鹅、鹦鹉等,也有鱼、蛙和昆虫类。品种几乎涵盖了过去殷墟中出土的所有青铜器种类。

妇好墓以及宏大的规模和丰富的随葬品,代表商代墓葬的最高规制,对商朝后期的历史考古研究具有重要的学术价值。

春秋战国时期,旧的礼制遭到极大的破坏,人们对青铜器重要性的认识逐渐淡漠。但在实际考古中发现,战国早期,青铜器与乐器依然是主要的随葬品。如1978年3月发掘的湖北随县(今湖北随州市)

摇鼓墩战国早期曾侯乙墓。墓中出土有礼器、乐器、金器、玉器、漆器、兵器、车马器及竹简等 15400 余件,仅青铜器就多达 6239 件。其中编钟一套 65 口,是迄今发现的最完

图 32　铜圈足觥　妇好墓出土

整、最宏大的一套青铜编钟。其中一口战国楚昭王之子楚惠王熊章赠送的镈,通高 92.5 厘米,重 134.8 公斤,腔体呈扁椭圆形,与另外六十四口钟最大的区别在于钟口平整,钟体顶部为蟠龙式复式钮,由上下两对蟠龙对称组成。上面一对蟠龙形状较小,引颈对衔,下面一对蟠龙形体较大,回首卷尾,形象惟妙惟肖,生动传神。镈身两侧以浅浮雕龙纹为衬,每一部分铸有五个圆泡形饰,圆泡凸面上亦浮雕龙纹。镈身中间铸有"隹(惟)王五十又六祀,返自西阳,楚王熊章,作曾侯乙宗彝,奠之于西阳,其永持用享"31 字铭文,大意为:楚惠王五十六年(前433),曾侯乙薨的噩耗传来,楚惠王在西阳遥祭。楚惠王为了报答曾侯乙先祖的救父之恩,特意为他铸造了这口精美的镈钟,供其永享。

图 33　编钟　曾侯乙墓出土

编钟分为八组,共三层,悬挂在铜木结构的钟架上。钟架全长10.79米,高2.73米,由六个佩剑的青铜武士和几根圆柱承托着。上中下三层编钟,形制各异。最下一层为十二口长乳甬钟和一口镈钟,分成两组悬挂,其中九口悬挂在倒趴着的虎形兽上面。中间一层三十三件,分三组悬挂,有短口甬钟一组十一件,无口甬钟一组十二件,长口甬钟一组十件。最上一层十九件,称"揭钟"。横向看,从左到右编钟依次增大;纵向看,由上而下依次增大。悬挂方式亦不相同,上层为插挂,以插销入钟钮;中层为钩挂,挂钩为框架钩和焊钩两种;下层环挂,挂钩分趴虎套环和双杆套环两种。65口编钟的总重量达3.5吨,其中,最大者通长153.4厘米,重203.6公斤。在钟、架、钩上共有铭文3755字,内容为编号、记事、标音及乐律理论。甬钟刻有记事铭文,均为"曾侯乙乍时"五字,标明编钟为曾侯乙所拥有和享用。

在曾侯乙墓中的青铜礼器中,有镬鼎二尊、升鼎九尊、饲鼎九尊、簋八件、簠四件、大尊缶一对、联座壶一对、冰鉴一对、尊盘两件及盥缶四件等。这些礼器分别使用了浑铸、分铸、锡焊、铜焊、镶嵌、铆接、熔模等青铜器制作工艺,其中蟠螭纹青铜尊盘的透空附件采用先进的失蜡法铸造。失蜡法是一种古老的铸造工艺,通常采用容易融化的材料如黄蜡、动物油等制成器物的蜡模,再在蜡模的表面浇淋泥浆,以形成泥壳,然后再在泥壳表面涂上耐火材料,使之硬化做成铸型。然后烘烤模型,使蜡油充分融化流出,形成型腔,最后,再将金属溶液浇入型腔,即可得到光洁精密的铸件。整个青铜尊盘上图案由十九种变体蟠螭纹构成十种花纹单元,再按照一定的层次排列。

此外,曾侯乙墓还出土有四龙曾徽、十六节龙凤玉挂饰、鹿角立鹤、云纹金盏、金杯、金带钩,以及鼓、瑟、笙、排箫等大量乐器。兵器有锐殳七件、晋殳十四件以及戟、戈、矛、弓、盾、甲胄、箭镞等,另有漆器二百二十多件。随葬品数量之巨,设计之巧,造型之奇,色彩之艳,纹饰之美，制作之良令人叹为观止。

1972年在云南江川县李家山古墓群24号墓坑中发掘出一件战国时古滇国放置祭品的青铜牛虎铜案，长76cm，高43cm，其造型由二牛一虎组合而成，以一头体壮的大牛为主体，四足为案足，呈反弓的牛背作椭圆形的案盘面，一只猛虎扑于牛尾，四爪紧蹬上牛身咬住牛尾，虎视眈眈于案盘面。大牛腹下站立着一头悠然自得的小牛，首尾稍露出大牛腹外，有大牛牺牲自己保护小牛的寓意。铜案中的大牛颈肌丰硕，两角前伸，给人以重心前移和摇摇欲坠之感，但其尾端的老虎后仰，其后坠力使案身保持了平衡。大牛腹下横置的小牛，增强了案身的稳定感。此铜案构思新颖，造型奇特，既有中原地区四足案的特征，又具有浓郁的云南地方和民族风格，极具艺术观赏价值，是中国青铜艺术的杰作。

图34　牛虎铜案　云南江川李家山24号墓出土

第二节 秦汉时期

秦始皇陵是中国古代帝王陵寝厚葬的典范。陵园占地56.25平方公里,迄今为止,已经发现各类陪葬墓、坑六百多处,引发世界高度关注。

《史记·秦始皇本纪》载:"始皇初即位,穿治郦山,及并天下,天下徒送诣七十余万人,穿三泉,下铜而致椁,宫观百官,奇器珍怪徙臧满之。令匠作机弩矢,有所穿近者辄射之。以水银为百川江河大海,机相灌输,上具天文,下具地理。以人鱼膏为烛,度不灭者久之。"当时,秦国约有两千多万人口,能劳役者二百余万,而参加修筑始皇陵和阿房宫者竟高达七十万,约占全国劳役者的三分之一。从而造成了财困民乏,民怨沸腾。诚如班固《汉书·食货志》所言:"男子力耕不足粮饷,女子纺绩不足衣服。竭天下之资财以奉其政,犹未足以澹其欲也。海内愁怨,遂用溃畔。"《汉书·楚元王传》载:

> 秦始皇帝葬于骊山之阿,下锢三泉,上崇山坟,其高五十余丈,周回五里有余;石椁为游馆,人膏为灯烛,水银为江海,黄金为凫雁。珍宝之臧,机械之变,棺椁之丽,宫馆之盛,不可胜原。又多杀宫人,生薶工匠,计以万数。天下苦其役而反之,骊山之作未成,而周章百万之师至其下矣。项籍燔其宫室营宇,往者咸见发掘。

秦始皇陵始建于秦王政元年(前246),竣工于秦二世二年(前208),历时三十八年。

秦俑陪葬坑位于陵东1500米处,由四个俑坑组成,属于陶泥制成的兵马殉葬品,也是秦国正式废止人殉制度的佐证。

第六章　陵寝随葬

图 35　秦始皇陵一号从葬坑　　　　　陈雪华 摄

秦始皇兵马俑坑坐西向东，三坑呈"品"字形排列。俑坑是地下坑道式的土木结构建筑，坑深约 5 米，中间有土墙相隔。墙的两边排列木质立柱，柱上置横木，横木和土隔墙上密集地搭盖棚木，棚木上铺一层苇席，再覆盖黄土，从而构成坑顶，坑顶高出当时地表约 2 米。俑坑底部墁铺青砖。陶俑、陶马放进俑坑后，用立木封堵四周的门道，门道内用夯土填实，形成了一座封闭式的地下建筑。

在秦始皇陵外城以东及陵城以内，分布着大大小小的陪葬坑约二百余处，主要有兵马俑坑、石铠甲坑、铜车马坑、马厩坑、珍禽异兽坑，及百戏俑坑等。在马厩坑出土的陶器上刻有"大厩""中厩""小厩""左厩""右厩"等字样，以及高约 0.70 米的跪坐俑，神态自然，造型优美。

石铠甲坑位于秦始皇陵东南约 200 米处，东西长 120 米，南北宽 128 米，共清理出了石铠甲 87 领、石头盔 43 顶、石马缰 3 组、石胄 43 领，以及一些铠甲所用的青石片等。

动物坑位于秦始皇陵外城垣东北角约750米处。葬坑系土木结构,呈"甲"字形,主室南北长23.50米,东西宽10米,深度为6米。

从已发掘清理情况看,一号坑为右军,二号坑为左军,三号坑为指挥部,四号坑因时局发生动乱而没来得及建成。其中一号坑为坑道式土木建筑,东西长230米,南北宽62米,深4.50—6.50米,总面积14360平方米。在东西两端,各有斜坡门道五个。坑道内有十道宽2.5米的夯土隔墙,在隔墙之上驾着粗木梁,铺以芦席,上敷泥土。这是一个以步兵和车兵相结合的长方形兵阵,阵前有210个身着短褐、手持弓箭的武士俑,组成三列横队,阵中陶俑、陶马6000余件,战车40余乘。武士与战车之间,共列三十八路纵队,每路约180武士俑。目前已经出土陶俑1087件,木质战车8乘,陶马32匹。从2009年开始,经对兵马俑一号坑的第三次发掘,在400平方米的发掘面积中,已发现200余件陶俑,其中多件带有彩绘。二号坑位于一号坑东北20米处,平面呈"曲尺"形,东西长124米,南北宽98米,深约5米,总面积约6000平方米。此坑的军阵由弩兵阵、车兵阵、骑兵与车兵混合编阵及步兵与车兵混合编阵组成。在坑的东北角,是一个由立射俑和跪射俑组成的方形军阵,出土木车遗迹11乘,陶马67匹,陶质鞍马29匹,武士俑224件,以及一批青铜车马器和兵器。三号坑位于一号坑西北,平面呈"凹"字形,东西长17.60米,南北宽21.40米,深5.20~5.40米,面积520平方米,出土陶俑68件,陶马4匹,木质战车1乘(仅存残迹)及30余件青铜兵器。四号坑东西长48米,南北宽96米,深4.80米,面积4680平方米,有泥无俑。

兵马俑身份主要是军吏及士兵两大类。军吏又有低级、中级、高级之别。一般士兵不戴冠,而军吏戴冠。普通军吏的冠与将军的冠又不相同,甚至铠甲也有区别。其中的兵俑包括步兵、骑兵、车兵三类。根据实战需要,不同兵种的武士装备各异。而坑中最多的是武士俑,绝大部分手执青铜兵器,有弓、弩、箭镞、铍、矛、戈、殳、剑、弯刀和钺等,身着铠甲,胸前有彩线挽成的结穗。还有车士、立射俑、跪射俑等。军吏头戴长冠,数量多于武士。秦俑的脸型、身材、表情、眉毛、眼睛和年龄等都有着很大的差异。现代作家叶至善填词赞曰:

秦王按剑,视山东险阻,膝如几席。叱咤雷霆军百万,势猛山崩河决。六国披靡,诸侯授首,四海归于一。寰区大定,功岱顶高勒。　谁想赫赫军容,二千余载,再现骊山侧。阵列六千兵马俑,伍整行严神奕。摄甲执戈,顿蹄并辔,车向森严立。但鸣鼓,一时雕塑都活。

铜车马坑位于秦始皇陵西约 20 米处,平面呈"巾"字形,长、宽均为 55 米,系土木建筑结构。两乘车出自同一木椁中,均为单辕双轮四马。前车称立车、戎车或高车,通长 2.25 米,高 1.52 米,辕长 1.83 米,舆广 0.74 米,进深 0.485 米,重 1061 公斤。驭手站立舆内,舆内立伞。后车通长 317 厘米,高 106.2 厘米,平面呈"凸"字形,重 1241 公斤,四周立有箱板,左、右、前方各开一窗,上覆鱼背形弓橑,弓橑上覆盖着椭圆形的拱形车盖。

此两乘铜车马结构极为复杂,以后面的车为例,大小零部件有 3462 件,其中包括金质装饰 737 件,银质装饰 983 件,最大部件是龟背形的车盖,长达 246 厘米,面积达 2.5 平方米。最小部件不足 0.5 平方厘米。马为最大的铸件,重达 230 公斤。最轻者为辔绳的销钉,不足 1 克。

兵马俑的制作工艺比较复杂,一般是按照人、马的不同部位分别用陶模翻出胎型,然后进行套合、粘接,再雕刻出五官、须发、铠甲等细部纹饰。

图 36　秦始皇陵一号铜车马

2000年,秦始皇陵考古队在秦始皇陵封土周围探明了秦朝的地下深层排水系统。东段为阻水设施,西段为排水设施。这是很值得关注的一个方面。

汉朝崇奉厚葬,所谓生不极养,死乃崇丧。王充《论衡·薄葬篇》云:"谓死如生,闵死独葬,魂孤无副,丘墓闭藏,谷物乏匮,故作偶人以侍尸柩。多藏食物,以歆精魂。"桓宽《盐铁论·散不足》云:

> 今富者绣墙题凑,中者梓棺楩椁,贫者画荒衣袍,缯囊缇橐……今生不能致其爱敬,死以奢侈相高,虽无哀戚之心,而厚葬重币者则称以为孝,显名立于世,光荣著于俗,故黎民相慕效,至于发屋卖业。

西汉历十一帝二百三十一年,除文帝霸陵和宣帝杜陵坐落在长安城西南的渭水南岸外,其余九座帝陵均位于渭水北岸的咸阳原上。自东而西分别为:景帝阳陵、高祖长陵、惠帝安陵、哀帝义陵、元帝渭陵、平帝康陵、成帝延陵个、昭帝平陵及武帝茂陵,称"渭北九陵"。

霸陵是汉文帝刘恒的陵寝,坐落在汉长安城未央宫东南五十七公里白鹿原东北(今陕西西安市灞桥区),也是我国历史上第一座凿穴为玄宫的帝陵。刘恒是汉高祖刘邦的第四子,生母薄姬。高后八年(前180)八月初一,吕后驾崩,丞相陈平、太尉周勃及朱虚侯刘章等朝臣粉碎了吕氏宫廷政变,迎立刘恒为皇帝,是为文帝。汉文帝时代政治升平,人民生活安康,与汉景帝时代一起并称"文景之治"。

图37 汉文帝霸陵　　　　　　曹红卫 摄

薄太后南陵位于霸陵西南,西隔渭水遥望高祖长陵,故有"东望吾子,西望吾夫"之说。

霸陵东北约 1000 米处，便是汉文帝的窦皇后陵园。陵冢位于陵园正中，残高 19 米，周长 564 米。在陵园东侧发现从葬坑多座，出土有彩绘陶俑、陶罐及马、牛、羊骨骼。

汉文帝即位之初，便开始营建霸陵，诏令："治霸陵，皆以瓦器，不得以金银铜锡为饰，不治坟，欲为省，毋烦民。"但实际上，文帝仍将全国每年三分之一的财政收入用于修陵。据《史记·张释之列传》载，文帝曾与慎夫人在群臣的簇拥下，登临霸陵北侧的霸水极目远眺。文帝命慎夫人鼓瑟，自己和瑟而歌，凄切悲怀。然后他对群臣说，当朕百年之后，就以这里的石头为椁，并用纻麻、棉絮塞缝，再灌以生漆。左右随声应答："好。"其实，文帝之所以因山为陵，因墓内多藏珍宝，主要目的是防止陵墓被盗。

王充《论衡·死伪篇》载：

> 亡新改葬元帝傅后，发其棺，取玉柙印玺，送定陶，以民礼葬之。发棺时，臭憧于天，洛阳丞临棺，闻臭而死。又改葬定陶共王丁后，火从藏中出，烧杀吏士数百人。夫改葬礼卑，又损夺珍物，二恨怨，故为臭出火，以中伤人。

"亡新"，王莽新朝灭亡后，后人对其的贬称。"元帝傅后"，汉元帝的妃子，汉哀帝的祖母。元始五年，王莽执政，以薄礼改葬傅太后和哀帝之母丁后。"玉柙"，玉制的匣子。"印玺"，指傅太后的印。"定陶"，古县名，在今山东定陶西北，汉成帝徙封其异母兄弟刘康于此。哀帝是汉成帝的侄子，因成帝无子，他被推举为帝。他的父亲刘康原封为定陶共王，为傅太后亲生。傅太后原来跟着儿子住在定陶，哀帝继位后才迁居京城，死后与元帝合葬。王莽新朝改葬汉元帝的傅后，打开她的棺材，取出玉柙印玺，送回定陶，用埋葬一般百姓的礼节埋葬她。

打开棺材时,"臭气"冲天,洛阳丞靠近棺材,竟被熏死。又改葬定陶共王丁后,烈火从墓穴中冲出,烧死吏士几百人。改葬用卑下的礼节,又毁坏、夺取珍贵之物,使傅后和丁后怨恨,所以放出臭气、冲出烈火,以报复开棺的人。尤其是亲临开棺现场的洛阳丞"闻臭而死",便是对当时统治者崇尚厚葬的莫大讽刺。所谓"臭气",实际是沼气,含甲烷、二氧化碳、硫化氢等,有毒,易着火。

刘胜(前165—前113),汉景帝刘启庶子,汉武帝刘彻异母之兄。汉文帝后元三年(前154),受封中山王。元鼎四年(前113)二月病逝,在王位四十三年,谥靖,史称"中山靖王"。中山靖王刘胜及其妻窦绾墓位于河北保定城西北的满城区陵山,坐西向东。刘胜墓长约51.7米,最宽处约37.5米,最高处约6.8米,空间约2700立方米。窦绾墓位于刘胜墓之北,墓室建筑规模之大、气魄之宏伟、开凿之工整,均超过刘胜墓。两墓平面布局则大同小异。窦绾墓全长49.7米,最宽处65米,最高处7.9米,空间达3000立方米。外口在两道砖墙之间灌以铁水封闭,比刘胜墓更为坚固严密。其库房和车马房亦比刘胜墓大。两墓随葬品豪华奢侈,共出土金器、银器、铜器、铁器、玉器、石器、陶器、漆器、丝织品等随葬物品一万余件,其中包括"金缕玉衣""长信宫灯""错金博山炉"及"朱雀衔环杯"等珍贵器物,曾赴欧、亚、美等三十多个国家和地区展

图38 长信宫灯

出，备受中外人士的赞誉。

刘胜嗜酒，在其墓室中就放置了几十口盛满酒的大陶缸。据专家初步估算，贮存量当在5吨左右。

东汉建武时期，光武帝刘秀曾下诏："世以厚葬为德，薄葬为鄙，至于富贵奢僭，贫者单(殚)财，法令不能禁，礼义不能正，仓促乃知其咎。其布告天下，令知忠臣孝子、慈兄悌弟薄葬送终之义。"诚如桓宽《盐铁论·散不足》所言："富者绣墙题凑，中者梓棺楩椁。"据王充《论衡·薄葬篇》，东汉时期，普遍"重死不顾生，竭财以事神，空加以送终"。汉武帝建元二年(前139)，朝廷征募工匠三千余人，徭役万余人，在槐里县(今陕西省兴平市)茂乡营建茂陵，至后元二年(前87年)竣工，历时五十三年。

《后汉书·礼仪下》引《旧汉议》注：茂陵"其设四通羡门，容大车六马，皆藏之内方，外陟车石。外方立，先闭剑户，户设夜龙、莫邪剑、伏弩，设伏火"。

《晋书·索綝传》记载：

> 时三秦人尹桓、解武等数千家，盗发汉霸、杜二陵，多获珍宝。帝问綝曰："汉陵中物何乃多邪？'綝对曰：'汉天子即位一年而为陵，天下贡赋三分之，一供宗庙，一供宾客，一充山陵。"

就是说，汉武帝即位一年后，动用全国赋税的三分之一作为建陵和征集随葬物品的费用。建陵时曾从各地征调建筑工匠、艺人三千余人。我们知道，汉武帝在位五十四年，也就是说，为他建造茂陵就得耗费汉朝鼎盛时期的十八年赋税，令人惊讶！后元二年(前87)，汉武帝驾崩，入殓未央宫前殿。在茂陵中"多藏金银财物，鸟兽鱼鳖牛马虎豹生禽，凡百千什物，尽瘗藏之"。墓中物品珍玩已经多到"不容复物"的地步。

传统认为玉具有驱邪避凶、滋养身心的作用。《礼记·曲礼》云："君子无故,玉不去身。"东汉许慎《说文》称："玉,石之美。有五德:润泽以温,仁之方也;䚡理自外,可以知中,义之方也;其声舒扬,专以远闻,智之方也;不挠而折,勇之方也;锐廉而不忮,洁之方也。"

葛洪《西京杂记》载:"汉帝送死皆珠襦玉匣,匣形如铠甲,连以金缕。"梓宫内的武帝口含蝉玉,身着金缕玉匣。"匣上皆镂为蛟龙鸾凤龟麟之象,世谓为蛟龙玉匣。"玉匣,亦称"玉柙""玉衣",是由春秋战国时期死者面部覆盖的缀玉面罩和身上穿的缀玉衣服演变而来。汉朝皇帝或贵族玉衣裹尸,主要希望保护尸体不腐烂。刘昭《续汉书·礼仪志》载,由于等级的不同,玉衣则有金缕、银缕和铜缕之分。依照汉朝规制,金缕玉衣系用金丝编缀,为皇帝专用;银缕玉衣系用银丝编缀,为诸侯王、列侯、始封贵人及公主所用;铜缕玉衣系用铜丝编缀,为大贵人、长公主及高级贵族使用。又《汉仪注》载,珠襦"以珠为襦,如铠状,连缝之,以黄金为缕。要(腰)已(以)下玉为札,长一尺,(广)二寸半,为柙,下至足,亦缝以黄金缕"。意思是说,在腰部以下的玉衣,要用长一尺、宽二寸半的玉札来编缀。但从实际出土的玉衣看,并没有发现这种尺寸的玉片。据考古发掘,汉武帝的玉衣全长1.88米,由2498块大小玉片组成,耗费金丝达1100克。甚至连同外国馈赠的玉箱、玉杖,以及生前所读经书三十卷,悉数盛入金箱,一并葬之。中山靖王刘胜玉衣长1.88米,由2498块玉片串成;其妻窦绾玉衣长1.72米,由2161块玉片串成。刘胜玉衣所用金丝共1100克,窦绾玉衣所用金丝共700克。

汉朝人坚信玉能保护尸体不朽,故在墓葬中置放专门制作的玉器,称之为"葬玉",用途不同,则名称各异:

玉含,指在死者口中所放的珠玉。"口含玉石,欲化不得。"汉朝玉

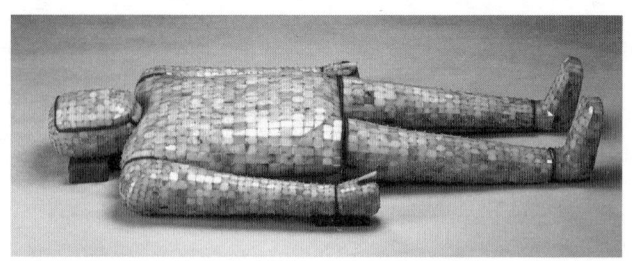

图39　中山靖王刘胜金缕玉衣

含多取形于蝉,寓意死者的复活。

玉握,指死者手中所握玉璜形无孔玉器。西汉时期,是两根小玉棍。进入东汉以后,演变成为一对玉猪,并代有相沿。

玉塞,用来塞闭死者的口窍,据说是为了防止精气从尸体中飘逸出来而到处游荡。如果全套备齐就是九件,谓之"九窍塞",即耳塞、口塞、鼻塞、肛门塞共六件,眼盖、生殖器盖等共三件。

汉文帝倡导薄葬,在修造霸陵时曾下诏,随葬品不得用金、银、铜、锡为饰,只能使用瓦器,也就是陶器。但建兴年间,霸陵被盗发,盗墓者仍从墓中"多获珍宝"。

综合考古发掘资料,处于西汉早期的长沙马王堆一号汉墓中,除了随葬颜色鲜艳、质地精美的绢、纱、锦、罗、绮及刺绣品外,还发现了诸多食物:作物类有小麦、稻谷、大豆、赤豆、粟、黍等;瓜果类有杨梅、甜瓜、梨、枣等;蔬菜类有芥菜、苋菜、藕、笋等;畜类有牛、羊、猪、狗、鹿、兔等;禽类有鸡、鸭、鹤、鹅、鹊、雁、鸱鸪、鹌鹑、斑鸠等;调味品类有盐、酱、蜜、糖等;另有鱼类若干。

西汉中期的墓葬中,青铜器,特别是青铜礼器的数量明显减少,即便是王侯一级的墓中,也不超过全部随葬品的一半,甚至仅达全部随葬器物的三分之一,而仿制铜器的陶质礼器的数量明显增加。到了西汉晚期,则完全以俑代替,另外,还出现了陶船等器物。

西汉王朝一改先秦时期"天子七日而殡,七月而葬"的丧葬制度,开创了地方官吏为皇帝大行素缟致哀制度。据罗开玉《中国丧葬与文化》记载,汉文帝刘恒驾崩后,七日而葬,汉武帝刘彻十日而葬,东汉章帝刘炟十二日而葬。

第三节　两晋时期

东晋是一个动荡不安的时代,政权内部四分五裂,且与北方五胡十六国并存。东晋自元帝司马睿至恭帝司马德文,历十一帝一百零三年。据唐人许嵩《建康实录·穆皇帝》记载:"晋十一帝有十陵,元、明、成、哀四陵在鸡笼山之阳,阴葬不起坟。康、简文、武、安、恭五陵在钟山之阳,亦不起坟。唯孝宗一陵在幕府山,起坟也。"六朝时期的鸡笼山主峰,位于今江苏南京市鼓楼东侧,东连九华山,西接鼓楼岗,北临玄武湖,为紫金山延伸入城的余脉。春秋战国时期,因其山势浑圆,形似鸡笼而得名。南朝齐武帝到山中射雉,至此闻鸡鸣,故改鸡笼山为鸡鸣山。南陈后主陈叔宝,曾于鸡笼山大造殿宇,用香木做梁柱门窗,清风吹过,香飘数里。他与宠妃张丽华、孔贵嫔终日在此寻欢作乐。祯明三年(589),隋军入城,陈后主无处可逃,带张、孔两嫔妃躲进井内,终被隋军所获。三人从井内爬出时,脂粉淋漓,沾满井栏。后以帛拭之,其石有胭脂痕,此井故被称为胭脂井,又名辱井。元人陈孚《胭脂井》诗云:"泪痕滴透绿苔香,回首宫中已夕阳。万里河山天不管,只留一井属君王。"哀婉之意溢于言表。明初设观象台于山上,又名钦天山。清初,在山上重建北极阁后,民间俗称北极阁。

幕府山是一座丘陵山脉,位于长江南岸,西起上元门,东至燕子矶,长约5500米,宽约800米,主峰高190米,横贯南京市鼓楼和栖霞两区。

钟山,亦称蒋山,即今南京东郊紫金山,系"江南四大名山"之一。

其间,山、水、城、林浑然一体,自然景观丰富优美,文化底蕴博大深厚。钟山有诸峰,第三峰部分今称富贵山,朱元璋明孝陵建造其上。在钟山三大核心景区内,分布着各类名胜古迹二百多处。

1972年4月,南京博物院和南京大学历史系考古组在南京大学北园的鼓楼岗南坡发掘清理了一座东晋大墓。墓葬由墓门、甬道、主墓室及右侧室组成,墓葬东西长9.9米,南北宽8.04米,甬道设门槽两道,极为罕见。而将有两道门槽的墓葬推定为帝陵,是目前六朝考古学研究中的通识。

北园主墓室平面呈方形,东西长4米,南北宽4.4米。穹隆顶已经坍塌。在主墓室后偏西位置的墓室地面用长方形砖横列竖式砌成。墓室地面呈北高南低,便于排水。

在被毁坏的墓葬中,仍然出土了大量的随葬品:陶器五十八件,青瓷器三十二件,金银铜铁等金属器物十件。陶器多为生活用具,有尊、盘、盆、勺、钵、壶、杯、榻、几、灯、龙首(装饰)、虎首(装饰)、帐座等。在青瓷器中,有双耳壶、四耳壶、鸡首壶、盘、洗、熏、罐、杯、瓢、勺等。

除此而外,还出土了非常珍贵而完整的缕金饰件一组,共四件:顶部起尖呈山形的蝉纹片一件,方形兽面纹片一件,对称的山字形片二件。在金饰件的背面,有漆纱痕迹,被专家确定为冠饰。尤其是蝉纹,参照《晋书·舆服志》的记载:"侍中、常侍则加金珰,附蝉为饰,插以貂毛,黄金为竿,侍中插左,常侍插右。"由此可见,汉晋唐时期,附蝉为汉侍中、常侍,唐散骑常侍的标志性冠饰。附蝉纹以金珰配以貂毛,合称貂蝉。应劭《汉官》云:"说者以金取坚刚,百炼不耗。蝉居高饮露,口在腋下,貂内劲捍而外温润。"据《晋书·舆服志》载,天子所戴通天冠,在冠前加"金博山颜"。"金博山颜",当为山形的缕金饰件,传为唐人阎立本在《历代帝王图》中所绘,魏文帝曹丕、晋武帝司马炎、隋文帝杨坚等冠前均有山形纹饰。

1964年冬,南京博物院在南京太平门内富贵山南麓东段晋恭帝墓碣之西,清理发掘了一座东晋晚期大墓,通称"富贵山大墓"。墓室因山而建,距地面9米处开凿,墓坑南北长35米,东西宽7.5米,深4.3—7米不等。墓道前有排水沟,长87.5米。封门墙呈弧形,由内向外垒砌,封门砖竖砌,甬道及墓室总长10米。甬道、墓室均为券顶,墓室呈长方形,南北长7.06米,东西宽5.18米,四壁砌砖,左右壁平直,后壁外弧。该墓出土随葬物七十一件,其中铜器二十七件,陶器十八件,青瓷器十七件,陶俑四件。陶俑为持盾武士形象,一种圆脸,方耳,足蹬尖靴,通高52.8厘米;另一种长脸,细颈,足蹬圆头靴,通高50.2厘米。除此外,还出土了饰以龙首、虎首的陶帐座四件。参照《建康实录》的记载,恭帝"葬冲平陵,在蒋山之阳,安帝同处",推测当为晋恭帝司马德文的冲平陵,但也不排除是安帝司马德宗的休平陵。

图40 晋朝重臣所佩蝉珰

东晋康帝司马岳驾崩,墓葬欲用宝剑及金舄二物,后被人视为有违祖法,遂不敢用。据《晋书·江逌传》记载,穆帝司马聃驾崩,拟用宝器随葬,朝臣江逌进谏:"宣皇顾命终制,山陵不设明器,以贻后则。景帝奉遵遗制。逮文明皇后崩,武皇帝亦承前制,无所施设,惟脯糗之奠,瓦器而已。昔康皇帝玄宫始用宝剑、金舄,此盖太妃罔已之情,实违先旨累世之法。今外欲以为故事,臣请述先旨,停此二物。"事终依江迫所谏而行,真乃臣直君明。

"沧海横流显砥柱,万山磅礴看主峰。""上梁端,下梁正。"士大夫纷纷自为终制,遗命薄葬,从此形成一股良好的社会风气。

王祥是三国曹魏及西晋大臣,书圣王羲之的族曾祖父,曾数九寒天,卧冰求鲤,只为孝敬后母,被列为"二十四孝"之一。

《晋书·王祥列传》载,年已八十五高龄的王祥于病情好转后,著遗令训子孙曰:

> 气绝但洗手足,不须沐浴,勿缠尸,皆浣故衣,随时所服。所赐山玄玉佩、卫氏玉玦、绶笥皆勿以敛。西芒上土自坚贞,勿用甓石,勿起坟陇。穿深二丈,椁取容棺。勿作前堂、布几筵、置书箱镜奁之具,棺前但可施床榻而已。糒、脯各一盘,玄酒一杯,为朝夕奠。家人大小不须送丧,大小祥乃设特牲。无违余命!

意思是说:当我咽气以后,只要洗洗手和脚就行了,不烦劳你们濯发洗身,不要用绸布缠包尸体,把我的旧衣服都洗一下,将平时所穿的衣服给我穿上。皇上赐给我的山玄玉佩、卫氏玉器,系印的丝带和盛器都不要随葬。西芒山上土质本来坚硬而纯洁,不要再用什么砖石,不要堆起坟丘。墓穴深挖二丈,外棺只要能容纳内棺即可。不要设灵堂、摆宴席、安置书箱镜匣等器物,棺材前可放置床榻就行了。干饭、干肉等各置一盘,薄酒一杯,作为早晚祭奠的祭祀品。家里大小人口都不要为我送葬,一周年祭日和两周年祭日,再设牛猪等祭品。你们不要违背我的遗命!

泰始五年(269),王祥逝世,武帝司马炎感其孝德和遗训,诏赐东园秘器,朝服一具,衣一袭,钱三十万,布帛百匹。

另外,《晋书》还分别记载了几位时人的终制。

西晋开国功臣、乐陵郡公石苞终制云:"自今死亡者,皆敛以时服,不得兼重。又不得含,为愚俗所为。又不得设床帐明器也。定窆之后,复土满坎,也不得起坟种树。"

魏晋时期经学家杜预终制云:"故遂表树开道,为一定之制。至时皆用洛水圆石,开隧道南向,仪制取法于郑大夫,欲以俭自完耳。棺器小敛之事,皆当称此。"

医学家皇甫谧《笃终论》所述其终制,尤为真切动人:

> 吾欲朝死夕葬,夕死朝葬,不设棺椁,不加缠敛,不修沐浴,不造新服,殡含之物,一皆绝之。吾本欲露形入坑,以身亲土,或恐人情染俗来久,顿革理难,今故觕为之制。奢不石椁,俭不露形。气绝之后,便即时服,幅巾故衣,以籧篨裹尸,麻约二头,置尸床上。择不毛之地,穿坑深十尺,长一丈五尺,广六尺,坑讫,举床就坑,去床下尸。平生之物,皆无自随,唯赍《孝经》一卷,示不忘孝道。籧篨之外,便以亲土。土与地平,还其故草,使生其上,无种树木。削除,使生迹无处,自求不知。不见可欲,则奸不生心,终始无怵惕,千载不虑患。形骸与后土同体,魂爽与元气合灵,真笃爱之至也。若亡有前后,不得移祔。祔葬自周公来,非古制也。舜葬苍梧,二妃不从,以为一定,何必周礼。无问师工,无信卜筮,无拘俗言,无张神坐,无十五日朝夕上食。礼不墓祭,但月朔于家设席以祭,百日而止。临必昏明,不得以夜。制服常居,不得墓次,夫古不崇墓,智也。今之封树,愚也。若不从此,是戮尸地下,死而重伤。魂而有灵,则冤悲没世,长为恨鬼。王孙之子,可以为诫。死誓难违,幸无改焉。

晋武帝司马炎曾这样评论皇甫谧:"男子皇甫谧沈静履素,守学好古,与流俗异趣。"

西晋时期,诸如宗室安平王司马孚、定策灭吴的开国元勋羊祜、侍中兼谏议大夫庾峻、凉州刺史张轨及"竹林七贤"之一刘伶等人皆纷纷遗命薄葬。

第四节 南朝时期

南朝,自宋高祖武皇帝刘裕建国,经萧齐、萧梁、陈,先后历经一百七十年。其间,曾出现过刘宋时期的"永嘉之治"。然而,刘宋立国仅传八帝六十年。萧齐立国传七帝二十三年。萧梁立国传四帝五十五年。陈立国传五帝三十二年。在这一百多年间,先后有二十四位皇帝即位,中间还时不时地穿插着四王二侯的轮番上阵执掌朝政。除宋文帝刘义隆在位三十年,梁武帝萧衍在位四十七年,陈宣帝陈顼在位十四年外,其余皇帝平均在位不足四年。由于政局上的混乱,宗室内部的相互残杀,导致帝统常更,废帝频出,也就影响到帝陵的卜选。刘宋时期的帝陵分布在今南京市的四个区域:

(一)钟山,今南京东郊麒麟门外麒麟铺一带,有宋武帝刘裕的初宁陵和宋文帝刘义隆的长宁陵;(二)岩山,今南京江宁区境内,有宋孝武帝刘骏的宁陵;(三)坛西,今南京南郊牛首山附近,宋少帝刘义符、前废帝刘子业、后废帝刘昱葬此;(四)幕府山,今南京市北中央门外,宋明帝刘彧的高宁陵,以及明帝生母沈太后崇宁陵在此。

宋孝武帝刘骏和宋明帝刘彧均为宋文帝之子,前者弑兄自立,荒淫无度,后者杀侄自立,尽戮宗室成员。萧齐时期,萧高帝萧道成泰安陵坐落在江苏丹阳胡桥狮子湾,齐武帝萧赜的景安陵坐落在丹阳市荆林乡前艾庙,齐明帝萧鸾的兴安陵坐落在丹阳市建山乡金家村,齐和帝萧宝融的恭安陵坐落在丹阳市胡桥乡吴家村,梁武帝萧衍的修陵及梁简文帝萧纲的庄陵均坐落在丹阳市荆林乡三城巷,陈武帝陈霸先的万安陵坐落在南京市江宁区上坊镇石马冲,陈文帝陈蒨的永宁陵坐落在南京市北郊北象山狮子冲,陈宣帝陈顼的显宁陵坐落在南京市西南郊西善桥油坊村。

南朝盛行薄葬。据《南史·张融传》载,南齐建武四年(497),司徒左长史、文学家、书法家张融遗命:"建白旗无旒,不设祭。令人捉麈尾登屋复魂,曰'吾生平所善,自当凌云一笑'。三千买棺,无制新衾。左手执《孝经》《老子》,右手执小品《法华经》。妾二人哀事毕,各遣还家。"

《南史·顾宪之传》载,南朝梁武帝天监八年(509),太中大夫顾宪之临终敕其子曰:

> 夫出生入死,理均昼夜。生既不知所从,死亦安识所往?延陵云:"精气上归于天,骨肉下归于地,魂气则无所不之。"良有以也。虽复茫昧难征,要若非妄。百年之期,迅若驰隙,吾今预为终制,瞑目之后,念并遵行,勿违吾志也。庄周、澹台,达生者也;王孙、士安,矫俗者也。吾进不及达,退无所矫。常谓中都之制,允理惬情,衣周于身,示不违礼,棺周于衣,足以蔽臭。入棺之物,一无所须,载以辒车,覆以粗布,为使人勿恶也。汉明帝天子之尊,犹祭以杅水脯糗;范史云列士之高,亦莫以寒水干饭。况吾卑庸之人,其可不节衷也。丧易宁戚,自是亲亲之情;礼奢宁俭,差可得由吾意。不须常施灵筵,可止设香灯,使致哀者有凭耳。朔望祥忌,可权安小床,暂施几席,唯下素馔,勿用牲牢。

《南史·刘歊传》载,梁武帝天监十八年(519),隐士刘歊遗言:

> 气绝不须复魂,盥漱而敛。以一千钱市成棺,单故裙衫,衣巾枕履。此外送往之具,棺中常物,一不得有所施。世多信李、彭之

言,可谓惑矣。余以孔、释为师,差无此惑。敛讫,载以露车,归于旧山。随得一地,地足为坎,坎足容棺。不须砖甓,不劳封树,勿设祭飨,勿置几筵。其蒸尝继嗣,言象所绝,事止余身,无伤世教。

《南史·刘杳传》载,南朝梁武帝大同二年(536),著名文学家、藏书家、目录学家刘杳临终遗命:"殓以法服,载以露车,还葬旧墓,随得一地,容棺而已,不得设灵筵及祭醊。"《南史·姚察传》载,隋大业二年(606),著名历史学家、晋王侍读、北绛郡公姚察"遗命薄葬,以松板薄棺,才可容身,土周于棺而已。葬日,止鹿车即送厝旧茔北。不须立灵,置一小床,每日设清水,六斋日设斋食,菜果任家有无,不须别经营也"。

北齐著名文学家、教育家颜之推遗命:

一日放臂,沐浴而已,不劳复魄,殓以常衣。先夫人弃背之时,属世荒馑,家涂空迫,兄弟幼弱,棺器率薄,藏内无砖。吾当松棺二寸,衣帽已外,一不得自随,床上唯施七星板;至如蜡弩牙、玉豚、锡人之属,并须停省,粮罂明器,故不得营,碑志旒旐,弥在言外。载以鳖甲车,衬土而下,平地无坟;若惧拜扫不知兆域,当筑一堵低墙于左右前后,随为私记耳。灵筵勿设枕几,朔望祥禫,唯下白粥、清水、干枣,不得有酒肉饼果之祭。亲友来馈酹者,一皆拒之。

第五节　隋唐时期

2013年4月10日,考古工作者在江苏扬州发掘出土了隋炀帝杨广墓,引起不小轰动,被评为2013年度全国十大考古新发现之一。

在扬州曹庄隋炀帝墓发现之前,全国标示的隋炀帝墓已有三处:

一处在陕西武功县,一处在河南洛宁县,一处在扬州市雷塘,皆系伪托。

图 41　扬州曹庄隋炀帝陵　　党明放 摄

扬州曹庄隋炀帝陵位于扬州市邗江区西湖镇司徒村曹庄组蜀冈西峰峰顶,系帝、后同茔异穴合葬墓。海拔24.7米。隋炀帝在位十四年,初殡于江都宫流珠堂,后葬吴公台下,后以帝礼改葬现址。清嘉庆十二年(1807),大学士阮元为其立碑,扬州知府伊秉绶隶书"隋炀帝陵"四字。

隋炀帝墓葬平面近正方形,东西长49米,南北宽48米。2013年4月至11月,经考古发掘,两座墓葬共清理出土玉器、铜器、陶器、漆器等珍贵文物400件(套),其中不乏罕见之物,如十三环蹀躞金玉带,由带扣、扣柄、孔銙及长蛇形铊尾等组成,共36块。鎏金铜辅首4件,直径约26厘米。另有灰陶持笏文官俑、武士俑、骑马俑等100多件。在萧后墓前室,出土铜编钟16件,铜编磬20件,另有玉璋1件、凤冠1顶、19足青釉辟雍瓷砚1件,以及陶马、陶牛、陶羊、陶猪、陶鸡、陶骆驼、双人首蛇身俑、文官俑、武士俑等100余件。

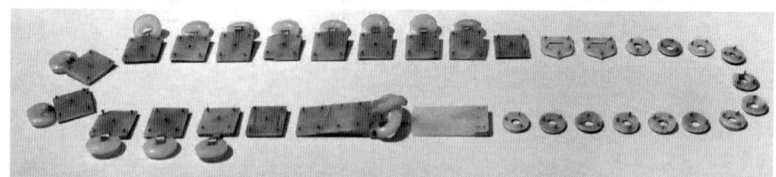

图42　十三环蹀躞金玉带　扬州曹庄隋炀帝墓出土

唐朝盛行厚葬,特别是帝王陵墓,须置"千味食品,万般器用"。唐末及五代时期,耀州节度使温韬带兵盗掘昭陵,发现其随葬品之丰厚,不异于人间。不通文墨的温韬,对于价值连城的书画作品看不上眼,而是将装裱在外的绸缎全部撕了下来带走。史载,王羲之《兰亭序》曾陪葬昭陵,但让人不解的是,在温韬逐一登记的盗发物品中,竟无此帖。

乾陵在中国历史上曾遭遇数次盗掘,但终因其"坚固异常"得以保全。截至目前,也没被考古发掘。有关地宫中的随葬品,看到各种估算,有说随葬金银器用逾五百吨,这种说法显然出奇地离谱。不过可以肯定,乾陵随葬品在关中唐十八陵中应该是很丰厚的。

相传,《垂拱集》系武则天仿王羲之行书书写而成,一百卷。内容分两大部分:一部分记叙她如何从一位才女到昭仪,到皇后,到登上皇帝宝座的过程,算是她宫廷生活的日记;另一部分是她治国方略和经验的总结。据说,武则天临终前,曾遗嘱李显,要把她的《垂拱集》作为陪葬品埋入乾陵。除此之外,据说还有李世民诏命阎立本为武则天画的像,以及上官婉儿手迹等等。这些也只能留待以后揭晓了。

《旧唐书·穆宗本纪》载,元和十五年(820)正月,宪宗驾崩,皇太子李恒即位,是为穆宗。五月十一日,穆宗诏令:"入景陵玄宫合供千味食,鱼肉肥鲜,恐致熏秽,宜令尚药局以香药代食。"

玄宗朝关于明器的使用,开元二十年(732)颁布《开元礼》,规定三品以上,明器九十事,共五十舁;五品以上,明器六十事,共三十舁;九品以上,明器四十事,共十舁。以上,明器皆以瓦木为之,四神高度不得过尺,其余不得超过七寸。庶人明器十五事,所造明器,只准以素瓦为之,高度不得超过七寸。玄宗开元二十九年(741)、宪宗元和六年(811)、武宗会昌元年(841)又在明器数量及高度方面进行了新的规定。以会昌元年(841)为例,三品以上,明器一百事;五品以上,明器七十事;九品以上,明器五十事;庶人明器二十五事。关于四神的高度,三品以上不得超过一尺五寸;五品以上不得超过一尺二寸;九品以上不得超过一尺;庶人不得超过七寸。

《旧唐书·睿宗诸子列传》载,开元二十九年(741)十一月二十四日,睿宗李旦嫡长子、宁王李宪病卒,玄宗李隆基诏令陪葬桥陵之侧。圹内终送之物"尚食所料水陆等味,一千余种,每色瓶盛,安于藏内,皆是非时瓜果及马、牛、驴、犊、獐、鹿等肉,并诸药酒三十余色"。并号其墓为惠陵。

图43　唐让帝惠陵神道石柱残件　党明放 摄

在宪宗元和年间(806—820)之后的墓葬中,曾出土有另外的陪葬物品,如四川前蜀王建墓中放置棺椁的地方,出土了铁牛、铁猪各一对。唐代刘肃在《大唐新语》中写道:

> 平地之下,一丈二尺为土界,又一丈二尺为水界,各有龙守之。土龙六年而一暴,水龙十二年为一暴,当其隧者,神道不安,故深二丈四尺下,可设窀穸……铸铁为牛豕之状像,可以御二龙。

由此可见,墓内放置铁牛、铁猪正是用来镇墓辟邪的。

皇家的厚葬之风相继蔓延,致使京官,甚至外官竞相效仿。代宗大历十年(775)冬十月,检校刑部尚书兼太子太保李光进母亲病卒,形成空前争相送礼的局面,"将相致祭者凡四十幄,穷极奢靡。城内士庶,观者如堵"。《旧唐书》载,太极元年(712),左司郎中唐绍向中宗皇帝上疏称:

> 臣闻王公已下送终明器等物,具标甲令,品秩高下,各有节文。……近者王公百官,竞为厚葬。偶人像马,雕饰如生。徒以炫耀路人,本不因心致礼。更相扇慕,破产倾资。风俗流行,遂下兼士庶。若无禁制,奢侈日增。望诸王公已下送葬明器,皆依令式。并陈于墓所,不得衢路行。

高宗针对厚葬之风日渐盛行,下令对越礼厚葬者一律"严加捉搦"。开元二年(714)九月三十日,玄宗下制:

> 自古帝王皆以厚葬为戒,以其无益亡者,有损生业故也。近代以来,共行奢靡,递相仿效,浸成风俗,既竭家产,多至凋弊。然则魂魄归天,明精诚之已远;卜宅于地,盖思慕之所存。古者不封,未为非达。且墓为真宅,自便有房,今乃别造田园,名为下帐,又冥器等物,皆竞骄侈。失礼违令,殊非所宜;戮尸暴骸,实由于

此。承前虽有约束,所司曾不申明,丧葬之家,无所依准。宜令所司据品令高下,明为节制:冥器等物,仍定色数及长短大小;园宅下帐,并宜禁绝;坟墓茔域,务遵简俭;凡诸送终之具,并不得以金银为饰。如有违者,先决杖一百。州县长官不能举察,并贬授远官。

第六节 宋元时期

北宋除太祖赵匡胤及太宗赵光义是"国家山陵送往,俭于前代"外,后代皇帝便随心所欲,不守祖规,致使厚葬之风蔓延。仁宗幼子豫王亡故,仁宗赵祯诏令厚葬。当时有数十万役工"盛夏起坟,凿土穿山",所费资财高达五十万缗("缗"为货币计量单位,通常以一千文为一缗)左右,甚至弄得"三司力屈,百计收敛。"张贵妃亡故,仁宗更是"役万兵之众,费百万之财"。嘉祐六年(1061)九月,宠妃董充媛亡故,仁宗伤心至极,遂"崇大后宫之丧","送终之礼,太为崇重"。被誉为皇帝首席讲官的范祖禹曾亲眼看见仁宗入葬时的情景:"有缄皮匣纳之方中者甚多,皆出入禁中。"由于仁宗厚葬过礼,最终致使"公私骚然"。

乾兴元年(1022)二月十九日,真宗赵恒于延庆殿驾崩,十月,葬永定陵,所用明器象物"非常侈大"。宋人尹洙《涛公行状》记述其送葬场面:"自京城至陵墓,凡城门民舍挡道者一律撤毁,以过车舆象物。"元丰八年(1085)三月,神宗赵顼驾崩,葬永裕陵。永裕陵山陵崇大,"寝宫施以金珠"。

南北宋陵的随葬品及种类基本相同,但其中的十二神等明器由掌造金银犀玉工巧之物及彩绘装钿等器物的专门机构——文思院制造。从宋理宗赵昀永穆陵被盗情况看,理宗头枕七宝摩挲伏虎枕,口衔大颗夜明珠,脚旁置放穿云琴,棺材以马蹄金镇压,棺内两侧杂陈玉、璧、圭、琮、璋等,棺底铺金丝编织的"竹席",其上为什锦软垫。

元朝是蒙古人的天下,蒙古人在马背上得天下。元朝皇帝驾崩后,惯用潜埋方式。"国制不起坟垄,葬毕,以万马蹂之使平,弥望平衍,人莫知者。"据《黑鞑记略》载:"其墓无冢,以马践蹂,使如平地。"据清人孙承泽《春明梦余录·陵园》载:

> 元人无陵,遇大丧,棺用楠木二片,凿空其中,类人形小大,合为棺,置遗体其中。殓用皮袄皮帽、靴袜系腰,盆盂俱用白粉皮为之。殉以金壶瓶二,盏一、碗、碟、匙、箸各一。殓讫,用黄金为箍四条以束之,送至直北园寝之所,深埋之,用万马蹴平,候草青方已,使同平坡,不可复识。

叶子奇《草木子》中讲道,蒙古皇帝驾崩后,选用两片梡木,分别在中间凿出人体形状,然后将尸体放入合上。然后将梡木人形棺材涂漆,用金绳捆绑三圈,送到克鲁伦河与土拉河上游的肯特山中,再挖坑埋入。墓葬不起坟丘,葬毕,再以马匹将地表踏平,派人守卫,再在墓上宰杀一只小骆驼。等到来年春天,当墓地上长满青草时,即可撤去守墓人马。想要到墓地祭祀的时候,则以被宰杀的那头小骆驼的母亲为向导,如果老骆驼在某一地点踯躅悲鸣,则此处即为墓葬所在。

成吉思汗衣冠冢位于内蒙古鄂尔多斯市伊金霍洛旗阿腾西勒镇东南甘德利草原包尔陶勒盖北坡上。伊金霍洛,蒙语"圣主陵园"或"帝王陵寝"之意。

南宋宝庆三年(金正大四年,1227)七月十二日,成吉思汗在六盘山下清水县(今属甘肃)病逝。1956年,正式建立成吉思汗陵。陵园建筑面积为55000平方米,主体有三座相连接的陵宫组成。正殿高26米,在白色的墙体上,拱立着蒙古包式的穹庐顶,顶端用黄白色琉璃瓦镶砌出吉祥图案。东西殿均高18米。在正殿的中央,立有一尊5米高的成吉思汗坐像。后殿分别供奉着成吉思汗及其三位夫人与两位胞弟的灵柩。在东殿则供奉着成吉思汗第四子的灵柩。在东西长廊的两侧,则是成吉思汗征战生涯的大型壁画。

按照蒙古人的习俗,成吉思汗死后也采取秘葬。起初,蒙古人将其生前使用过的宫帐安放在阿尔泰山与肯特山之间的高原之上,并建了八座白色毡帐,人称"八白室"。元朝灭亡后,陵寝几经迁移,至清顺治六年(1649),才基本在伊金霍洛旗安定下来。民国二十七年(1938)为避免遭到日本和蒙奸的破坏,陵寝先后移至甘肃榆中县和青海湟中县的塔尔寺安放。中华人民共和国成立后,中央政府拨款进行修建,1954年迎回。后经考古发现,地宫中有两具巨大的银棺被密集的铜锁包围,专家发现银棺竟有七层。

据文献记载,秘葬成吉思汗及蒙元诸帝之地在起辇谷。起辇谷究竟在何处?梳理中外文献资料,共有:克鲁伦河(位于蒙古国肯特山东南麓)、不儿罕合勒敦山(位于伊金霍洛旗)、阿尔泰山三种说法。在国内,则有《元史》说、《蒙古黄金史纲》说、《马可·波罗游记》说、《史集》说、六盘山说,以及伊金霍洛旗说。

1995年,就有美国考古学家动用卫星遥感,GPS卫星定位及卫星图像,详细分析蒙古国东部地区,探寻数年,一无所获。稍后,又有日本学者就勘查成吉思汗陵,与蒙古国签订协议。2002年9月18日的《光明日报》刊发了齐柳明的文章称:"近年来,国际上再次掀起寻找成吉思汗墓地的热潮,对此,日本八十高龄的著名考古学家江上波夫巨资购买了蒙古草原的TM卫星图像,还动用航测直升机,将肯特山与和林草原拉网式遥测勘探。"而令人遗憾的是,历经三年,终无所获。最后认为,成吉思汗陵墓是在中国内蒙古境内。而中国国家社会科学重大委托项目"蒙古族源与元朝帝陵综合研究"项目组专家则"锁定"

成吉思汗陵墓在阿尔泰山。

元太祖成吉思汗之孙、元宪宗孛儿只斤·蒙哥,1259年死于合州(今四川合川区)东钓鱼山下,诸王用毛驴车将其尸体运回漠北安葬。为了保密,沿途凡见人辄杀勿论,被杀无辜者竟达二万余人。

第七节　明清时期

在明十三陵中,神宗朱翊钧定陵是唯一一座被发掘的帝王陵墓。1955年10月15日,时任中国科学院院长郭沫若、文化部部长沈雁冰、北京市副市长吴晗、人民日报社社长邓拓、中国科学院第三历史研究所所长范文澜及全国人大常务委员会副秘书长张苏等联名上书国务院总理周恩来,建议发掘明长陵。在发掘明长陵之前,决定先对定陵进行试掘。翌年5月,试掘工作陆续展开。截至1958年7月,清理工作基本结束,定陵发掘历时两年零两个月。

考古发掘发现:定陵玄宫由前、中、后、左、右石结构殿堂组成,并设三条隧道,即所谓的"五室三隧"。总面积达1195平方米。玄宫五室采用"九重法宫"形式格局。平面布局分前、中、后三大殿,前、中二殿以石门相隔,前、中殿均高7.2米,宽6米,长58米,中间以长方形甬道相连。门上纵横九排八十一枚乳头状门钉,中殿两侧辟有甬道及石门,可通向左、右配殿。配殿西墙为后殿入口处。地宫均为石拱券。中殿有三个汉白玉石宝座(灵座),宝座成品字形面东放置。中间大,两边小。座前各有一座黄色琉璃五供。五供前设青花云龙纹大瓷缸各一口,缸内装备香油,是为长明灯。左、右配殿形制相同,在汉白玉镶边的棺床上空空如也。后殿又称玄堂,长31米,宽9.1米,高9.5米,地面为磨光花斑石。汉白玉垒成的棺床上置放着三口朱漆棺椁。中间是神宗朱翊钧的灵柩,左、右两边分别是孝端和孝靖皇后。周围有二十六只陪葬箱子、玉石和青花瓷瓶等。

在定陵墓葬中,既有冠戴、首饰、袍服、枕被及爵、盂、盆、碗,又有谥宝、谥册、铭旌、仪仗等。器物有金、银、玉、瓷等,袍服有绸、缎、绢、纱、罗、布等。神宗的翼善冠以纯金工艺打造,高0.24米,直径0.175米,重826克,分前屋、后山、金折角(俗称纱帽翅)三部分。其中前屋的灯笼空花纹由518根0.2毫米细的金丝编织而成,无断丝,无接头,疏密一致。后山的饰件为二龙戏珠图案,采用阳錾工艺雕刻,龙身、龙腿等部位采用传统的掐丝、垒丝及码丝工艺制作。鳞片则由金丝搓拧而成的花丝焊码成型。

图44 乌纱翼善冠 明定陵出土

两位皇后的冠戴中,计有凤冠四顶,分别为十二龙九凤冠、九龙九凤冠、六龙三凤冠、三龙二凤冠。饰品为珍珠宝石。孝端皇后的六龙三凤冠,通高0.355米,冠底直径0.2米。龙系全金丝制作,凤系点翠工艺制成。冠顶饰三龙,正中一龙口衔珠宝滴,两侧龙向外作腾飞状,在其下面有由花丝工艺制作的如意云头,中层为三只翠凤。其余三龙则装饰在冠后中间部位。冠的下层饰有大小不等的珠花,花心镶嵌红蓝宝石,周围衬以翠云翠叶。冠背左右各有博鬓三扇,每扇均饰一金龙,整冠镶嵌宝石一百二十八颗,其中红宝石七十一颗,蓝宝石五十七颗,珍珠五千四百四十九颗。

神宗身上盖锦被,身下铺锦被及九层褥垫,其中一件褥垫上缀着十七枚"吉祥如意"金钱。头戴乌纱翼善冠,身穿刺绣衮服,腰系玉带,下身穿黄素绫裤,足蹬红素缎高绣靴。另有各种衣料、布匹和服饰用品达六百多件,尤以皇帝的缂丝十二章衮服龙袍和孝靖皇后的罗地洒线绣百子衣最为珍贵。

孝端皇后身上盖缎被,身下铺织金缎被及4层褥垫,其中一层褥垫上缀着一百枚"消灾延寿"金钱。头戴黑纱尖形棕帽。上身穿绣龙方补黄绸夹衣,下身穿黄色缠枝莲花缎夹裤,足蹬黄缎鞋,腰间系着绣云龙纹长裙。

图45 十二龙九凤冠 明定陵出土

明定陵共出土各类器物三千多件,其中有金器、银器、玉器、珠宝、金冠、凤冠、衮服、冕旒、百子衣等,堪称明代皇陵规制的代表。定陵的发掘为明史研究提供了重要的实物资料。

乾隆的裕陵从乾隆八年(1743)开始修建,一直到他驾崩,总共花费了一百八十万两白银。据清代档案记载,乾隆庞大的棺材内放置着各种珠玉宝石及金银器玩数百件,而价值连城的宝物当推乾隆脖子上那串由一百零八颗珍珠串成的朝珠和身旁的那柄九龙宝剑。

同治十二年(1873),开始修建慈禧的定东陵,整个工程持续了将近十年。安放慈禧的棺材就经过了四十道工序,施以金饰和漆饰。根据当时随葬入棺珍宝记录:棺底铺金丝镶珠宝锦褥,厚达七寸,镶满大小珍珠一万两千零六十四颗,红光宝石二百零三块,在锦褥上又覆盖一条绣满荷花的丝褥,在其上面铺满了二千四百颗五分重圆珠,在圆珠上又铺以曾绣佛串珠薄褥,褥张用二分珠一千三百粒。慈禧身着金丝绣礼服,外罩绣花串珠褂,仅此两件就用去大珍珠四百二十颗,中珍珠一千颗,小珍珠四千五百粒,宝石一千一百三十五块。慈禧周身缠绕着九链串珠,头戴珠冠,冠上嵌外国朝贡宝珠一颗,重四两,大如鸡蛋,价值白银一万两。慈禧头枕着一只翡翠西瓜,脚蹬碧玉大莲花,口含夜明珠。为了填补棺材内的空隙,又用了大珍珠五百颗,中珍珠五千五百颗,小珍珠一千颗以及红宝石二千二百块。最后,又在慈禧的身上盖了一件网珠被,上嵌珠宝六千颗。

另据清内务府《孝钦后入殓、送衣版、赏遗念衣服册》记载,光绪五年(1879)四月十六日,地宫修成之日,放入金花扁镯一对,绿玉福寿三多佩一件,上拴红碧瑶豆三件。光绪十二年(1886)三月二日,在地宫中安放红碧瑶镶子母绿别子一件,红黄碧瑶葫芦一件,东珠一颗,正珠一颗,红碧瑶长寿佩一件。光绪十六年(1890)二月二十九日,在地宫安放正珠手串一盘,红碧瑶佛头塔,绿玉双喜背云茄珠坠角,珊瑚宝盖、玉珊瑚杵各一件,绿玉结小正珠四颗。黄碧瑶葡萄鼠佩一件,上拴红碧瑶豆一件。红碧瑶葫芦蝠师一件,上拴绿玉玩器一件。绿玉佛手别子一件,上拴红碧瑶玩器一件。红碧瑶双喜佩一件,上拴绿玉一件。光绪二十八年(1902)三月十日,在地宫安放白玉灵芝天然小如意一柄,白玉透雕夔龙天干地支转心璧佩一件,红碧瑶一件。光绪三十四年(1908)十月十二日,在地宫安放金镶万寿执壶二件,共重一百九十七两七钱一分,上镶正珠四十颗,盖上镶正珠六十颗,米珠络缨一千零六十八颗,真石坠角。金镶珠石无疆执壶一件,共重九十一两六钱,上镶小红宝石二十二件,同年十月十五日,在地宫安放金佛一尊,镶嵌大小正珠、本珠六十一领。小正珠数珠一盘,共二百零八领。玉佛一尊。玉寿星一尊。正珠念珠一盘,计珠二百零八领,珊瑚佛头塔,绿玉福春三多背云,佛手、双坠角上栓绿玉遂蓬一件,珊瑚古钱八件,正珠二十二领。正珠念珠一盘,计珠二百零八领,红碧瑶佛头塔、钗金点草,镶大正珠,背云茄珠、大坠角珊瑚纪念蓝宝石,小登南上穿青石朴一件,小正珠四领,镀金宝盖,小金结六件。正珠念珠一盘,珊期佛头塔,背云烧红石金,纪念三挂,蓝宝石小坠角三件,加间小正珠三颗,珊瑚玩器三件,碧玉杆一件。雕珊瑚圆寿字念珠一盘,计珠一百零八颗。雕绿玉团寿字佛头塔,荷莲背云,红碧瑶瓜瓞大坠角上拴白玉八宝一份,珊瑚豆十九个。珊瑚念珠一盘,碧玉佛头塔,背云红色,纪念三挂,红宝石小坠角三件,催生石玩器三件。在慈禧生前,定东陵的地宫刚刚竣工时,许多珍贵的宝物即陆续送达地宫安放。随葬物品名目繁多,奢华之极,令人咋舌。直到慈禧入葬,地宫才得以最终封闭。

第七章　陵寝殉葬

殉葬，指为死者追求冥福，用器物、人牲或人殉的从葬。所谓"奴仆殉主，妻妾殉夫"，人殉作为古代丧葬陋习，常常会施以某种残忍手段致活人非正常死亡。

人殉分自愿殉葬和强迫殉葬两种形式。所谓"自愿"，也是压迫和诱逼的结果，如中国古代妇女流行自经（俗称上吊）、绝食等方式结束生命，印度女人则施行自焚。

第一节　商周时期

殷商是实行人牲、人殉的鼎盛时期。上至殷王统治阶层，下至四邻方国，竞相效尤。"人殉"，被杀者多为墓主的近亲、近臣或近侍。而"人牲"，是为祭祀祖先、神灵或自然万物而杀戮活人以为祭品，通常情况下，被杀者多为战俘、奴隶或仇人。

图 46　殷商墓葬中的杀殉

殷商时期盛行杀殉,在王墓墓底的正中都会挖有一坑,谓之腰坑,坑内殉葬人或狗。在古代人的观念中,狗不嫌贫爱富,为主人看守门户,忠诚可靠。事实上,这也是一种以狗作为厌胜辟邪的方术。但也流行人殉,在甲骨卜辞里,杀人祭祀的记录比比皆是。据黄展岳《古代人牲人殉通论》记载:

> 就时代而论,甲骨文里有关人牲的卜辞,以殷武丁(前1339—前1281)时为最多,计有甲骨六百七十三片,卜辞一千零六条。祭用九千零二十一人,最多的一次用五百人。另有五百三十一条未计人数。其次是廪辛、康丁、武乙、文丁(前1240—前1210)时,计有甲骨四百四十三片,卜辞六百八十八条,祭用三千二百零五人,最多的一次用二百人,另有四百四十四条未计人数。再次是祖庚、祖甲(前1280—前1241)时,计有甲骨一百片,卜辞一百一十一条,祭用六百二十二人,最多的一次用五十人。另有五十七条未记人数。再其次是帝乙、帝辛(前1209—前1123)时,计有甲骨九十三片,卜辞一百一十七条,祭用一百零四人,最多的一次用三十人。另有五十六条未记人数。所载人牲最少的是武丁以前,即盘庚、小辛、小乙(前1395—前1340)时,计有甲骨四十一片,卜辞七十条,祭用一百人,最多的一次用二十人。另有五十七条未记人数。从盘庚迁殷(前1300)到帝辛亡国(前1046),在这八世十二王二百五十四年间,共用人牲一万三千零五十二人,另有一千一百四十五条卜辞未记人数,如每条以一人计算,全部杀人祭祀至少当用一万四千一百九十七人。

1976年,考古工作者在河南安阳武官村北的殷王陵区发掘了一百九十一个祭祀坑,据清理,此坑共殉葬一千一百九十八人。据发掘现状推测,这些人并不是一次被杀戮后埋葬的,而是进行了很多次,最多的一次杀戮了三百三十九个奴隶。有的身首异处,有的被砍断上肢,有的被砍断下肢,有的被剁脚趾,有的被腰斩。为了防止被杀者反抗,死者在死前手足都被捆绑,多为青壮年男性,其杀戮手段令人发指,惨不忍睹。殷王陵区专门的祭祀场所位于安阳侯家庄西北岗东区,基本都是人头坑,亦称"人头葬"。排列状况是,十坑成一排,每坑埋葬头颅十颗。河南安阳小屯村妇好墓内殉葬十六人,其中四人位于椁顶上部的回填土中,二人在东壁龛中,一人在西壁龛中,一人在腰坑中,八人在椁内棺外。另外还殉狗六只,除一只在腰坑中外,余均埋在椁顶上部。

长口子墓为西周初期墓葬,位于河南鹿邑县东太清宫遗址。1997—1998年发掘发现,墓坑为四级二层台,椁室平面呈"亚"字形,底长8.1米,宽5.6米,深8米。墓主仰身直肢。随葬品竟有两千多件,其中有铭文的共五十件,其中铭"长口子"三字者为三十二件。由此可知,墓主是长口子,长是国名,口是私名,子是爵位。另外,还清理出牲人一具,殉人十三具。长口子墓为南北两条斜坡墓道的竖穴土坑木椁墓,全长49.5米,南墓道为主墓道,底部埋人牲一具,头部向南,下肢已残。在主墓道回填土中,埋生马五匹。其余的十二具殉人放置多处。其中在南墓道进入墓室的入口处埋八人,有五人仰身直肢东西排列,面部向东;有三人仰身直肢,并排,放其脚下,面部向北。共二男三女三儿童,女性年龄均在十八岁左右,似为奴仆。在西二层台上埋一人,为十八岁左右女性。在东二层台上埋一人,为十六岁左右女性。二者似为近身婢妾。在棺材两侧各埋一人,身旁有骨排箫、铜铙等乐器。腰坑埋一人,男性,颈挂小贝串饰一件及玉鸟二件,似为侍卫。

东周时期,有更多的殉葬者是同墓主异穴,或异地而葬,但在墓主陵园内或陵园附近的居多。此种殉葬方式直接影响到了王室、勋臣、嫔妃等阶层,以能陪葬在诸侯陵园内为最大的荣耀。《墨子·节葬下》载:"天子诸侯杀殉,众者数百,寡者数十。将军大夫杀殉,众者数十,寡者数人。"

在陕西凤翔县秦都雍城内,有一处寝庙建筑群遗址,长 160 多米,宽 90 多米,当为春秋中晚期。从 1981 年开始,经过长达十年的发掘清理,发现各类祭祀坑一百八十一个,其中:牛坑八十六个,羊坑五十五个,牛羊坑一个,木车坑二个,人牲坑八个,人牲羊牲坑一个,瘗埋祭肉或牲血坑二十八个。均为竖穴,南北向,东西排列,绝大部分就分布在寝庙中庭,少数在东西两厢的空地上。

湖北随县擂鼓墩一号墓系战国早期曾侯乙墓葬,1979 年发掘清理,发现殉葬二十一人。椁室分东、西、中、北四室,主棺位于东室。在东室有八具殉人棺及一具狗棺。西室有十三具殉人棺。殉人棺材长 1.9—2 米,宽 0.65—0.80 米,高 0.60—0.80 米,彩绘,竹席裹尸,每棺一人,有少量的玉器、木梳及篦梳随葬。经对殉人骨架的科学鉴定,均为二十岁左右的女性。与墓主同室的八个殉人,似为姬妾之属,西室的十三个殉人似为乐伎。

秦公陵寝位于甘肃省礼县永兴乡赵坪村大堡山,1994 年对园内的两座大墓及一座车马坑进行了发掘,在二号墓(推测当为秦襄公墓),有牲人十七具,殉人七具,墓底中央有腰坑,埋狗一只,玉琮一件,殉人有木棺,随身佩戴小件玉饰;在三号墓(推测当为秦襄公夫人),有牲人七具,殉人一具以上。车马坑内埋木车十二辆,马四十八匹。

《史记·秦本纪》记载,秦武公二十年(前 678),"武公卒,葬雍平阳。初以人从死,从死者六十六人"。后历德公、宣公、成公三世,殉葬数量仍然居高不下。《史记正义》引应劭注云:"秦穆公与群臣饮酒酣,公曰:'生共此乐,死共此哀。'于是奄息、仲行、针虎许诺,及公薨,皆从死。《黄鸟》诗所为作也。"秦穆公三十九年(前 621),穆公卒,葬雍(今陕西凤翔东南),从葬者达一百七十七人,其中就包括奄息、仲行、针虎三位大臣。秦人为之哀痛,遂作《黄鸟》歌。黄鸟,哀三良也,国人讽刺秦穆公以人从死,而作是诗。《黄鸟》三章,每章十二句,诗句悱恻深沉,表达了秦人对奄息、仲行、针虎三位良吏的无限哀痛和对秦穆公的愤懑之情:

交交黄鸟,止于棘。谁从穆公?子车奄息。维此奄息,百夫之特。临其穴,惴惴其栗。彼苍者天,歼我良人!如可赎兮,人百其身!

交交黄鸟,止于桑。谁从穆公?子车仲行。维此仲行,百夫之防。临其穴,惴惴其栗。彼苍者天,歼我良人!如可赎兮,人百其身!

交交黄鸟,止于楚。谁从穆公?子车针虎。维此针虎,百夫之御。临其穴,惴惴其栗。彼苍者天,歼我良人!如可赎兮,人百其身!

三位良吏墓冢在岐州雍县(今陕西凤翔县南)古城内,距秦穆公墓约500米。

陕西凤翔县秦公一号大墓是秦景公之墓,经考古发掘,墓中发现殉葬者180人,其中有宠臣,有贵族,有奴隶,有的一棺一椁,有的只一棺,有的无棺无椁,有的置于墓道,有的则被填于回土之中。

秦献公嬴师隰,早年流亡魏国。秦献公元年(前384),嬴师隰明令"止从死"。替代殉人的物形——俑,便应运而生,出现了木俑—泥俑—石俑—陶俑,或人或马或车或兵器等等。

其实,殉葬并未止住。西周贵族和诸侯的墓葬延续了殷商杀殉和人祭现象,但与殷商不同的是出现了合葬墓。

2021年3月20日,四川三星堆遗址新发现6座祭祀坑,出土金面具残片、青铜面具残片、青铜神树、丝绸制品残留物等500余件。其中面具做工考究,金属淬炼工艺和打磨工艺、丝绸制品的纺织工艺,都远远超出当时的生产水平。

第二节　秦汉魏晋时期

据文献记载,修建秦始皇陵的劳役者,大部分为征集而来的刑徒人员。秦国刑法是轻罪重判,稍不留意,便会触犯刑律受罚,以致形成"赭衣塞路,囹圄成市"的局面。在秦始皇陵西南方向约1500米处,考古发现有刑徒墓地三处。其中,位于赵背户村西的墓地南北长180米,东西宽45米,面积约8100平方米。墓葬分三行密集排列,东边的一行墓作南北向,另外两行为东西向,墓与墓之间有的仅有0.2米,小坑之间隔墙仅有0.1米。在三十二座墓内清理挖出人骨架百余具,其中,成年女性三人,儿童两人,其余均为二三十岁的青壮年。除极少数仰身直肢者外,其余均为侧身屈肢者,或俯身屈肢者,头向不一,且坑内尸骨有的平放,有的叠压,有的身首异处。

在整个秦朝,人殉现象非常严重。《史记·秦始皇本纪》载:始皇三十七年(前210)九月,"葬始皇骊山……二世曰:'先帝后宫非有子者,出焉不宜。'皆令从死,死者甚众,葬既已下,或言工匠为机,臧皆知之,臧重即泄。大事毕,已臧,闭中羡,下外羡门,尽闭工匠臧者,无复出者。"这里的"无复出者"指两类人:一类是秦王政后宫没有生育的妃子,另一类是因害怕泄漏陵墓中秘密而被杀的修陵工匠。依此记载推测,人数不会太少。这是秦二世胡亥的决定,与秦始皇没有关系。又《汉书·楚元王传》载:"秦始皇帝葬于骊山之阿……又多杀宫人,生薶工匠,计以万数。"除了宫人和工匠外,被胡亥所害者还有大臣,如蒙恬、蒙毅,以及太子扶苏、公子将闾昆弟三人,另有"六公子戮于杜",

"公子十二人僇死咸阳市,十公主矺死于杜"。"僇""矺"都是秦朝死刑的类别。"僇"通"戮",杀戮。"矺"同"磔",肢解肢体致人死亡。又《史记·李斯列传》载,二世胡亥即位后,"公子高欲奔,恐收族,乃上书曰:'先帝无恙时,臣入则赐食,出则乘舆。御府之衣,臣得赐;中厩之宝马,臣得赐之。臣当从死而不能,为人子不孝,为人臣不忠。不忠者无名以立于世,臣请从死,愿葬骊山之足。唯上幸哀怜之。'书上,胡亥大悦,召赵高而示之,曰:'此可谓急乎?'赵高曰:'人臣当忧死而不暇,何变之得谋!'胡亥可其书,赐钱十万以葬。"

1976年,在始皇陵园东墙外350米处发现了十七座墓葬,坐东向西,自北而南单行排列,在已发掘的八座墓葬中,均为带斜坡道的"甲"字形墓,墓底皆为一棺一椁,棺底铺垫草木灰,除了一墓棺材内放置一柄铜剑外,其余七座墓棺各葬一人。出土时,大多骨架凌乱,或身首各异,随葬品有比较多的陶器和少量的铜器,以及金、银、玉饰品。经对骨架科学鉴定,为五男二女,其中年仅二十岁的女性一人,另外六人年龄均在三十岁左右。从墓葬的所处位置、死者被杀以及器物特征判断,这批墓葬当为被诛杀的秦始皇的公子及公主。

汉魏晋南北朝时期依然盛行人殉,一是基于封建社会三纲五常的礼教,多以妻妾的身份殉葬,二是继续砍杀奴隶殉葬。

汉初,爆发了田横徒属五百人从死的政治突发事件。田横,秦末群雄之一,原为齐国贵族,在陈胜吴广大泽乡起义后,与兄田儋、田荣反秦自立,兄弟三人先后占据齐地为王。后汉高祖刘邦统一天下,田横不肯称臣于汉,率五百门客逃往海岛,刘邦派人招抚,田横被迫乘船赴洛,在距洛阳三十里的尸乡自刎。刎前说,现在我割下我的头颅,快马飞奔三十里,我的容貌还不会改变,还是能够看一下我究竟是什么样子的。说完之后,持剑自刎,命两个门客手捧他的头颅,跟随使者飞驰入朝,奏知刘邦。刘邦忍不住为他流下了热泪。然后,刘邦拜田横的两个门客为都尉,并且派两千名士卒,以诸侯王的丧礼安葬了田横。安葬完田横之后,两个门客在田横墓旁挖了个洞,然后也自刎,追随田横而去。刘邦听后,大为吃惊,认为田横的门客都是贤才。刘邦听说田横手下还有五百人在海岛上,又派使者召他们进京。进京之后,这五百门客听到田横已死,他们也都自杀了。由此可见,田横确实是有情义、得到贤士拥戴的人。

在汉景帝刘启的从葬坑中,除人殉外,还有排列密集的武士俑群,以及粮

图47 汉景帝阳陵从葬坑 陈雪华 摄

仓,牛、羊、猪、狗、鸡等陶质动物和陶、铁、铜质生活用具等。从葬坑所展现的军旅场景,与西汉时期的"南军""北军"有一定关系。这既是西汉帝王丧葬制度在一定程度上的反映,也是西汉经济繁荣、军力强盛和物质生活丰裕的缩影。

汉武帝时期,董仲舒上疏"去奴婢,除专杀之威"。汉武帝之子燕王刘旦,因叛逆罪自杀,"后夫人及随旦自杀者二十余人"。广陵王刘胥畏罪自杀,"八子郭昭君等二人皆自杀"。大臣霍光薨,宣帝赐葬皆如乘舆制度,有婢妾十五人从殉。

据《汉书·景十三王传》记载,赵缪王刘元"病先令,令能为乐奴婢

从死,迫胁自杀者凡十六人"。刘元因暴虐不道,结果遭到"国除"。所谓"国除",是指封地被废除,或因功勋而获得的爵位被剥除。

从秦始皇到汉初田横之徒五百人从死,掀起了中国古代人殉数量的制高点。

建安二十年(215),在合肥战役中,曹魏名将张辽奇袭孙权,被誉为"江表之虎臣"的东吴将领陈武战死,孙权万分哀痛,亲自哭吊,参加葬礼。据《三国志·吴书》注引《江表传》曰:"权命以其爱妾殉葬,复客二百家。"秦汉以后,常以木俑和陶俑代替人殉,但孙权依然杀人殉葬,其残暴至极,为人不齿。

第三节　隋唐时期

隋唐是我国封建社会的鼎盛时期,人殉陋习偶有发生,但只限于皇室。《隋书·襄城王恪妃列传》记载:

> 襄城王恪妃者,河东柳氏女也。父旦,循州刺史。妃姿仪端丽,年十余,以良家子合法相,娉以为妃。未几而恪被废,妃修妇道,事之愈敬。炀帝嗣位,恪复徙边,帝令使者杀之于道。恪与辞诀,妃曰:'若王死,妾誓不独生。'于是相对恸哭。恪既死,棺敛讫,妃谓使者曰:'妾誓与杨氏同穴。若身死之后得不别埋,君之惠也。'遂抚棺号恸,自经而卒。见者莫不为之涕流。

出现这次人殉事件,其实就是皇室内部争斗的结果。

唐朝历经二百九十余年,所出现的人殉事件,文献记载如下:

一、《新唐书·王贤妃列传》载,会昌六年(846)三月,武宗李炎病重,"才人侍左右,帝熟视曰:'吾气奄奄,情虑耗尽,顾与汝辞。'答曰:'陛下大福未艾,安语不祥?'帝曰:'脱如我言,奈何?'对曰:'陛下万岁后,妾得以殉。'……审帝已崩,即自经幄下。当时嫔嫒虽常妒才人专上者,返皆义才人,为之感恸。"又《资治通鉴·武宗至道昭肃孝皇帝下》载,"初,武宗疾困,顾王才人曰:'我死,汝当如何?'对曰:'愿从陛下于九泉!'武宗以巾授之。武宗崩,才人即缢。"三月二十三日,李炎驾崩,王才人为其殉葬。三月二十六日,宪宗李纯第十三子、武宗叔父李忱以皇太叔身份于皇侄武宗李炎柩前即位,是为宣宗。宣宗听闻王才人殉身之事后,嘉其节,赠为贤妃,诏令葬于武宗端陵柏城之内。端陵,位于今陕西三原县徐木乡桃沟村东北。

二、吐蕃是藏族在青藏高原上建立起来的奴隶制政权,当吐蕃王死后,臣子或亲信往往自愿从死殉葬。《通典·吐蕃》载:"其臣与君自为友,号曰共命人,其数不过五人。君死之日,共命人皆日夜纵酒,葬日,于脚下刺针,血尽乃死,便以殉葬。又有亲信人,用刀当脑缝锯。亦有将四尺木,大如指,刺两肋下,死者十有四五,亦殉葬焉。"《旧唐书·吐蕃上》载:"其赞普死,以人殉葬,衣服珍玩及尝所乘马弓剑之类,皆悉埋之。"

三、《旧唐书·西南蛮传》载:东女国"国王将葬,其大臣亲属殉死者数十人。"东女国,是隋唐时期西南部(今四川西北部及青海东南部)的一个族名,系羌族的别支,亦称苏伐剌挐瞿呾罗,意为金氏,因其地产黄金得名。东女国以女为君,男多为外官,受命耕战。武德年间,其国王遣使通好,每岁皆有朝贡。开元二十九年(741),其王赵曳夫遣使入朝,玄宗封为归昌王。贞元九年(793),其王与西山等诸部首领至剑南求内附,唐末羁属吐蕃。

四、《全唐文·刘元鼎使吐蕃经见记略》载:长庆元年(821),吐蕃赞普赤热巴金礼部尚书伦讷罗到长安请盟,穆宗诏命大理卿、御史大夫刘元鼎担任吐蕃会盟使,刘元鼎出使吐蕃记其沿途见闻:"山多柏坡。皆邱墓,旁作屋,赭涂之,绘白虎。皆夷贵人有战功者,生衣其皮,死以旌勇,殉死者瘗其旁。"

第四节　明清时期

明清时期,统治阶层崇尚殉节,致使人殉这一恶习死灰复燃,直到清朝覆灭,犹未止息。

《明史·后妃列传》载:"太祖崩,宫人多从死者。建文、永乐时,相继优恤。如张凤、李衡、赵福、张璧、汪宾诸家,皆自锦衣卫所试百户,散骑带刀舍人进千百户,带俸世袭,人谓之'太祖朝天女户'。"意思是说,明朝开国皇帝朱元璋用宫人殉葬,使得她们的父兄们从中得到一定的好处和恩惠,原来的锦衣卫等小官可以被提拔为高级官吏,并被封为世袭职官,时称这些人家是朱元璋的朝天女户,因为她们的女儿被活活埋入朱元璋坟墓去"朝天"了。虽然明太祖从殉宫妃为三十八人,而被优恤者仅此五家,其余从殉宫妃则不知何籍。

从明太祖朱元璋到明英宗朱祁镇的近一百年间,皇帝驾崩或外藩诸王薨,都用大量的嫔妃、宫女及宫妃殉葬。国家令典规定,凡宫妃殉葬可得到追谥,官僚士大夫的妾媵殉葬可得到封谥。据明人王世贞《弇山堂别集》载,洪武七年(1374)九月,中书平章政事李思齐卒,其妾郑氏从葬自经死,追赠淑人,谥贞烈;洪武十七年(1384)正月,安陆侯吴复卒,其妾杨氏自经死,追赠淑人,谥贞烈;燕山中护卫指挥使费愚卒,其妾朱氏自经死,追赠德人,谥贞烈;永乐二十一年(1423)正月,成安侯郭亮卒,其妾韩氏自经死,追赠淑人;宣德四年(1429)二月,中军左都督马聚卒,其妾陈氏自经死;左军右都督冀杰卒,其妾王氏自经死,俱赠淑人;同年三月,陕西都指挥使王俶战殁,其妾时氏自经死,追赠淑人,谥贞烈;宣德八年(1433)三月,忠义右卫镇抚李寿卒,其妾赵氏自经死,追赠宜人;同年四月,大同左卫指挥使范安卒,其妾杨氏自经死,追赠恭人;宣德九年(1434)二月,武安侯郑亨卒,其妾张氏自经死,追赠淑人;正统六年(1441)五月,中军都督佥事胡荣卒,其妾陈氏自经死,追赠淑人;景泰二年(1451)九月,昌平侯杨洪卒,其妾葛氏自经死,追赠淑人;景泰三年(1452)正月,丰城侯李贤卒,其妾余氏自经死,追赠淑人。宣宗以后,由于从殉妾媵的不断增加,彰显"尊荣"的赠谥改为表示嘉奖的赐谥。浩而无谥,遂成定制。

在民间,最常见的殉节方式就是夫死妻妾从殉,包括未婚夫死在内。死的方式,可触棺死,可绝食死,可服毒死,也可自经死,均美其名曰:烈女、贞女、烈妇、贞妇等。程朱理学称其为"殉节"。无论称作什么,都始终改变不了"人殉"泯灭人性、轻贱别人生命的本质。

据《大明会典》记载:"孝陵四十嫔妃,惟二妃葬陵之东西,余俱从葬。"明成祖长陵十六妃,俱从葬;明仁宗朱高炽献陵七妃,三葬金山,余俱从葬;明宣宗景陵八妃,一葬金山,余俱从葬。明英宗裕陵十八妃,一葬绵山,余俱金山。明宪宗茂陵十四妃,一葬陵之西南,余俱金山。明武宗康陵,一妃葬金山。明世宗三十妃二十六嫔,永陵惟五妃葬。

据明人黄瑜《双槐岁钞》记载,天顺元年(1457)二月,代宗朱祁钰驾崩,因李贤之奏,准汪妃以抚养幼女免殉,但唐氏等嫔妃"俱赐红帛自尽,以殉葬"。

永乐二十二年(1424)七月十七日,明成祖朱棣驾崩,朝鲜《李朝世宗实录》记载了宫人韩氏和崔氏被赐死殉葬的惨状:

> 使臣言:前后选献韩氏等女,皆殉大行皇帝……及帝之崩,宫人殉葬者三十余人。当死之日,皆饷之于庭,饷辍,俱引升堂,哭声震殿阁。堂上置小木床,使立其上,挂绳围于其上,以头纳其中,遂去其床,皆雉颈而死。韩氏临死,顾谓金黑曰:"娘,吾去!娘,吾去!……"语未竟,旁有宦者去床,乃与崔氏俱死。

第七章 陵寝殉葬

韩氏和崔氏是朝鲜李朝世宗李祹选送给明朝皇帝的宫妃，属于贡品。韩氏在被赐死之前，正值仁宗朱高炽前来大堂验视将被赐死的诸妃，崔氏泣求仁宗饶她一命，回国侍奉老母。不料却遭到了仁宗无情、冷漠的拒绝。韩氏在将要被处死之前，对着奶娘道："娘，我要走了！"如此数喊，声震殿阁。据说，韩氏是朝鲜淳昌郡吏韩永矴的长女，深受永乐皇帝的宠爱，她的哥哥韩确因而被授予鸿胪寺少卿，协助寺卿掌朝会、宾客及吉凶礼仪之事。金黑，是韩氏的奶妈，因受"鱼吕之乱"事件影响，奉为恭人，不再遣其回国。直到宣宗宣德十年（1435）四月，才准其与其他五十三名女婢返回故国。

《明史·后妃列传》记载：郭嫔，名爱，字善理，凤阳人，贤而有文，入宫二旬而卒。自知死期，郭爱作楚声以自哀。辞曰：

> 修短有数兮，不足较也。生而如梦兮，死则觉也。先吾亲而归兮，惭予之失孝也。心悽悽而不能已兮，是则可悼也。

郭爱，这位来自民间的女子，因贤惠又有才学而被征召入宫，不幸的是，入宫仅仅二十天，就被列入为宣宗殉葬的名单。她在绝望之际，悲愤地写下了这首绝命辞。字里行间充满凄凉哀怨。可怜死时年仅十四岁，令人扼腕叹息。

据《明史·后妃列传》载，英宗正统元年（1436）八月：

> 追赠皇庶母惠妃何氏为贵妃，谥端静；赵氏为贤妃，谥纯静；吴氏为惠妃，谥贞顺；焦氏为淑妃，谥庄静；曹氏为敬妃，谥庄顺；徐氏为顺妃，谥贞惠；袁氏为丽妃，谥恭定；诸氏为淑妃，谥贞静；李氏为充妃，谥恭顺；何氏为成妃，谥肃僖。册文曰：兹委身而蹈义，随龙驭以上宾，宜荐徽称，用彰节行。

这些女子都是为宣宗殉葬的宫妃。英宗朱祁镇出于同情,对殉葬宣宗的宫人进行了表彰。《双槐岁钞》载,天顺八年(1464)二月二十三日,英宗驾崩,临终前遗言:"用人殉葬,吾不忍也。此事宜自我止,后世勿复为。"此令虽没有让流传几千年的活人殉葬制度走向灭绝,但至少使其得到了遏制。故史官在《明史·英宗后纪》对英宗做出了高度评价:"(英宗)前后在位二十四年,无甚稗政。至于上恭让后谥,释建庶人之系,罢宫妃殉葬,则盛德之事可法后世者矣。"

尽管公开胁迫殉葬受到了来自朝廷的制约,但设法制造"自愿"殉葬的照样可以通行。

在明英宗遗诏废止人殉之前,宫妃殉葬在明朝皇宫和各王府中是普遍存在的。此后,直到明朝晚期,虽然不再有强制性的人殉,但宫嫔自尽殉夫之事在各藩王府中仍偶有发生。朝廷则例予旌表。鉴于殉葬恶习还在外藩诸王之间仍然流行,宪宗再次诏令,严禁贵族用人殉葬。虽然诏令严厉,但实际情形是令而不行,禁而不止。《明宪宗宝训》载,成化十年(1474)七月,辽王豪墭奏:"嫡长子恩钠病故,其继配冯氏、妾曹氏俱无所出,宜令殉葬。"上曰:"先帝上宾,顾命毋令后宫殉葬,可以为万世法,况王府前此亦未尝有用殉者,今辽王葬其子,乃欲以其妇殉之,何其戾邪!礼部其移文所司,启王勿用殉,迁其妇别室,毋令失所。"据吴晗《明代的殉葬制度》记载,成化二十二年(1486)六月,宁河康僖王死,宫人王氏、杨氏、张氏、段氏自经殉王,赠夫人封号。

《明史·诸王列传》载,崇祯十四年(1641),李自成攻陷山西中部县,知县朱新㯖慨然道:"此我致命之秋也。""而已誓必死。妻卢氏,妾薛氏、冯氏,请先死。许之。有女数岁,拊其背而勉之缢。左右皆泣下。乃书表封印,使人驰送京师,冠带望阙拜,又望拜其母,遂自经。士民葬之社坛侧,以妻女祔。先是,土寇薄城,县丞光先与战不胜,自焚死。新㯖哭之恸,为之诔曰:'杀身成仁,虽死犹生。'至是,新㯖亦死难。"

崇祯十七年(1644)三月十九日清晨,兵部尚书张缙彦主动打开正阳门迎刘宗敏所部军,中午时分,李自成由太监王德化引导,从德胜门入,经承天门步入内殿。此时,崇祯皇帝领着太监王承恩车驾煤山瞭望,后又返回紫禁城乾清宫,见大臣皆已逃散,绝望中的崇祯皇帝对皇后周氏说:"大事出矣,尔为天下母,宜死。"皇后笑答:"妾事陛下十八年,卒不听一语,今日同死社稷,亦复何所恨。"话音刚落,便自缢身亡。崇祯又传太子及二王改装出走,复入寿宁宫,剑削长平公主左肩,再命懿安皇后、袁贵妃等自尽,自己则往煤山自缢,史称"甲申之变",或称"甲申殉难"。

崇祯死后,王承恩从殉。御史金毓峒投井死,妻王氏自经死。毓峒从子振孙惨遭农民军肢解。清人谷应泰《明史纪事本末》载:"毓峒子罌妇陈氏,年十八,与其祖母张、母杨、嫂常,一时尽投于井。张抱孙于怀同下,侍婢四人亦从下。"

宫人魏氏为效忠崇祯,竟率领三百多名宫女跃入紫禁城御河从死。在紫禁城外,大学士范景文等从死者数十人,加上各自的妻妾、子女、奴仆,从死者不下数百人。《明史纪事本末》载:

> 阖门同死者:中允刘理顺、新乐侯刘文炳、惠安伯张庆臻、宣城伯卫时春、驸马巩永固、金吾高文采是也。父与子俱死者:少司寇孟兆祥、儒生张世禧是也。母与妻子俱死者:枢部郎成德、金铉是也。妻妾从死者:大学士范景文、左谕德马世奇、检讨汪伟、御史陈良谟、勋丞于腾蛟是也。独身效死者:大司农倪元璐、中丞施邦曜、廷尉凌义渠、少司马王家彦、太常卿吴麟征、庶子周凤翔、给谏吴甘来、御史王章、陈纯德、吏部郎许直、兵马姚成、中书宋天显、滕之所、阮文贵、百户王某、知事陈贞达、经历张应选、毛维张

是也。闻难饿死者:长洲诸生许琰是也。凡此诸臣者,无论道术素许,至性勃发,位列三阶,荣邀一命,莫不榷心扼吭,追路相从。良以衣带凤铭,冯生者固少;宫车晏驾,蓐蚁者益多耳!

满洲爱新觉罗部族,其王公嗜好活人殉葬遗风。对此,清人方拱乾《宁古塔志》有记载:"男子死,必以一妾殉。当殉者必于主前定之,不容辞、不容僭也。当殉不哭,艳妆坐炕上,主妇率其下拜而享之。及时,以弓弦扣环而殒之。当不肯殉,则群起而缢之死矣。"

皇室宫妃殉葬始于清太祖爱新觉罗·努尔哈赤。明万历三十一年(1603)九月二十七日,清太祖孝慈高皇后叶赫那拉·孟古哲哲薨,身边四婢皆从殉,另宰牛马一百致祭。后金天命十一年(1626)八月十一日,努尔哈赤驾崩,大妃乌拉那拉·阿巴亥以身殉葬。官修编年体史料汇编《清太祖武皇帝实录》较为详细地记述了阿巴亥殉身的情景:

> 后饶丰姿,然心怀嫉妒,每致帝不悦,虽有机变,终为帝之明所制。留之恐后为国乱,预遗言于诸王曰:"俟吾终,必令之殉。"诸王以帝遗言告后,后支吾不从。诸王曰:"先帝有命,虽欲不从,不可得也。"后遂服礼衣,尽以珠宝饰之,哀谓诸王曰:"吾自十二岁事先帝,丰衣美食,已二十六年,吾不忍离,故相从于地下。吾二子多尔衮、多铎,当恩养之。"诸王泣而对曰:"二幼弟,吾等若无恩养,是忘父也。岂有不恩养之理!"于是,后于十二日辛亥辰时自尽,寿三十七,乃与帝同柩。

阿巴亥从殉,未必出于努尔哈赤的遗命,极有可能是皇太极等诸王矫诏,逼迫阿巴亥殉身,为皇太极夺取政权扫平道路。阿巴亥成了封建专制统治下宫廷斗争的牺牲品。除阿巴亥殉身外,尚有德因泽、阿济根二侧妃亦殉之。从此以后，太宗皇太极、世祖福临以及贝勒岳托、睿亲王多尔衮等都曾用宫妃或男奴殉葬。王先谦《东华录》记载，崇德四年(1639)，扬武大将军、贝勒岳托死，其妻福金殉葬。崇德八年(1643)八月，太宗皇太极驾崩，"京章敦达里、安达里二人愿殉。敦达里，满洲人，幼事太宗，后分隶肃亲王豪格。及太宗殡天后，敦达里以幼蒙恩，不忍永离，遂以身殉……"顺治七年(1650)十二月初九，睿亲王多尔衮薨于古北口外喀喇城，顺治福临闻之震悼，率王公大臣缟服东直门外五里迎多尔衮遗体。下诏追尊多尔衮为"懋德修道广业定功安民立政诚敬义皇帝"，庙号成宗，追尊为成宗义皇帝，丧礼依帝礼。侍女吴尔库尼殉葬。顺治十七年(1660)八月十九日，顺治爱妃董鄂氏病逝，顺治伤感万分，赐死太监及宫女三十人从殉。顺治十八年(1661)正月初七，福临驾崩于养心殿，妃栋鄂氏殉葬，侍卫傅达里从殉。

　　清王朝入主中原后，殉葬制度遭到汉族官吏的非议。据《清史稿·朱裴列传》记载，康熙朝，礼科给事中朱裴鉴于满洲俗尚殉葬恶习，疏请申禁："泥信幽明，未有如此之甚者。夫以主命责问奴仆，或畏威而不敢不从，或怀德而不忍不从，二者俱不可为训。好生恶死，人之常情。捐躯轻生，非盛世所宜有。"又据王先谦《东华录》记载，康熙十二年(1673)六月，玄烨诏令："命禁止八旗包衣佐领下奴仆随主殉葬。"从此，殉人恶习被康熙帝彻底禁绝。

第八章 陵寝陪葬

陪葬,是指王公大臣,尤其是开国勋臣死后葬在帝陵陵区之内,或帝陵周边附近。有的是皇帝生前诏令陪葬。一般情况下,宗室及宠臣、重臣墓愈靠近帝陵,由此逐渐向外扩展,在帝陵不同的方位形成巨大的陪葬墓群。历朝历代的宗室、宠臣和重臣,将能陪葬帝陵视为一种至高的荣耀。

第一节 汉唐时期

在汉朝帝陵周围,分布着规模宏大的陪葬墓区。一般情况下,皇亲国戚、妃嫔宫人及朝臣陪葬墓区位于帝陵的前方。在布局上,陪葬墓有大小和远近之别,封土又有覆斗形、圆锥形及山形之分。准许陪葬中的达官显贵建造陵邑和祠堂。据《陕西帝陵档案》记载,位于陕西咸阳市北原上的汉高祖刘邦长陵陵东,现存陪葬墓六十余座,其中多为刘邦的开国元勋、文武重臣,如萧何、曹参、张良、周勃、王陵、张耳、周亚夫、纪信、戚夫人、平原君等。唐代诗人唐彦谦《长陵》诗云:"长陵高阙此安刘,祔葬累累尽列侯。丰上旧居无故里,沛中原庙对荒丘。"

汉惠帝刘盈安陵位于陕西咸阳市秦都区韩家湾乡白庙村。在安陵之西270米处为孝惠张皇后陵。张皇后,名嫣,刘盈的外甥女。吕后操纵了这门亲事。据史书记载,张皇后墓"不起坟",现地面坟冢为日后所堆,覆斗形,底部东西长60米,南北宽50米,顶部边长20米,高12米。在安陵陵东900米处为陪葬墓区,共十一座,有赵王刘如意、鲁元公主、陈平、杨雄、张苍等,分布或两墓并列,或数墓成群。

据《重修咸阳县志》记载,四皓墓在安陵旁。"四皓"即"商山四皓",指秦汉之际隐于商於(今陕西商南县及河南淅川县一带)的东园公庾宣明、甪里先生周术、绮里季吴实、夏黄公崔广四位高人,年皆八十余。皓,白首的意思。

传说汉高祖刘邦得天下后,敦聘他们四人出山,但他们无意权位,不恋富贵,愿过清闲生活。后来,吕后采用张良计策,使皇太子刘盈卑辞束帛致礼,安车迎而致之,并邀四人同游。因而使高祖认为皇太子的羽翼渐至丰满,遂打消了改立赵王刘如意为皇太子的念头。四皓墓,或为衣冠冢,位于安陵之南,曾建有四皓庙,或称四皓祠。清人郑板桥曾作《四皓》诗:"云掩商於万仞山,汉庭一到即回还。灵芝不是凡夫采,荷得乾坤养得闲。"

霸陵,汉孝文帝刘恒的陵寝,位于陕西西安市灞桥区,东北临灞水,西南依白鹿原,当地人称"凤凰嘴",是西汉长安城东南的两座帝陵之一。至于为何选址在此,推测与汉初的昭穆制度有关。

阳陵是汉景帝刘启及其皇后王氏同茔异穴的合葬陵园,位于陕西咸阳渭城区。陪葬墓三十四座,分北区和东区。北区为景帝嫔妃墓区,东区为王侯将相等墓区。

汉武帝刘彻的茂陵位于槐里县茂乡(今陕西兴平市南位镇策村),在茂陵陵园东约一公里的司马道南北两侧,就是茂陵的陪葬墓区。陪葬墓有卫青、霍去病、霍光、金日磾、阳信长公主、李夫人、上官桀、上官安及敬夫人等十二座,其中霍光墓距离茂陵约3.5公里。正所谓"武帝遗寝峙荒墟,名将佳人左右扶"。

李夫人,中山(今河北定县)人,音乐家李延年之妹。李延年原本因犯法而遭受腐刑,负责饲养宫中的狗,因擅长音律,且能歌善舞,颇得武帝赏识。一日为武帝献歌:"北方有佳人,绝世而独立,一顾倾人城,再顾倾人国。宁不知倾城与倾国,佳人难再得。"加之平阳公主的推荐,其妹由此得宠,后生一子,即昌邑王刘髆,产后不久病逝,被封

"李夫人"。《汉书·外戚李夫人传》载：

> 初，李夫人病笃，上自临候之，夫人蒙被谢曰："妾久寝病，形貌毁坏，不可以见帝，愿以王及兄弟为托。"上曰："夫人病甚，殆将不起，一见我属托王及兄弟，岂不快哉？"夫人曰："妇人貌不修饰，不见君父，妾不敢以燕媠见帝。"上曰："夫人弟一见我，将加赐千金，而予兄弟尊官。"夫人曰："所以不欲见帝者，乃欲以深托兄弟也。我以容貌之好，得从微贱爱幸于上。夫以色事人者，色衰而爱弛，爱弛则恩绝。上所以挛挛顾念我者，乃以平生容貌也。今见我毁坏，颜色非故，必畏恶吐弃我，意尚肯复追思闵录其兄弟哉！"及夫人卒，上以后礼葬焉。

李夫人去世后，汉武帝十分思念，命画师在甘泉宫为李夫人绘像，又为李夫人塑像，放在轻纱幕中。并以皇后之礼安葬，破格将其陵墓置于茂陵之西，曰英陵，或称集仙台。

平陵是汉昭帝刘弗陵的陵墓，坐落在陕西咸阳秦都区双照镇王村南。陵冢封土呈覆斗形，底部周长2700米，高29.2米。霍光外甥女上官皇后陵位于帝陵西北665米处，封土为覆斗形，陵园为正方形，围墙边长380米，四面各辟一门，阙门正对墓冢。陪葬墓区位于平陵东，原有陪葬墓五十七座，现存二十三座。

杜陵为汉宣帝刘询的陵墓，坐落在陕西西安市曲江乡。许皇后陵，史称"小陵"，俗称"少陵"，位于杜陵南长安县大兆乡司马村。

杜陵的陪葬墓，据《汉杜陵陵园遗址》记载有一百零七座，现地面封土六十多座。陪葬墓区有正东稍偏南与正东稍偏北之分，此与效仿长安城未央宫东阙外权臣朝拜时的礼仪有关。未央宫是长安城的核心所在，相当于秦的阿房宫，时人谓之"紫宫"，后人谓之"中宫"。

第八章　陵寝陪葬

唐朝帝王陵墓陪葬制度承袭汉朝,以关中十八陵为例,文献记载出入很大。如唐高祖献陵,《唐会要》《文献通考》《关中陵墓志》记陪葬墓为二十五座,《长安志》《三原县志》记为二十三座,考古调查为三十座。献陵陪葬墓分布在陵寝正东及东北,陪葬墓区东西长4000米,南北宽1500米。陪葬者有:高祖第六女房陵大长公主、高祖第十二子彭王李元则、高祖第十五子虢王李凤、荣国公樊兴等。

唐太宗昭陵,《唐会要》记陪葬墓为一百五十五座,《长安志》记为一百六十六座,《礼泉县志》记为二百零三座,考古发现一百六十七座。《唐会要·陪陵名位》载,贞观十一年(637)二月,李世民诏曰:

佐命功臣,义深舟楫,或定谋帷幄,或推身行阵,同济艰危,克成鸿业,追念在昔,何日忘之。汉氏将相陪陵,又给东园秘器,笃终之义,恩意深厚。自今以后,功臣密戚,及德业佐时者,如有薨亡,宜赐茔地一所,及赐以秘器,使窀穸之时,丧事无阙。

同年十月,又诏曰:"诸侯列葬,周文创陈其礼……皇运之初,时逢交泰,谋臣武将等,先朝特蒙顾遇者,自今以后,身薨之日,所司宜即以闻,并于献陵左侧,赐以墓地,并给东园秘器。"贞观二十年(646)八月,又诏曰:"周室姬公,陪于毕陌,汉廷萧相,附彼高园……其有父祖陪陵,子孙欲来从葬者,亦宜听许。"

昭陵的陪葬墓,在形制上分为:

一、依山为墓

此种墓葬形式除帝王外,朝臣、宠妃也有,如魏徵陵墓及韦贵妃墓。

魏徵秉性刚毅,知无不言,犯颜直谏,有经国之才。李世民先后拜

中国古代陵寝文化

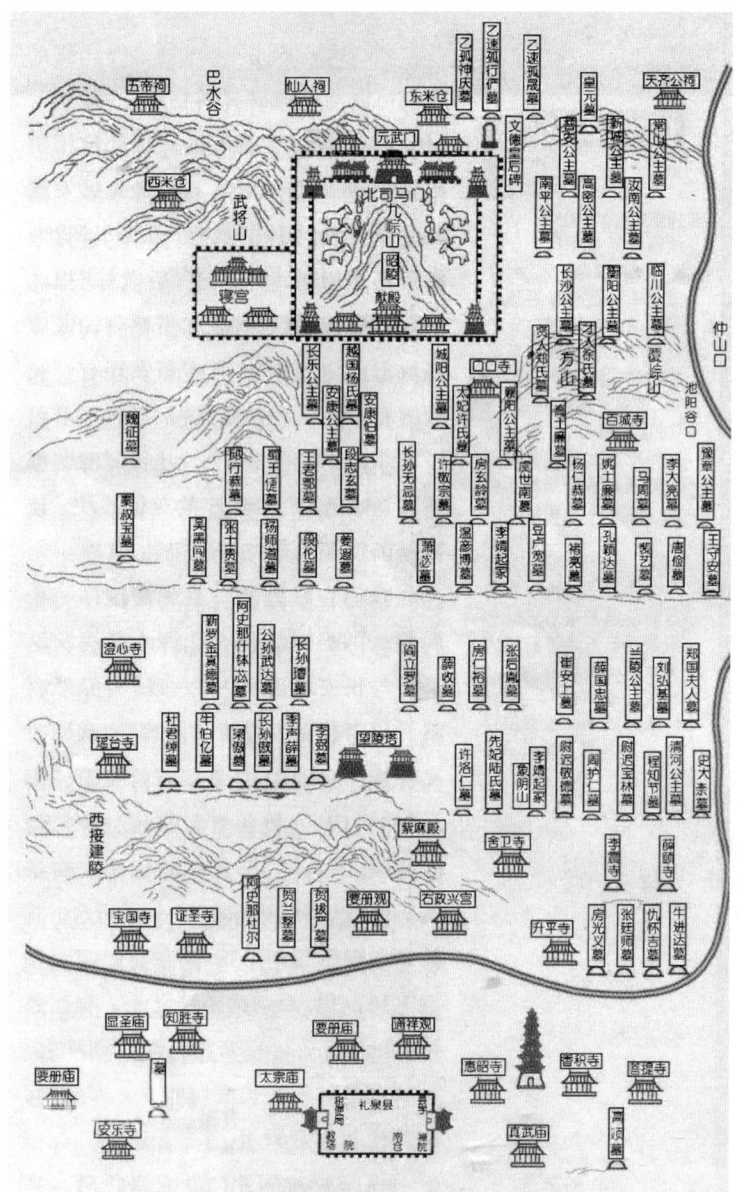

图 48　唐太宗昭陵图　采自元人李好文《长安志图》

第八章 陵寝陪葬

魏徵为尚书左丞、秘书监、侍中。贞观十年(636),房玄龄、魏徵奉命监修《隋史》《周史》《梁史》《陈史》《齐史》。其中《隋史》的序论、《梁史》《陈史》《齐史》的总论皆由魏徵亲撰,时称房玄龄、魏徵为"良史"。贞观十三年(639),魏徵向太宗上《谏太宗十思疏》,提醒太宗"居安思危,戒奢以俭""兼听则明,偏听则暗"。被史家称为"万世师表"。魏徵染病后,太宗诏令把为自己修建殿宇的材料全部拉去为魏徵营造大屋。魏徵病重,太宗亲临其府探望。魏徵病危,太宗再次亲往探视,并拜魏徵为太子太师,知门下省事如故。贞观十七年(643)正月十七日,魏徵病逝,太宗亲临恸哭,并辍朝五日,太子举哀于西华堂。太宗命九品以上文武百官朝集赴吊,以一品官葬礼陪葬昭陵。出殡之日,太宗登临禁苑西楼,望丧而哭,命文武百官送出郊外,并"亲制碑文并为书石"。太宗叹道:"以铜为鉴,可正衣冠;以古为鉴,可知兴替;以人为鉴,可明得失。朕尝保此三鉴,内防己过。今魏徵逝,一鉴亡矣。"鉴,即镜子。

魏徵墓坐落在昭陵西南约二公里的凤凰山南麓,当地人称"魏

图 49　魏徵陵墓　　　　　　党明放 摄

陵"。太宗特许魏徵墓因山为陵,并仿帝陵规制建造。墓前墓碑,高4米半,蟠首蚨座。碑文原为太宗亲撰,后被太宗诏令铲除,变成了一通真正意义上的"无字碑"。现墓碑仍然立在魏徵陵墓之前,碑侧图案隐约可见。贞观十九年(645),太宗亲征高丽失败,班师回朝后,深悔此行,便派人到魏徵陵前祭祀,诏令重立墓碑,恩礼并加,以示悔过。

韦贵妃墓位于唐太宗昭陵东冶姑岭上。墓前原有石柱、石羊、石马石人等,墓碑龟座。1990年9月进行了考古发掘,资料表明:墓由墓道、四个过洞、四个天井、前后甬道、前后墓室和四壁龛构成,水平全长49.38米。墓室出土文物一百七十四件,其中一件贴金彩绘双头镇墓兽属稀世之物,一对彩绘贴金天王俑堪称珍品。墓内壁画从墓道至墓室,都大面积保留了下来。这些壁画内容丰富,色彩鲜明,有威武雄健的仪卫,肃穆直立的门吏,有神情各异的给使,有亭亭玉立的侍女,有生动传神的乐伎等。并出土墓志铭一合,正方形,每边宽0.795米,盖篆"大唐太宗文皇帝故贵妃纪国太妃之铭",墓志铭撰写者为令狐德棻。

图50　韦贵妃墓　　　　　陈雪华 摄

二、象山形墓

此类墓仿照汉武帝茂陵之陪葬墓——卫青墓及霍去病墓形制建造。如司空、太子太傅、英国公李勣墓,墓葬封土是由三个高约十八米的大土堆呈倒"品"字形构成,占地约三千平方米。据《旧唐书·李勣列传》载:"所筑坟一准卫、霍故事,象阴山、铁山及乌德鞬山,以旌破突厥、薛延陀之功。"《新唐书·李勣列传》载:"起冢象阴、铁、乌德鞬山,以旌功烈。"在昭陵陵园,李勣墓是"为冢象山"型墓葬中规模最大、特征最突出的一座。

李靖,唐初著名军事家,京兆三原(今陕西三原县)人。贞观八年(634),李靖退休居家,遇吐谷浑犯边,他请命出征,击溃了吐谷浑军队。李靖班师回朝,太宗徙封卫国公,晋开府仪同三司。李靖墓位于礼泉县烟霞镇官厅村西北,与李勣墓规格相等。墓为三个高大积土堆组成,可惜积土堆破坏严重。

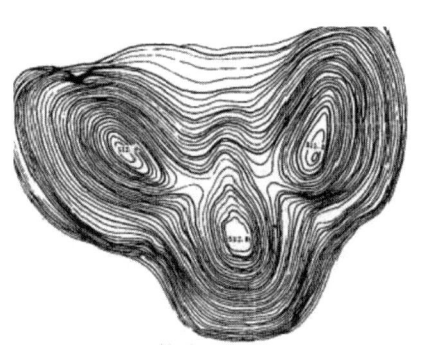

图 51 李勣墓封土形状图 李浪涛提供

三、封土覆斗形

如长乐公主墓、新城长公主墓、城阳公主墓等;且在墓的前后左右各置一个土阙,当地民众谓之"八抬轿"。

四、不封不树,墓而不坟

如尚书左仆射、申国公高士廉墓。

五、封土为圆锥形

如尚书房玄龄墓、中书令温彦博墓、左卫大将军段志玄墓、开府仪同三司尉迟敬德墓、右武卫大将军凉州都督郑仁泰墓、右骁卫大将军阿史那忠墓等。

由于太宗在位时三次下诏，致使以九嵕山陵山为中心，周围形成了庞大的陪葬墓群。清人王锡祺《小方壶斋舆地丛钞》载："九嵕山下陪葬诸王七、嫔妃八、公主二十二、丞郎三品五十有三、功臣大将军以下六十有四。"又,《唐会要·陪陵名位》载，在昭陵陪葬中，有侍中郑国公魏徵、司空太子太师英国公李勣、李世民第五女长乐公主李丽质、忠武公尉迟敬德、李世民的贵妃韦珪、李世民第十一女临川公主李孟姜、李世民第二十一女新城长公主，以及西突厥右武卫大将军、平州都督、窦国公史大奈、突厥右武卫大将军、北宁州都督、怀德郡王阿史那苏尼夫、突厥右武卫大将军、怀化郡王李思摩等。唐太宗李世民陵寝居高临下，俯视功臣贵戚。陪葬墓分布于陵山之东、南、西三面，形成扇形辐射状，"譬若拱辰"，其排列位置根据死者的身份、地位以及与皇帝的亲疏关系而定，亲者近，疏者远。

唐高宗乾陵，《唐会要》记陪葬墓为十六座，《文献通考》记为十七座，《长安志》记为六座，《乾州志稿》记为四十一座，考古发现十七座：章怀太子李贤、永泰公主李仙蕙、懿德太子李重润、泽王李上金、许王李素节、邠王李守礼、义阳公主、安兴公主、新都公主、特进王及善、中书令薛元超、燕国公李谨行及礼部尚书左仆射豆卢钦望等。

中宗李显长子懿德太子李重润墓，中宗李显第七女永泰公主李仙蕙墓，高宗李治与武则天的次子章怀太子李贤墓，以及高宗第三子泽王李上金，高宗第四子许王李素节，章怀太子李贤次子邠王李守礼，高宗长女义阳公主，睿宗李旦次女安兴公主，中宗李显长女新都公主，中书令薛元超、特进王及善、特进刘审礼、燕国公李谨行、右仆射杨再思、右仆射刘仁轨、礼部尚书左仆射豆卢钦望、左武卫将军高侃等。其中，懿德太子墓和永泰公主墓皆"号墓为陵"，懿德太子陵园东西长214.5

米,南北长256.5米,墓前立石柱一对,石人一对,石狮一对。永泰公主陵园东西长220米,南北宽363米。唐以方为贵,坟墓形制皆为双层台阶方形覆斗式。章怀太子"墓不称陵",陵园东西长143米,南北宽180米,墓前立石羊一对,坟墓虽为方形,但仅为单层台阶式土台。

唐中宗定陵,《唐会要》记陪葬墓为八座,《文献通考》《长安志》《富平县志》均记为六座,考古发现六座。定陵陪葬墓有:中宗第三子节愍太子李重俊,中宗次女宜城公主,第三女定安公主,第四女长宁公主,第五女永寿公主,及尚书左仆射魏元忠等。

唐睿宗桥陵,《唐会要》记陪葬墓为八座,《文献通考》记为九座,《长安志》记为六座,《关中陵墓志》记为十二座,《蒲城县志》记为十三座,考古发现六座。桥陵陪葬墓有:贤妃王芳媚、惠庄太子李㧑、惠文太子李范、惠宣太子李业、睿宗第四女代国公主李华、第六女凉国公主李苑、第七女鄎国公主、第八女金仙公主无上道,及彭国公云麾将军李思训等。

唐玄宗泰陵,陪葬墓仅有一座,即内侍宦官高力士。

图52　高力士墓　　　　　党明放　摄

唐肃宗建陵,陪葬墓有:尚父汾阳郡王郭子仪,汧国公检校工部尚书李怀让等。

唐宪宗景陵,《唐会要》《文献通考》记陪葬墓为四座,《长安志》《关中陵墓志》记为三座,考古发现二座。

唐穆宗光陵陪葬墓,《长安志》记为二座,《文献通考》《关中陵墓志》记为二座,考古发现一座。

唐敬宗庄陵陪葬墓,《唐会要》《长安志》《文献通考》记为一座,考古发现一座。

唐文宗章陵陪葬墓,《长安志》《富平县志》记为一座。

唐武宗端陵陪葬墓,《文献通考》记为一座,考古发现一座。

唐宣宗贞陵陪葬墓,《文献通考》记为一座。

其余如唐代宗元陵、唐德宗崇陵、唐顺宗丰陵、唐懿宗简陵及唐僖宗靖陵皆无陪葬墓。

凡百官薨,陪葬墓田的大小、坟头的高低、碑首碑座等,《大唐开元礼》有着严格的规定。后来,朝廷又进行了一系列的改革,《通典·礼四十六》载:

> 其墓田之制,一品,茔,先方九十步,今减至七十步;坟先高丈八尺,减至丈六尺。二品,先方八十步,今减至六十步;坟先高丈六尺,减至丈四尺。三品,先方七十步,减至五十步;坟先高丈四尺,减至丈二尺。其四品,先方六十步,减至四十步;坟先高丈二尺,减至丈一尺。五品,先方五十步,减至三十步;坟高一丈,减至九尺。六品以下,先方二十步,减至十五步;坟高八尺,减至七尺。其庶人先无文,其地七步,坟高四尺。其送葬祭盘,不许作假花果及楼阁,数不得过一牙盘。

"安史之乱"后,由于国家政策及君臣关系变化等因素,陪陵制度逐渐废弛。唐中晚期的陪葬只限于宗室皇族,从而导致陪葬陵墓数量锐减。

第二节　明清时期

在明十三陵中,除皇后祔葬帝陵外,又有皇妃、太子、太子妃及太监。其墓分布如下:

东、西二井为明成祖朱棣的两位皇妃的墓。东井位于德陵左馒头山西麓,西井位于定陵右大峪山东麓。《帝陵图说》载,东西二井为成祖殉葬者共十六妃。

皇贵妃万氏坟,位于昭陵南苏山东麓。成化二十三年(1487)春,万氏以"暴疾"身亡,三月初六,葬入宪宗朱见深陵寝。

三妃坟,位于袄儿峪前,系嘉靖七年(1528)十月为世宗朱厚熜原配皇后陈氏所卜陵址,曰悼陵,工部侍郎何绍主持建造。嘉靖八年(1529)三月初一,葬陈皇后入内。隆庆元年(1567)三月,陈皇后迁祔永陵,致使悼陵玄宫虚空。万历九年(1581)十月,皇贵妃沈氏去世,神宗令葬入悼陵。之后,又有文妃、卢妃葬入。

四妃二太子墓,位于三妃坟之左 51.5 米。坟园墓主分别为世宗皇贵妃阎氏、王氏、贞妃马氏、荣妃杨氏,以及哀冲太子、庄敬太子。墓冢分为前后两排,前排两座,分别是马、杨二妃墓冢,后排三座,中间为阎、王二妃墓冢,左为哀冲太子,右为庄敬太子。

贤妃坟,位于四妃二太子墓之北 250 米处。墓主为世宗怀荣贤妃郑氏,嘉靖十五年(1536)葬入。

位于万贵妃坟东南 750 米处的银钱山东麓,有神宗朱翊钧的皇贵妃郑氏、李氏、顺妃李氏、昭妃刘氏、端妃周氏之墓。

太监王承恩墓位于崇祯帝思陵右前方。文献记载各异,从现有情况看,王承恩墓前立碑一通,螭首龟趺,篆额"御制旌忠",碑阳刻顺治二年(1645)十月清世祖御制文,碑阴刻:"原任总督天下各镇援兵都察京营戎政勇卫军门、掌御马监、司设监、巾帽局、宝和等店大庖厨印务,司礼监秉笔太监王承恩之墓。"

清陵分东、西两制,尊卑有别。清东陵位于河北遵化市马兰峪,包括前圈和后龙两个部分,始建于顺治十八年(1661),直至光绪末年告成,历时二百余年。陵区内埋葬着五位皇帝、十四位皇后、一百三十六位嫔妃、一位阿哥。在风水红墙外,还埋葬着一位皇后、两位皇子、两位公主。共一百六十一人。在陵区的东西两侧,还建有宗室其他成员、朝廷近臣及皇室保姆陵园。

在顺治孝陵地宫,祔葬康熙生母孝章康皇后董佳氏及皇四子荣亲王生母孝献端敬皇后董鄂氏;在康熙景陵地宫,祔葬孝诚仁皇后赫舍里氏、孝昭仁皇后钮祜禄氏、孝懿仁皇后董佳氏、雍正生母孝恭仁皇后乌雅氏、敬敏皇贵妃章佳氏;在乾隆裕陵地宫,祔葬孝贤纯皇后福察氏、孝仪纯皇后魏佳氏、贤惠皇贵妃高氏、哲悯皇贵妃富察氏、淑佳皇贵妃金氏;在咸丰定陵地宫,祔葬孝德显皇后萨克达氏;在同治惠陵地宫,祔葬孝哲毅皇后阿鲁特氏。

在孝惠章皇后博尔济吉特氏孝东陵,还葬有顺治帝的七位妃子、四位福晋、十七位格格。

在康熙景陵附近,分别建有景陵皇贵妃寝园及景陵妃寝园各一座。在皇贵妃寝园内,葬有康熙悙怡皇贵、悫惠皇贵妃。在妃寝园内,葬四十九人,其中贵妃一人、妃十一人、嫔八人、贵人十人、常在九人、答应九人、阿哥一人。以上四十九人的墓冢,以左东右西之序排为七层,第一层二人,左为马贵人,右为僖嫔;第二层四人,自左而右(下同)分别为端嫔、定妃、熙嫔、良妃;第三层五人,分别为十八阿哥、成妃、襄嫔、宜妃、平妃;第四层七人,分别为纯裕勤妃、惠妃、温僖贵妃、顺懿密妃、慧妃、荣妃、宣妃；第五层十券葬九人，分别为尹贵人、谨嫔、空券、伊贵人、布贵人、新贵人、通嫔、穆嫔、色常在；第六层十一人，分别是文贵人、蓝贵人、常常在、瑞常在、袁常在、贵常在、徐常在、石常在、常贵人、勒贵人、寿常在；第七层十一人，分别为尹常在、路常在、妙常在、秀答应、庆答应、灵答应、春答应、晓答应、治答应、牛答应、双答应。陵寝官员为了防止在祭祀中出现差错，编歌谣以助熟记："景妃园寝主位多，四十九位式如何？陵寝门内左右审，左马贵人右僖嫔。二层端嫔定妃位，西边熙嫔良妃对。十八阿哥三层东，紧挨成妃襄嫔宫。西边宜妃平妃是，宝顶相连如雁翅。四层妃位更尊严，纯惠温顺慧荣宣。五层尹贵合谨嫔，相连空券十分准。六层文蓝二贵人，常瑞袁贵常在真。徐贵石常常勒贵，寿常杂券下相随。七层尹路常在共，妙秀庆灵号答应。西边春晓治牛双，五位答应紧靠墙。若能熟习此位歌，园寝奉祀不难说。"在裕陵妃寝园，葬有乾隆皇后、皇贵妃、妃、嫔、贵人、常在等后妃三十六人。在惠陵妃寝园，葬有同治皇贵妃四人。

黄花山位于清东陵陵区西侧，在山之西麓，建有六座寝园，自东而西，依次为顺治第四子荣亲王、康熙次子理密亲王允礽、顺治次子裕宪亲王福全、顺治第七子纯靖亲王隆禧、康熙长子直郡王允禔、康熙第十四子恂郡王允禵。

朱华山位于黄花山西南，朱华山寝园葬乾隆七子一女。除葬端慧皇太子永琏外，其余为悼敏皇子永琮、九阿哥、十阿哥、十三阿哥永璟、十四阿哥永璐、十六阿哥以及乾隆第八公主。在端慧皇太子寝园之西，又建有贝勒永璜的寝园。

在东陵陵区之外，建有保姆寝园四座，她们分别是：奉圣夫人寝园、佑圣夫人寝园、保圣夫人瓜尔佳氏寝园等。另有皇子、公主寝园，位于马兰峪营房村北及许家峪村西，葬道光皇二子奕纲、皇三子奕继、端悯固伦公主。

清西陵位于河北易县永宁山下，始建于雍正八年（1730），直至民国四年（1915）完工，历时一百八十五年。陵区内埋葬着四位皇帝、九位皇后、五十七位嫔妃，以及公主、亲王、阿哥等七十六人。

在雍正泰陵地宫，祔葬孝敬宪皇后乌拉那拉氏及敦肃皇贵妃年氏。在道光慕陵地宫，祔葬孝穆成皇后钮祜禄氏、孝慎成皇后佟佳氏、孝全成皇后钮祜禄氏。在光绪崇陵地宫，葬有孝定景皇后叶赫那拉氏。在泰陵妃寝园，葬有皇贵妃一人、妃三人、嫔一人、贵人五人、常在七人、格格四人。在昌陵妃寝园，葬嘉庆妃嫔十八人。在光绪崇陵妃寝园，葬有瑾妃他他拉氏，及其亲妹妹珍妃他他拉氏。

第九章 陵寝石刻

据《水经注》载，上古时期"五帝"之一，尧的陵前和其母陵前皆有石羊和石虎。《格致镜原》引《洞微志》："汴都之南百里有周公墓，前一石人，能作怪人。"又引《物原》云："周宣王始置石鼓、石人、猊、虎、羊、马。"但这些记载仅仅只是传说，不足为信。

唐人封演《封氏闻见记》云："秦汉以来帝王陵前有石麒麟、石辟邪、石象、石马之属，人臣墓前有石羊、石虎、石人、石柱之属，皆所以表饰坟垄如生前之仪卫耳，国朝因山为陵。"

《西京杂记》载："五柞宫有五柞树，皆连三抱，上枝荫覆数十亩。其宫西有青梧观，观前有三梧桐树，树下有石麒麟二枚，刊其胁为文字，是秦始皇骊山墓上物也。头高一丈三尺，东边者前左脚折，折处有赤如血。父老谓其有神，皆含血属筋焉。"

考古资料表明，秦始皇陵所用石料皆从渭北甘泉山磨石岭采集而来，时人谓之"览石"。而在人臣墓前列置石刻，以实物相见，则始于西汉。

第一节 汉魏时期

截至目前，西汉诸陵尚未发现石刻遗存。

霍去病，西汉名将，十八岁随卫青出征匈奴，官至骠骑将军，封冠军侯。他先后六次出击匈奴，病逝时才二十四岁。出殡之日，帝命霍去病生前所有招降者身穿黑甲，排列成队，从长安城送葬至茂陵。

霍去病墓位于陕西兴平市南位镇道常村西北，西距茂陵约1公里。当年，汉武帝为了纪念霍去病的赫赫战功，特为他修建了这座象征祁连山的墓冢,并在墓前及墓上列置马踏匈奴、跃马、卧马、石人、伏虎、卧象、卧牛、人与熊、怪兽吞羊、野猪、鱼等大型石刻 16 件,其中"马踏匈奴"尤为著名。这些作品或圆雕,或浮雕,或线雕,造型浑厚,粗放豪迈,简练传神,是现存时代最早、保存完整的成组石雕。

霍去病墓石刻出自官府工匠之手,采用的石料质地坚硬,俗称"麻砂石"。

"马踏匈奴",通高 1.68 米,长 1.9 米,宽 0.48 米,类似真马体量。战马肌肉丰满,长尾迤地,昂首挺立,威风凛凛。蹄下所踏为一匈奴首领,蓬发长须,仰身于马腹下,头对马嘴,双腿上曲,手持弓箭,面目狰狞,一副垂死挣扎状。在马的腿、股、头和颈部凿刻了较深的阴线,使勇敢而忠实的战马跃然而出。一人一马,静中有动,高度地概括了霍去病戎马征战的丰功伟绩。

图 53　马踏匈奴　　　陈雪华 摄

跃马,通高1.5米,长2.4米,宽0.85米,前躯奋起,双目圆睁,鼻孔扩张,嘴唇翕动,一副欲嘶鸣状。整个雕刻随形就势,线刻与圆雕并用。

卧马,通高1.14米,长2.6米,宽0.73米,全身平卧,前腿微屈,头部稍偏,注目前方,躯体强壮,神态悠然。

伏虎,通高0.48米,长2米,宽0.6米,头颅硕大,尾贴于背,选用极不规则的波浪起伏状石料,利用石块的自然粗糙面,运用线体相交的雕刻手法,表现虎性的威武凶猛。

东汉墓前列置石刻成风。据文献记载,光武帝陵前原置石象、石虎、石羊、石马、石骆驼等,而在品官墓前多有石刻列置。据北魏郦道元《水经注》记载:"汉宏(弘)农太守张伯雅墓,茔域四周,垒石为垣……庚门,表二石阙,夹对石兽于阙下。冢前有石庙,列植三碑。碑云:'德,字伯雅,河南密人也。'碑侧树两石人,有数石柱,及诸石兽矣。旧引绥水,南入茔域,而为池沼。沼在丑地,皆蟾蜍吐水,石隍承溜。池之南,又建石楼。石庙前又翼列诸兽。"张伯雅,东汉弘农太守。弘农:古郡名,西汉元鼎三年(前114)置,治弘农县(今河南灵宝市北)。又,《水经注》载:睢阳县"城北五六里,便得汉太尉桥玄墓,冢东有庙,即曹氏孟德亲酹处……冢列数碑……庙南列二石柱,柱东有二石羊,羊北二石虎。庙前东北有二石驼。驼西北有二石马,皆高大,亦不甚凋毁"。桥玄(109—183),东汉时名臣,字公祖,梁国睢阳(今河南商丘市睢阳区)人。灵帝建宁三年(170),累迁司空,转司徒。光和元年(178),拜太尉。素与南阳太守陈球有矛盾,及在公位,荐球为廷尉。时人云其家无余财,死后无以殡葬。这些石刻基本分布在陵垣四门门外、墓旁祠庙前及墓前两旁。从此,也开创了我国帝王陵寝前设置纪念性群雕的时代。

秦汉时期,墓志应运而生,目前发现最早的有秦劳役墓瓦志和东汉刑徒砖志。魏晋时期,朝廷禁止在墓地立碑,铭刻只能从地面转入地下。尤其是,曹操提倡薄葬,禁止为个人树碑立传,士大夫阶层遂将死者的生平及歌颂文辞镌刻于一较小的石面上随棺埋葬,后经出土,称之为墓志。文辞用语押韵的称"铭",也称"墓志铭"。墓志分上下两层,上层刻有标题,称作"盖",下层刻有墓志铭,称作"底"。墓志作为一种随葬物,在魏晋南北朝时期比较流行。墓志大多平放在墓室中,也有放置在墓门前的,还有的置于墓道中。

河南洛阳出土的汉延平元年(106)贾武仲妻马姜墓志,虽不自称为墓志,但所记的内容已与墓志相近。江苏邳县发掘的元嘉元年(151)缪宇墓后室石门上方所刻的题记,有官职姓名、死葬日期、韵语颂辞,实为后世墓志铭之滥觞。

通常情况下,南朝帝陵石刻是三种六件,依次为石兽(其中天禄、麒麟各一)一对,石柱一对,石碑一对。王侯陵墓则为石狮一对,石柱一对,石碑一对。也有竖碑两对的,如梁文帝萧顺之第七子、梁武帝萧衍之弟、安成郡王萧秀墓,以及梁文帝萧顺之第十一子、梁武帝萧衍之弟、始兴忠武王萧憺墓便是。

在南朝帝后陵的石刻中,石兽有一个共同的规律,即帝后墓前的均带角,有双角者为天禄,单角者为麒麟,而王侯墓前的石兽均无角,称之为辟邪。

南朝神道石柱由三部分组成:上为莲花座柱首圆盖,上立一小石兽,状如辟邪;中为圆形柱身,上刻瓜棱直线条纹,通常是二十四至二十八条,在柱身的上端嵌一长方形石碑,书有"墓主人某某之神道"等字样,一为正书,一为反书。或均为正书,或均为反书。在石柱上神道碑的下方装饰一块大小须与石柱直径相同的方石,谓之石板。上刻怪兽三只,在方石下刻一圈绳辫形的围带,其下再刻一圈双龙交首的纹饰围带。下为柱础,上层雕刻含珠翼兽一对,下层为方石,四面均为动物浮雕图案。

在南朝帝陵及追封的帝陵中,尚存石刻二十八件。其中,宋武帝初宁陵(在今南京麒麟门外)石兽2件,部分残损。南朝齐梁帝陵分布于今江苏丹阳市境内。齐高帝泰安陵石兽二件,左兽头残缺,右兽完好无损。齐武帝景安陵石兽二件,左兽四足俱残,右兽完好无损。齐景帝(追封)萧道生修安陵石兽二件,分布在神道两侧,东为天禄,西为麒麟。天禄体长3米,高2.75米,颈高1.54米,体围2.52米,头上有双角,已经残断。麒麟体长2.9米,高2.42米,颈高1.38米,体围2.4米,头上有独角,角上缀满鳞纹。两兽均突胸耸腰,张口眮目,其状如趺。两兽头部均略向外。天禄左足在前,麒麟右足在前,足爪下踩一小兽,兽尾曳地,天禄尾回折左,麒麟尾回折右。天禄及麒麟肋部雕双翼,双翼雕刻卷云纹细鳞等。鳞上缀花一朵颔下长须呈蔓草状。

齐明帝萧鸾兴安陵坐西向东,陵丘已被荡平。现存石兽两件,分布在神道两侧,南侧为麒麟,北侧为天禄。部分被掩埋于土中。麒麟为公兽,四足残损,体长三点零二米,残高2.7米,颈高1.35米,体围2.78米,仰首垂身,头有独角,已残,颔下长须,翼状与胸毛浑然一体,秀美多姿。脊骨隆起,雕连珠贯于麒麟首尾。

梁文帝(追封)萧顺之建陵坐西向东,陵丘已平。陵前有石刻,列置于神道两侧。石柱一对,龟趺座一对,石兽一对,南列麒麟,北列天禄。麒麟体长3.05米,残高2米,颈高1.25米,体围2.7米,头上有独角,角已残损。天禄体长3.1米,残高2.3米,颈高1米,体围2.76米,头有双角,已毁。均为牡兽。两兽昂首挺胸,四足俱失。麒麟上颚残损,颔下长须,垂至胸际。翼饰细鳞,中饰小花五瓣,雕连珠贯于麒麟首尾。石柱柱身瓦楞纹状。北柱倾圮,南柱尚存,但已裂为二。柱上有石额,额上有字,隶体,上书"太祖文皇帝之神道"。柱础上圆下方,环饰螭龙,头有双角,四足,口内衔珠。柱顶加覆莲纹圆盖,盖上蹲一小型石兽(现已不知所去)。北侧石柱柱额反书"太祖文皇帝之神道"。

图 54　齐明帝兴安陵石麒麟　　　陈雪华 摄

图 55　梁文帝建陵石麒麟　　　陈雪华 摄

柱后有碑一对,龟趺。南朝诸陵均已不存,其形状应与萧梁王侯墓碑相同。

陈武帝陈霸先万安陵(在今南京江宁区)的石刻,头上无角有鬃,像麒麟,又像狮子。位于神道北侧的石兽体长 2.5 米,高 2.57 米,颈高 1.33 米,体围 2.43 米。南侧石兽体长 2.72 米,高 2.28 米,颈高 1.05 米,体围 2.56 米,颈部断裂,胸部碎裂,为当年日本侵略军侵占南京时打靶所致。两兽昂首挺胸,体态雄健。

梁武帝萧衍修陵位于今江苏丹阳市开发区荆林三城巷,坐西向东,其父文帝萧顺建陵在其北约 100 米处。陵冢早被荡平,陵前仅存石天禄一只,位于神道北侧,身高 2.80 米,体长 3.10 米,颈高 1.45 米,胸围 2.35 米。昂首挺胸,欲进而罢,头有双角,两角中部起节。颔下长须飘卷,垂至胸际,体有双翼,翼面有雕饰,前螺纹,后翎羽,足有五爪,下踩小兽,有咄咄逼人之感。

在陈文帝陈蒨永宁陵,坐北向南,地表封土已平。神道有石刻,列置于神道两侧。东为天禄,双角,体长 3.11 米,高 3 米,西为麒麟,独角,体长 3.19 米,高 3.13 米。外肢前伸,头上有角,头大角粗,颈部几乎消失,四肢粗壮,爪端上翘。在双翼前端及腰部的羽毛饰以云气纹。

第二节 唐宋时期

唐陵神道上的石刻组合,自高宗乾陵始为定制。每座帝陵除蕃酋石像外,有石柱一对、翼马一对、鸵鸟(或朱雀)一对、仗马及牵马人各五对、石人十对、四门石狮各一对。部分唐陵北门尚有仗马及牵马人三对、石虎一对。

石柱,或称石望柱、神道柱、表、标或碣。陵前列置石柱始于战国时期的燕昭王陵墓。东汉前多为木制,东汉时改木为石。汉代称"桓表",亦称"桓楬",陈、宋间讹"桓"为"和",江左云为"华表"。其制以大版贯柱四出。最早用于交通标志,置于亭邮、浮梁、城门及宫殿之前,又可作为界标使用。李贤注《后汉书·中山简王焉传》云:"墓前于道建石柱以为标,谓之神道。"自南朝之后用于帝王陵墓,主要是对帝陵起到标设作用,当人们看到石柱时,就知道了帝陵神道的起点。

图56　唐宣宗贞陵神道西侧石柱　　　党明放 摄

关于石柱的形制,汉代柱身为圆形,且有题额的垂直瓜棱纹,在其两端各有一道绳辫纹带,柱顶为圆雕狮头。石兽之下为莲花纹盖盘。南朝与其接近,但明显地反映出了受波斯和印度文化的影响。

唐自乾陵始,诸陵石柱形制相近,均由柱座、柱身、柱盘及柱顶组成。柱身皆为八棱形状。柱头由石兽变为宝珠。在柱座、柱身及柱顶台盘相接处各浮雕仰、覆莲一周,柱身各棱面改垂直瓜棱纹为线刻蔓草花纹。这些变化有可能是受到佛教文化的影响。

翼马,即指传说中"从西极,陟流沙"而来的"天马",也有学者认为是"龙马""飞龙"。屈原《离骚》云:"为余驾飞龙兮,杂瑶象以为车。"相传此马产于马成山,此山盛产金、玉。翼马头上有角,两胁有翼,翼上刻有忍冬花纹,可凭借翅膀而天上人间。在汉代,曾称西域及中亚地区的良马为"天马"。自晋以来,天马被视为祥瑞的化身,以示明君盛世。陵墓前置翼马始于唐乾陵,并于腹下雕刻云柱。翼马作为外交活动的纪念物,最终形成了盛唐时期文化"一体两翼"的格局。即以中国文化为"一体",以西方国家文化及周边民族文化为"两翼"。

图57 唐肃宗建陵神道西侧翼马　　　　陈雪华 摄

鸵鸟,中古波斯语 ush tur murgh,即骆驼鸟。初称大鸟、大马爵、大雀,或鸾鸟。鸵鸟头小眼大,颈长毛松,通高 2.70 米左右,重达 150 公斤,奔跑时速可达 60 公里。原产中、西亚和非洲气候干燥的沙漠地带。最新的地质时代,我国北方地区就有鸵鸟分布,后因自然环境的变化,鸵鸟逐渐消失。《魏书·西域传传》中记载波斯国有"鸟形如橐驼,有两翼,飞而不能高,食草与肉,亦能啖火"。《册府元龟》记其"高七尺,足如驼,有翅而能飞,行日三五百里,能啖铜铁,夷俗呼为驼鸟"。《山海经》载:"西南三百里,曰女床之山,其阳多赤铜,其阴多石涅,其兽多虎豹犀兕。有鸟焉,其状如翟而五彩纹,名曰鸾鸟。"鸵鸟作为异邦神鸟,有"见者天下安宁""至者国家安乐"之意,是中外友好和文化交流的象征。《旧唐书》中就有关于波斯、吐火罗等国向长安进献鸵鸟的记载。永徽元年(650)五月,唐高宗曾把吐火罗国进贡的鸵鸟献于昭陵。他认为只有祥鸟才有资格供奉皇帝,充分体现出高宗对其父皇的仁孝。

图 58　唐肃宗建陵神道鸵鸟石刻　　　　党明放 摄

马是神速和力量的象征。仗马是宫廷仪仗重要的组成部分。《史记·平准书》载:"天用莫如龙,地用莫如马。"就是说,行天莫如龙,行地莫如马。《后汉书·马援列传》载:"马者甲兵之本,国之大用。安宁则以别尊卑之序,有变则以济远近之难。昔有骐骥,一日千里,伯乐见之,昭然不惑。"商周时期,就有以活马真车为死者殉葬的习俗,后以车马俑取而代之。墓前最早列置石马,当属西汉霍去病墓。帝陵列置石马,有可能始于东汉光武帝刘秀原陵。唐陵除献陵外,诸陵均置仗马及驭手,宋明清沿袭,但其仗马数量、马饰及驭手则有所不同。帝陵神道置仗马象征朝廷大朝会的仪卫。

《唐会要·京城诸军》载：贞观二十一年(647)八月十七日，骨利干遣使朝贡，献良马百匹，其中十匹尤骏。太宗奇之，各为制名，号曰十骥。其一曰腾云白，二曰皎雪骢，三曰凝露白，四曰元光骢，五曰决波瑜，六曰飞霞骠，七曰发电赤，八曰流金䭷，九曰翔麟紫，十曰奔虹赤。上乃叙其事曰："骨利干献马十匹，特异常伦。观其骨大丛粗，鬣高意阔，眼如悬镜，头若侧砖，腿像鹿而差圆，颈比凤而增细。后桥之下，促骨起而成峰；侧鞯之间，长筋密而如瓣……"神道仗马置数为十，可能与"十骥"传说有关。

唐长安城历来就有北门屯军的传统。北门置仗马，犹如禁苑北门的飞骑。仗马取数为六，似与汉魏以来"天子驾六"制度有关。杜佑《通典》云："昔人皇氏乘云驾六羽，出谷口，或云祇车也。"杜牧《长安晴望》诗云："翠屏山对凤城开，碧落摇光霁后来；回识六龙巡幸处，飞烟闲绕望春台。"

帝陵列置石人以北魏孝宣帝景陵和西魏文帝永陵为最早。唐陵列置石人始于乾陵，位于仗马之北。《唐会要·文武百官朝拜谒班序》载："文武官行立班序，通乾观象门外序班，武次于文，至宣政门。文由东门而入，武由西门而入，至阁门亦如之。其退朝，并从宣政西门而出。"帝陵列置石人所体现的正是宫廷仪规。

自玄宗泰陵始，唐陵的石人有文臣、武将之分：文臣头戴高山冠，身着广袖大袍，手持笏板；武将头戴鹖冠，身着裆，双手拄剑。帝陵列置的石人有十对，与唐朝"朝日"的礼仪相吻合，但其造型和体量存在着很大的差异。

帝陵列置石人取数为二十，似与当时的仪制有关。唐初，天子庙社门、宫殿门每门各列二十四戟。玄宗开元六年(718)，改天子庙社门、宫殿门每门各列二十戟。二十当为最高皇宫仪卫。

图 59　唐玄宗泰陵神道东侧石人　　图 60　唐玄宗泰陵神道西侧石人
　　　　党明放 摄　　　　　　　　　　　　　党明放 摄

　　狮子,古称狻麑,或狻猊。《尔雅》云:"狻猊如虦猫,食虎豹。"并注"即狮子也,出西域。"《穆天子传》:"狻猊日走五百里。"狮子原产非洲和西亚,当地人视狮子为神兽。在古代神话中,埃及曾将狮子用作圣地的守卫。据《后汉书·西域传》记载,汉章帝章和元年(87),安息国"遣使献师子"。安息国,即西亚帕提亚(parthia)王国,属于伊朗古代奴隶制王国。将狮子作为贡品运送到中国与当时佛教东传有关。故自东汉以来,就有以狮子或狮形石兽装饰陵寝。陵前置石狮以示皇权至上,但在流传过程中,融合了中国传统文化,形成了一种石狮文化,不仅仅局限于陵墓,皇宫、园林、住宅、寺庙等场所均有摆放,以满足人们追求平安吉祥的美好愿望。

　　自乾陵开始,以后诸陵四门各置石狮一对,左牡右牝。牡狮卷鬣闭口,牝狮披鬣张口。石狮雄踞陵前,威视神道,给陵园增添了神圣、威严、凛然不可侵犯的气氛,渲染了帝陵的威势和大唐帝国的强盛。

犀牛属嘉瑞动物,曾被古人视作神兽。汉唐时期,西域、南亚和东亚地区的国家曾将犀牛作为贡品献于中国。晋人刘欣期《交州记》云:"犀角通天,向水辄开。"郭璞注《尔雅》:"犀形似水牛,猪头,大腹卑脚,脚有三蹄。"纵观华夏历史,历代统治者无一不重视犀牛。殷周时期,以铜铸犀牛为重器。西汉薄太后薨后,曾以活犀牛殉葬。

獬豸,也称解廌、解豸,或直辨兽、触邪,俗称独角兽,是中国传说中的上古神兽。体形大者如牛,小者如羊,类似麒麟,全身长着浓密黝黑的毛,双目明亮有神,额上通常长一角。考古发现,在秦代之前的文物中,獬豸通常是一角羊的造型,牛形獬豸出现在东汉之后。东汉杨孚《异物志》载:"性别曲直。见人斗,触不直者。闻人争,咋不正者。"东汉王充《论衡》:"一角之羊也,性知有罪。皋陶治狱,其罪疑者,令羊触之,有罪则触,无罪则不触。故皋陶敬羊。"皋陶被奉为中国司法鼻祖,决讼果敢,执法公正,遇到曲直难断的情况,便放出独角神羊,即獬豸,依据獬豸是否顶触嫌疑犯来判定是否有罪。帝陵列置獬豸,具有

图61 唐睿宗桥陵神道东侧獬豸　　陈雪华 摄

知曲直,公平正义的含义。

作为中国传统法律的象征,獬豸一直受到历朝的推崇。相传在春秋战国时期,楚文王曾获一獬豸,照其形制成冠戴于头上,于是上行下效,獬豸冠在楚国一时成为时尚。秦代执法御史也带着这种冠,汉承秦制,到了东汉时期,皋陶像与獬豸图成了衙门中不可缺少的饰品,廷尉、御史等都戴獬豸冠。而獬豸冠则被冠以法冠之名,法官也因此被称为獬豸。到了清代,御史和按察使等监察司法官员都一律戴獬豸冠,穿绣有獬豸图案的补服。

獬豸形象是蒙昧时代以神判法的遗迹。獬豸与法的不解之结,还可从古代"法"字的结构得到解答,古体的"法"字写作"灋",而"廌"即为"獬豸","廌法"二字合为一体,取其公正不阿之意,所以从水,取法平如水之意。清人孙楷《秦会要订补》记载:"侍御史冠獬豸冠。"《隋书·礼仪志》载:"法冠,一名獬豸冠,铁为柱,其上施珠两枚,为獬豸角形。法官服之。"庾信《正旦上司宪府》中有"苍鹰下狱吏,獬豸饰刑官"之句,唐人岑参《送韦侍御归京》亦有"闻欲朝龙阙,应须拂豸冠"之句。獬豸不仅是执法公正的化身,而且还是完美骑士的代表。在唐陵中,石獬豸仅见于唐睿宗桥陵。

虎为百兽之王。臣墓前置石虎最早见于西汉霍去病墓和张骞墓。南朝梁任昉《述异记》载:"汉中山有虎生角,道家云,虎千年则牙蜕而生角。"事实上,汉魏两晋南北朝陵前的天禄和辟邪就是以虎为主体,或是以狮虎相结合营造而成的神化动物。东汉应劭《风俗通义》载:"罔象畏虎与柏,故墓前立虎与柏。"

近年来,考古工作者先后在乾陵北门东侧及定陵北门东侧发掘出小石虎各一尊,在定陵的石虎旁还有一尊驯虎人。

献陵是唐高祖李渊的陵园,位于陕西三原县徐木原上。神道两侧原有石柱一对,石犀一对,四门外各置石虎一对。

石柱位于石虎南380米处,列置于神道两侧,间隔39.5米。东柱通高7.23米,方形石座,四面线刻花纹,座上环雕螭龙,首尾衔接。柱身为八棱面,面宽0.45米,向上收刹,均线刻蔓草花纹,柱盖为八棱形,盖上蹲踞一圆雕狻猊,高约0.9米,前肢挺拔,昂首挺胸,保存较好。西柱埋于地下。

石犀位于石柱北约70米处,东西对列。1960年,东侧石犀迁展于西安碑林博物馆。石犀与石座由一巨石雕成,石座长2.46米,宽1.27米,厚0.24米。石犀体长3.35米,高2.12米,重约10吨。在右前足下刻有"□(高)祖怀□(远)之德"六字。体形硕大,浑圆有力,瞋目闭口,牛鼻独角,遍体麟纹,谓之"皮有珠甲"。

大唐开国君主李渊的祖父名虎,故唐初讳虎为武。加之李渊又标榜自己承继"祖德",所以年号武德,实为"虎德"。高祖驾崩,葬献陵,故以石虎做献陵门兽。

献陵神道西侧石虎体长2.48米,高1.7米,胸宽0.85米,石座长2.34米,宽1.14米,厚0.25米,完好无损,1959年迁展西安碑林博物馆。东侧石虎颈下刻有铭文:"武德拾年九月十一日石匠小汤二记。"东门仅存一尊石虎,西门存两尊,形制相同,体长2.38—2.6米,高约1.8米,胸宽约1米,头大、颈短、背平、尾垂,身躯圆浑,腹下镂空,四足与石座相连,造型凶悍,令人望而生畏。

据当地人讲,在东侧石犀之北,原有石人三尊,通高2.2米,长袍,持笏,惜已不存。

昭陵是唐太宗李世民与文德皇后长孙氏的合葬墓,坐落在陕西礼泉县九嵕山主峰。主要石刻有:昭陵六骏及蕃酋长石像十四尊,均分布在昭陵陵山北司马门内。另有走狮一对,位于昭陵西南十八里处的瑶台寺,究竟是瑶台寺的物件,还是陵、寺二者兼有,目前尚无定论。

"昭陵六骏"是唐太宗李世民在初唐征战中所乘的六匹战马的写

图 62　唐高祖献陵神道东侧石虎　　陈雪华 摄

实性石雕,除两骏流落美国费城宾夕法尼亚大学博物馆外,其余四骏现存西安碑林博物馆。

贞观十年(636)十一月,李世民为了彰显其横扫群雄的绝世武功,就所乘六匹战马形象,诏令阎立德、阎立本兄弟绘制,自己亲撰铭赞,欧阳询书丹,并由工匠镌刻。

昭陵六骏采用高肉浮雕手法,线条流畅,刀工精细,分别雕刻在六块纵1.7米,横2米的石屏上。在雕刻中,尤其突出了六匹战马的不同性格以及在战阵中的不同遭遇。六骏雕成之后,置于昭陵陵山北阙——北司马门内寝殿前的白石台阶上,后代整修时,将其移置于东、西两庑之中,特勒骠、青骓、什伐赤被置于东庑,飒露紫、拳毛䯄、白蹄乌被置于西庑。昭陵六骏属于门仗之马,含有纪念和警示之意。

1914年,古董商卢芹斋以十二万五千美元将六骏中的"飒露紫""拳毛䯄"盗卖,被打碎装箱盗运到美国,其余四骏也曾被打碎装箱,但在盗运过程中被截获。

特勒骠,为李世民于武德二年(619)至武德三年(620)在马邑(今山西朔县)与宋金刚作战时所乘,白喙微黑,毛色黄里透白。"特勒"是突厥族的官职名称,"特勒骠"也可能是突厥族某特勒所赠。李世民的题赞是:"应策腾空,承声半汉。入险摧敌,乘危济难。"现陈列在西安碑林博物馆。

青骓,为李世民平定窦建德时所乘,苍白杂色,前中一箭。李世民的题赞是:"足轻电影,神发天机。策兹飞练,定我戎衣。"现陈列在西安碑林博物馆。

什伐赤,为李世民攻打王世充时所乘。"什伐"是波斯语"马"的音译,纯赤色,也是李世民的坐骑。前中一箭,背中一箭。李世民的题赞是:"瀍涧未静,斧钺伸威。朱汗骋足,青旌凯归。"现陈列在西安碑林博物馆。

飒露紫,为李世民平定东都击败王世充时所乘。色如紫燕,前胸中一箭,正在为战马拨箭的人叫丘行恭。李世民的题赞是:"紫燕超跃,骨腾神骏。气詟三川,威凌八阵。"现藏美国费城宾夕法尼亚大学博物馆。

图63 昭陵六骏之什伐赤　　陈雪华 摄

拳毛䯄，为李世民平定刘黑闼时所乘。黄色黑嘴，体有旋毛，矫健，善奔，为唐州都督洛仁所献，曾以洛仁为马名"洛仁䯄"。初，李世民因此马相不佳，弃之不用。后在李勣的游说下，李世民乘此马平定刘黑闼，竟前中六箭，背中两箭而不倒。李世民回师长安后，竟封此马为平北将军。拳毛䯄死后葬五峰山，李世民的题赞是："月精按辔，天驷横行。孤矢载戢，氛埃廓清。"现藏美国费城宾夕法尼亚大学博物馆。

白蹄乌，为李世民于武德元年（618）在浅水原（今陕西长武县东北）平定薛仁杲时所乘。毛色纯黑，四蹄俱白，昂首怒目，鬃鬣迎风，呈疾驰之状。李世民题赞曰："倚天长剑，追风骏足。耸辔平陇，回鞍定蜀。"现陈列在西安碑林博物馆。

永徽年间，高宗下诏为昭陵刻制十四国藩王酋长石像。《唐会要·陵议》载："上欲阐扬先帝徽烈，乃令匠人琢石，写诸藩君长、贞观中擒伏归化者形状，而刻其官名。"计有：突厥颉利可汗右卫大将军阿史那出苾、突厥颉利可汗右卫大将军阿史那什钵苾、突厥乙弥泥孰候利苾可汗右武卫大将军阿史那李思摩、突厥都布可汗右卫大将军阿史那社尔、薛延陀真珠毗伽可汗、吐蕃赞普、新罗乐浪郡王金贞德、吐谷浑河源郡王乌地也拔勒豆可汗、慕容诺曷钵、龟兹王诃黎布失毕、于阗王伏阇信、焉耆王龙突骑支、高昌王左武卫将军曲智盛、林邑王范头黎、帝那伏帝国王阿罗那顺等十四人，列于陵司马北门内，九嵕山之阴，以旌武功。

昭陵十四国藩王酋长石刻像代表着十一个民族十四个国家。他们中，有的是被擒获的，有的是归顺的，有的是通好的。李世民不但未杀他们，有的反而还封官送还，让其继续统治自己的民族。这不仅体现了唐朝跟邻邦之间的友好关系，更体现了李世民开拓中西交流，反对外来侵略，志在实行国家统一的功绩。由此，很快就出现了安定团

第九章 陵寝石刻

图 64　昭陵十四蕃君石像之三（背面）　李浪涛 摄

结、邻邦友好、国家统一的局面，促进了国家与国家、民族与民族之间的政治、经济和文化的大交流、大融合、大发展。

乾陵是高宗和武则天的合葬陵墓，坐落在陕西乾县梁山主峰。其石刻体量硕大，雕刻精致，数量之多，种类之繁，代表了唐代高度发展的文化和石刻艺术，堪称我国古代雕刻艺术的瑰宝，被誉为"露天石雕博物馆"和文物界的"三峡工程"。现存石刻124件，其中司马道共99件，以乳峰双阙间为起点，分东、西两边依次向北排列：

石柱一对，分别位于乾陵第二道天然门内。乾陵东侧石柱通高7.67米，柱身通高5.73米，底部棱面宽0.49米，柱顶通高1.2米。西侧石柱通高7.47米，柱身通高5.68米，底部棱面宽0.46米，柱顶通高1.07米。每座石柱重约40吨，由础座、柱身和柱头三部分组成。覆莲十六瓣座,八棱柱身,柱身向上斜收,棱面最宽处0.49米。柱身上下交接处均雕有莲瓣,每个棱面都刻有精致的蔓草海石榴纹饰。仰莲托火珠顶,础座为方形,代表大地;柱头为圆球形,代表苍天;中间的八棱柱身代表八卦所表示的八个方位。整个造型具有典型的中国民族传统的雕刻风格,体现了唐人"天圆地方"的宇宙观念。

翼马一对,分别位于石柱北约30米处。两马相对而立,东西相距26米,均用巨型墨玉石雕琢而成,属于典型的波斯马体态,昂首突目,姿态骏逸,大有腾云驾雾之势,给人一种望而生畏的感觉,带有犍陀罗式雕刻风格。东侧翼马残高2.31米,长2.90米,胸宽1.18米;西侧马高3.45米,长3.53米,胸宽1.2米,重约40吨,头上有角,直刺当空。两侧翼面重叠涡卷,棱线分明。东侧翼马圆润细腻,面部花纹以流畅的涡线弧面构成,手法柔和,刀法洗练,属于典型的阿旃陀石刻风格。础座共有三层,最上层东西长3.02米,南北宽1.22米,高0.24米;中间东西长3.31米,南北宽1.45米,高0.57米;最下层多半已被埋入地下。在翼马石座的两侧分别线刻着精致的行龙图、狮象图和双獬豸图。

图65 乾陵神道东侧翼马　　党明放 摄

鸵鸟一对，分别位于翼马北23.6米处，为镂空半立体浮雕。两鸟各雕在高2.08—2.26米，宽1.64—1.72米，厚0.36—0.38米，重约9.60—9.80吨的石屏上。鸟高1.73—1.76米，宽1.32—1.38米，厚0.40—0.42米。鸟作行进状，羽毛丰满，生动自然。两鸟各损折一腿。为了突出鸵鸟在空间中的质感，在雕刻中有意将鸵鸟的一只腿雕成圆锥形，并使之与身体的浮雕部分连为一体，充分显示出了工匠的聪明智慧。

图66　乾陵神道西侧鸵鸟　　　　　党明放 摄

武则天曾视鸵鸟为"圣君世，祥瑞出"的标志。在唐陵石刻群中，鸵鸟皆为高浮雕，并将其设计成足踏仙山的姿态。鸵鸟与翼马、犀牛皆表现"怀远"状，它们在神道前共同构成一个出行的祥瑞组合。

仗马及牵马人五对，分别位于鸵鸟之北18.50米处，且依次向北排列，每对相距约18米。除西列南数第四匹完整外，其余皆残缺，尚有一马下落不明。完整仗马高1.95米，长2.60米，宽0.94米。马嘴衔镳，背披鞍袱，置鞍镫，蹄与石座相连。牵马石人立于马头之北，两边残存各三尊（均缺头），身着紧袖武士服，着束带靴，双手置于胸前作牵缰状。

图 67　乾陵神道东侧仗马　　　　陈雪华 摄

石人十对，分别位于仗马之北 17.70 米处，且依次向北，每对相距约 18.50 米，皆圆雕，为高宗葬礼的仪仗队。身高 3.75—4.16 米，胸宽 1.00—1.32 米，侧厚 0.64—0.90 米。石人皆高额粗颈，雍容大方，戴冠束带，宽袍广袖，双手握剑，并足恭立，面目表情富有生气，神态各异，气宇森然。与陕西彬县大佛寺和山西云冈石窟同属一个体系，具有明显的印度阿旃陀石刻艺术风格。

述圣纪碑一通，位于石人北 17.40 米处，朱雀门西阙楼之前 21.60 米处，与无字碑东西对称，两者相距 61.60 米。碑身通高 6.78 米，碑身断面呈方形，边长 1.86 米，碑座长宽均为 2.97 米，裸露地面 0.38 米，总重约 89.60 吨。整座碑由七块巨石组合而成：碑身为五块，有榫扣接；碑顶一块，庑殿式顶盖，下方西南和东南角各雕刻一蹲踞力士；碑座一块，雕有獬豸及蔓草花纹。当地人称之为"七节碑"。其节数取自"七曜"，即日、月、金、木、水、火、土，意为唐高宗"文治武功"如七曜光照天下。

图 68　乾陵神道石人　　党明放 摄

《来斋金石刻考略》载,述圣纪碑碑文为武则天撰写,中宗李显书丹。碑文原刻四十六行,竖行,每行一百二十字,约五千六百字,今存一千六百余字。文字初刻时填以金屑,金光闪闪。由于年代久远,除碑身第一石无字、第四石剥蚀外,第二、三、五石阳面阴刻。原碑已仆倒,1957年扶复原位。碑文主要内容叙述高宗李治的生平史略。从现存文字可以看出以下几点:

一、高祖李渊顺天应时,叛隋兴唐;二、太宗李世民平定战乱,奠定贞观盛世之基业;三、皇后怀高祖时有吉祥之兆;四、高宗李治被

图 69　乾陵神道西侧述圣纪碑　　党明放 摄

立为皇太子之原因；五、叙述太宗对外战败后诏令高宗总知军国事；六、太宗患病后嘉奖高宗孝行；七、太宗驾崩；八、高宗在位时之文治武功；九、高宗老来企求长生不老之术；十、高宗驾崩；十一、高宗遗嘱。

　　述圣纪碑具有很高的历史价值和艺术价值，现已得到了妥善的保护。

无字碑一通,位于石人北17.40米处,朱雀门东阙楼之前21.60米处。在历史上,于帝王陵墓前立无字碑当以乾陵为最早。碑身由一块完整的巨石雕成,通高8.03米,碑高6.54米,宽2.10米,厚1.49米,座东西长3.38米,南北宽2.46米,高1.49米,裸露地面1.07米,总重约98.84吨。碑首刻有八条绕缠的螭龙,螭龙嘴微开下垂,鳞躯浑圆,似龙在天,神气荡然。左右龙爪相托形成圭形碑额。碑身两侧线雕大云龙纹,谓之升龙图,意即皇帝功高德大。龙高4.12米,宽1.19米。龙头双角分开,后饰须发,凤目圆睛,张口吐舌,獠牙上弯;龙颈饰几何图案并珍珠;龙肩饰双条飘带;龙躯蜿蜒腾越,背有长鳍至尾,以脊骨相间。前左爪扬伸头后,前右爪向下反撑;后左爪上托,后右爪下蹬,锋劲尖利,气势夺人。腿有须毛,尾呈S形从内侧绕过后右腿置于身体下方。四周均雕刻立式如意云头。升龙图可能与乾卦"九五"爻有关。《易经·乾卦》:"九五,飞龙在天,利见大人。"释曰:"飞龙在天,上治

图70 乾陵神道东侧无字碑　　　　　陈雪华 摄

也。"龙飞上天,位居正中,有君德有君位,有国家有天下,是最高的统治者。后以"九五"之象借指帝王。这块无字碑上的升龙图,正是飞龙在天刹那间最生动最传神的写照,具有帝王至尊的意义。蚨座阳面正中线刻狮马图,长2.14米,宽0.66米。图中雄狮昂首挺立,神态威严。而马俯首屈蹄,安然就食。整个无字碑浑然一体,不愧为历代群碑之冠。

无字碑因其无"字"而著称。千百年来,猜测纷纭,主要有:"德大说""自惭说""称谓说""非碑说"及"遗言说"数种。仔细观察无字碑,其阳面自上而下布满了4.5厘米见方的格子,每行四十四格,共九十五行,根据留在碑面上的方格计算,碑文约四千二百字。至于为何没刻字,想必是有个中原因的。

宋金元及明朝游人吟咏诗篇刊刻其上。题刻者凡三十九人,共四十二段。其中阳面三十三段,阴面十段,起于宋,终于明。最早的一段题刻是北宋崇宁二年(1103),内容为:"开封王谷正叔按行边部,南还京兆,道经奉天,同邑尉李定、应之恭拜乾陵。时男仅从行。崇宁癸未季冬初八日题。"最晚的一段题刻是崇祯六年(1633),内容为:"成都范文光仲闇,居邻五载,数登乾陵。崇祯六年上巳,复同侄萃华、彬友秦廷辅、赵衍基、乾友张吾智、马以恕来游。"明朝以后,该碑仆倒于地。

题刻分记游题词和抒怀题词。真、草、隶、篆、行诸体皆备,字体端秀,章法严谨,笔力险峻,超神入妙。抒怀类最珍贵的当为刊刻在碑阳正中的《大金皇弟都统经略郎君行记》,女真文书写,共五行,旁有汉字译文,内容为金朝天会十二年(1134)重修乾陵殿庑的记载。周围有6.2厘米宽的线刻蔓草纹饰及飞狮图案组成的边框,高1.42米,宽0.92米,当为碑中之"碑",而且居碑正面显著位置,从而反映出刊刻者的不同凡响。

第九章　陵寝石刻

图71　乾陵无字碑上女真文题刻拓本　　刘向阳 提供

在题刻上部正中间是十二个阴文篆书汉字："大金皇弟都统经略郎君行记",分三行竖刻,每行四字。正文右边五行是女真文字,左边是汉楷译文,其文如下:

大金皇弟都统经略郎君,向以疆场无事,猎于梁山之阳。至唐乾陵,殿庑颓然,一无所睹。爰命有司,鸠工修饰。今复谒陵下,绘像一新,回廊四起,不胜欣怿,与醴阳太守酣饮而归,时天会十二年岁次甲寅仲冬十有四日。尚书职方郎中黄应期、宥州刺史王圭从行,奉命题。右译前言。

207

1995年秋,陕西考古研究所对碑亭遗址进行了发掘。无字碑亭为一面阔15.80米,进深15.55米的九间方形碑亭。台上四周共有柱础十二个,柱础为0.06—0.07米见方的青石,个别柱础中心还有榫眼。在碑亭的四周有宽1.45米的砖砌散水,在散水的外沿将砖斜竖露出砖角,以防散水松动外移。

关于"无字碑"碑石的来源,《长安志图》和《金石粹编》均说是于阗国所贡。于阗,即今新疆和田。试想,远在千里之外,给大周女皇贡上一块百吨巨石,确实值得怀疑。事实上,乾陵地面上所有石刻都是就地取材,在陵区西乳峰之南崖断面上就有取材加工的遗迹。经化验,石刻的质地与此地山石的质地相同。

据考证,唐代帝陵向无立碑之礼。所以,乾陵的"无字碑"和"述圣纪碑"都不是碑。确切地说,"无字碑"是"祖","述圣纪碑"是"社"。"无字碑"是唐朝皇帝的祖宗牌位,"祖"代表"宗庙",所以,不写文字。又"无字碑"居左,"述圣纪碑"居右,与古代"左祖右社"礼制相符。

蕃臣像六十尊,位于朱雀门东、西阙楼之北,皆为圆雕。多为圆领袍服,腰束宽带,足蹬皮靴。原置六十四尊,现存六十尊,其中东群实有二十九尊,内五尊残缺较甚;西群实有三十一尊,均分四行排列。在这些石像中,除两尊头部残存外,其余均已缺头。而残存头部者为高鼻、深目形象。初置侧殿,东西相对,石像置于殿中。后来殿毁,今存遗址。1997年7月至10月,经陕西省考古研究所清理发掘,东侧蕃臣殿基址东西长19.70米,南北宽12.80米,面阔三间,进深三间;西侧蕃臣殿基址东西长20.65米,南北宽12.50米,面阔三间,进深三间。北侧有一偏房,长12.60米,宽12.50米,其北面之墙设计成夹层。遗址内有大量的残砖残瓦残脊兽及彩绘墙皮等。

这些石人一般高1.65—1.85米,宽0.54—0.65米,础座0.85—0.90米,裸露地面0.08—0.21米。初建时,石人像背部均刻有姓氏、职衔、

图 72　乾陵神道西侧藩臣像群　　陈雪华 摄

族别及属国等文字。北宋元祐年间,陕西转运副使游师雄在考证乾陵石人像背面所铭文字的过程中,访得当地旧家所藏石人背部铭刻拓本,命人复录转刻成四块石碑,分立于东西两边石人像前,后石碑不知去向。元代李好文在编撰《长安志图》时觅得游师雄所刻三块石碑,补为三十九人。清初叶奕苞《金石录补》记为三十八人。清乾隆年间,陕西巡抚毕沅在编写《关中金石志》及《关中胜迹图志》时,已经访得奉天旧家藏之拓片,摄录三十六人。因年久剥蚀,目前仅能辨清字迹的有:木俱罕国王斯陀勒、于阗王尉迟敬、吐火罗王子特勒羯达健、吐火罗叶护咄伽十姓大首领、盐泊都督阿史那忠节、默啜使移力贪汗达干、播仙城主何伏帝延、故大可汗骠骑大将军行左卫大将军、昆陵都护阿史那弥射等七人。石刻人物长袍窄袖,腰束宽带,足登尖头靴,双手前拱,披肩的波纹自然活脱,与衣褶一起和谐地表达出了人物的形体,富于质感。后经武汉大学陈国灿教授考补为三十六人。

据《唐六典》记载,唐王朝作为当时亚洲国势最强大、文化最发达的一个多民族大国,最兴盛时期与三百多个国家和地区建立了友好往来关系。《陕西通志》载:"高宗之葬,诸蕃酋来助者甚众,武后不知太宗之余威遗烈,乃欲张大其事,刻之以夸耀后世也。"就是说,埋葬高宗时,他们是六十一个友邦和少数民族特派前来参加葬礼的诸少数民族首领或使者。武则天为向后人夸耀自己的盛威,才将这些王宾刻石立像的。而日本学者足立喜六《长安史迹研究》一书认为"是乾陵营造之际来助工役的人"。其实,这些都是误导。从考证出姓名的三十五人可知,他们是唐王朝属下的各族官员或质宿京师的诸属国国王、王子、大将军及十二卫将军,还有受命兼任西北地区边境少数民族的首领。这些人的官品一般都在三品以上,有的甚至官居一品。当时在立像时,其中的十一人已经亡故。而真正的客使只有三名,他们是武则天朝东突厥族可汗默啜派到长安来的使臣移力贪汗达干、漠贺达干和吐蕃使大宰相相西曩热,他们是为了求婚而来的民族使者。至正二十四年(1364),朱元璋的军师刘伯温西征经过乾陵时,曾作诗《元朝》:"蕃王俨侍立层层,天马排行势欲腾;自是登临多好景,岐山望足看昭陵。"诗中的"蕃王"便是这些石人名分的称谓,其实,称"蕃臣"更符合历史事实。

关于六十蕃臣石像断头的问题,一种流行的说法是,乾陵的石雕采天地之灵气,集日月之精华,所雕石人石马成神成精成妖,肆意践踏田间的庄稼,吞食牛羊,当地人非常气愤,遂聚众将这些石人头全部砸掉。这种说法给文物古迹蒙上了神秘的色彩。其实,这是一种愚弄人民的说法。

明成化四年(1468),右副都御史兼陕西巡抚马文升在咏乾陵的诗中写道:"禁垣有址荒秋草,殿寝无痕毁劫兵。独有数行翁仲在,夕阳常伴野农耕。"乾陵尽管已"殿寝无痕",但"独有数行翁仲在",说明地面上的石人还基本完好。明弘治六年(1493),甘肃庆阳人李梦阳在参加陕西乡试后,返回途中曾游乾陵,并作《乾陵歌》,其中云"强弩射之妖亦死,至今剥落临道旁"。嘉靖六年(1527)二月初四,有人在乾陵无字碑上题诗云:"则天虐炎今何在,殿台焚烧石兽崩。"到了清乾隆年间,邑人吴玉就有"鬼磷乱明灭,翁仲纷颠倒"的诗句。由此可见,乾陵石人断头的时间应在明代成化四年(1468)至弘治六年(1493),或嘉靖六年(1527)之间。

2017年8月,"古代东亚的都城与墓葬国际学术研讨会"在陕西西安召开,陕西省考古研究院研究员张建林先生作了题为"唐代帝陵蕃酋像"的报告。报告称,截至目前,已经从唐睿宗桥陵、唐肃宗建陵、唐敬宗庄陵及唐武宗端陵等神道石狮南侧发掘到蕃酋石人像二百多件。据此推断,蕃酋像当属唐帝陵石刻组合内容。

需要强调的是,在唐陵蕃像中,更重要的是臣服者和受宠者。

乾陵内城四门各置石狮一对,现位于青龙门和朱雀门的

图73 乾陵朱雀门东侧石狮 党明放 摄

完好无损;西门有一尊完好,另一尊可能被没入地下;玄武门二尊不见踪影。其中,朱雀门两狮相距约16米。东侧狮高3.02米,胸宽1.50米,长2.32米。座分为两层:上座长2.35米,宽1.40米,高0.29米;底座长3.30米,宽1.65米,高1.08米。西侧狮高2.77米,宽1.76米,长2.83米。座也分为两层:上座长2.60米,宽1.42米,高0.29米;底座长

3.33米,宽1.66米,高1.13米。两狮均重约40吨,造型呈金字塔状,身躯后蹲,昂首挺胸,前肢劲拔,胸肌丰腴发达,巨头卷毛,硬额浓眉,阔口利齿,舌顶上腭,突目隆鼻,整个造型浑厚雄健、威猛异常,给人以器宇轩昂之感。

玄武门仗马六匹,分东西排列,除西侧的一匹较为完整外,其余皆残。天子所乘"六马"即"六龙"。杜牧《长安晴望》诗写道:"翠屏山对凤城开,碧落摇光霁后来;回识六龙巡幸处,飞烟闲绕望春台。"

玄武门石虎一对,位于石狮之北仗马之南,分东西排列。东侧头残腿残,西侧仅存基座。

在唐朝,人臣墓列置石羊、石虎。置石羊,意为君主希望人臣能像绵羊一样温顺,而置石虎,则是希望人臣像老虎一样为君主服务。自武则天之后,在唐陵北门再没发现列置石虎,这就成了帝陵列置石刻内容转折的一个重要标志。

图74 乾陵玄武门石虎　　党明放 摄

第九章 陵寝石刻

在体量及雕刻艺术上,初唐时期的献陵、昭陵的石刻孔武有力,具魏晋南北朝遗风。盛唐时期的乾、定、桥诸陵石刻,体量庞大,精雕细刻。中唐时期的泰、建、元、崇、丰、景、光、庄诸陵,尽管在石刻中出现了相对而立的持笏文臣和挂剑武将形象,但整体制作粗疏,体态无力,反映"安史之乱"后,大唐帝国政治及经济由盛转衰。晚唐时期的章、端、贞、简、靖诸陵,石刻体量瘦小,精神委顿,从侧面反映出了唐王朝政治、经济、文化及艺术的日益窘迫。

南北宋陵的石刻比较整齐划一,数目及排列次序相对固定。神道自南而北依次由鹊台、乳门、神道及石刻群等部分组成。鹊台分左右,相对排列,四周围砌砖石,上建楼观,系上宫的门户。上宫是谒陵祭祀场所。由此往北约一百五十米,便是乳门。乳门之处,便是神道的通道。神道两边列置石刻:石望柱一对,石象及驯象人各一对,瑞禽一对,角端一对,石马两对,控马官四对,石虎与石羊各两对,蕃使像三对,文臣两对,武将两对,南门置镇陵武士将军、石奔狮各一对,东、西、北门各置石狮一对,内侍一对,宫人一对。在陵台前,另有上马石石刻一对。皇后陵石刻列置于神道两侧,自南而北依次为:石柱一对,石马一对,控马人两对,石虎两对,石羊两对,文臣一对,武将一对,宫人一对。神道门口各列置石狮一对。

北宋七帝八陵原有石刻(不包括后陵)约五百一十二件,现存石刻四百零七件,其中残损者三十三件。皇后陵现存石刻三百三十六件,其中残损者五十一件。陪葬墓现有石刻六十九件,其中残损者十九件,总共八百一十二件。此外,还有宋碑及墓志铭百余方。在帝陵及后陵的石刻中,除上马石石座为单层、石柱石座为两层外,其余石刻的石座均为三层。

北宋帝陵石刻分早、中、晚三期。早期包括永安、永昌、永熙、永定四陵，雕刻手法严谨，风格简练；中期包括永昭、永厚两陵，雕刻手法细腻；晚期包括永裕、永泰两陵。总体评价：石马丰满圆润，石羊温顺俊美，文臣温润尔雅，武将器宇轩昂。当地流传着"东陵（永裕）狮子西陵（永泰）象，滹沱（永昭）陵上好石羊"的说法，正好验证北宋帝陵石刻的精美程度。

石望柱，为方型莲花基座，六棱或八棱柱身，自下而上逐渐收刹。河南巩县北宋诸陵现存石望柱十五件。永昌陵石柱有八个棱面，可分为三组。其一，以四个棱面为单位，构成云龙纹；其二，以两个棱面为单位，构成长颈鼓腹瓶，内插松枝；其三，以两个棱面为单位，构成云龙周旋绕柱。永昭陵石柱系单线阴刻，八个棱面为一个构图单元，上刻龙盘柱，线条细腻，技法娴熟，为宋陵石柱佳作之一。

石象与训象人为帝陵所特有。神兽大象作为贡品进入中原，隋唐时期就有外域使者贡奉白象的记载。北宋时期，贡奉白象或象牙更是不绝于书。石象体态雄健，四腿如柱，长鼻委地，背负鞯褥，中刻莲花槽。永熙陵石

图 75　宋哲宗赵煦永泰陵神道石望柱
　　　　曹红卫 摄

象鞯褥两端浮雕怪兽相斗图，雕刻精巧，形象生动。驯象人身着紧身束腰长短袍，双手拱在胸前，神情专注。帝陵列置石象，有祈求江山稳固的政治含义。

瑞禽石屏是宋陵特设，浮雕，其造型为：马面、龙身、凤尾、鹰爪，背有双翼，羽然而出，背景衬以山岳，野兽出没期间，与之遥相呼应。考察宋陵其他瑞禽碑首，有圆额，有平头，还有圭形。而宋哲宗永泰陵瑞禽石屏碑首形似八角形，四面平直，纹饰疏朗，具有很强的装饰性。整体刻工精细，生动别致。北宋诸陵现存碑形瑞禽石刻十四件。

图 76　宋太宗永熙陵石象与驯象人　曹红卫 摄

图 77　宋哲宗永泰陵瑞禽石屏　　　曹红卫 摄

角端，造型为麒麟头狮子身独角长尾四爪，其貌可畏。前唇或卷或伸，胸部刻有翼翅，或火焰纹。《宋书·符瑞下》载："角端者，日行万八千里，又晓四夷之语，明君圣主在位，明达方外幽远之事，则奉书而至。"清人王士祯《陇蜀余闻》云："角端，产瓦屋山，不伤人，惟食虎豹。山僧恒养之，以资卫护。又近于渠搜发献鼠犬。人常置其石造像于门，驱邪也。"角端与麒麟、辟邪、天禄、獬豸等，共同构成了我国封建王朝的嘉瑞体系。宋朝视角端为"辅国安邦"的神瑞之物。宋陵列置角端，具有颂扬帝王圣明之政治含义。北宋诸陵现存角端十四件，前期雕刻质朴有力，后期雕刻臃肿失度。

第九章　陵寝石刻

图78　宋太祖赵匡胤永昌陵甪端　　　曹红卫 摄

仗马为仪仗之用，通身雕饰鞍、鞯、褥、羁、蹬、带及缰绳等，造型雄健，但有雄壮与修长之分。四个控马官分立仗马两侧，身着紧身袍，前襟挽于腰际，后襟拖地，头戴幞头，手执马鞭或拂尘，象征着"大朝会则执仗以卫阶陛"的仪卫。

图79　宋真宗赵恒永定陵仗马及控马官　　　曹红卫 摄

217

石虎与石羊，造型生动，雕刻精美。石虎为蹲姿，威武雄壮，作咆哮状，长尾盘曲。石羊面目清秀，体态修长。永昌陵和永安陵的动物造像体量很大。

身着民族服饰的客使，为参加北宋帝王葬礼的代表。其雕刻手法精妙。永昌陵客使长脸丰满，目光前视，须髯浓密，身着紧身短袍，腰间束带，脚蹬尖头毡靴，而各陵客使手捧之物有别：或犀角，或象牙，或宝瓶，或花盘，或书函，或玉印等。

文武朝臣石刻，象征着宫廷百官朝仪。文官持笏站前，武将挂剑立后，分别恭立于神道两侧。太祖朝推崇文臣，抑制武将，故文官站前，武将立后。

宫人、内侍像列于神道两侧。宫人位于神道西侧，眉目细长，双肩瘦削，拱手而立；内侍位于神道东列，神情拘谨，体态微胖，手执拂尘。

石狮，尤以永裕陵朱雀门石狮最为精湛，虽不及唐陵的高大精美，但也雄健生动。

图80　宋太宗赵光义永熙陵石狮　　曹红卫 摄

第九章 陵寝石刻

上马石,位于朱雀门神道两侧,各陵列置位置相同。永裕陵东侧上马石长 1.78 米,宽 0.92 米,高 0.87 米,平面刻回形纹饰,中浮大盘龙,四侧雕游龙纹或云纹。

图 81 宋神宗赵顼永裕陵上马石　　曹红卫 摄

在宋陵陵区,还陆续出土了八件生肖石像:

石狗一件,出土于宋真宗永定陵西神墙外,青石质,须弥座,素面磨光。座长 0.47 米,宽 0.32 米,高 0.47 米。石狗体长 0.3 米,胸宽 0.17 米,高 0.2 米,翘首垂耳,屈腿卷尾。

石鼠一件,出土于钦圣宪肃向皇后陵北神墙外,青石质,石座素面磨光,四周雕宝山纹。座长 0.18 米,宽 0.11 米,高 0.245 米。石鼠体长 0.155 米,鼠身前高后底,目视前方,昂首屈肢,神态可掬,趴伏于宝山上。

石牛一件,出土于钦圣宪肃向皇后陵北神墙外,青石质,石座下部素面磨光,座长 0.19 米,宽 0.13 米,高 0.235 米,四面雕饰宝山纹,石牛体高 0.165 米,屈肢跪卧,昂首前视,神态自如。

石猪一件，出土于钦成皇后朱氏陵园，青石质，石座长 0.185 米，宽 0.106 米，高 0.27 米，下部素面磨光，上雕宝山纹，间隔涂抹有红、绿颜料。石猪体高 0.11 米，立姿，高脊垂腹，长嘴拱地，形象生动。

石兔一件，出土于昭怀刘皇后陵园，红石质，石座长 0.23 米，宽 0.18 米，高 0.295 米，下部素面磨光，上雕宝山纹。石兔高 0.06 米，昂首屈肢，长耳贴身，趴伏于石座之上。

石鸡一件，出土于商国公主墓西侧，红石质，石座长 0.22 米，宽 0.165 米，高 0.22 米，四周饰宝山纹。石鸡身高 0.13 米，作屈腿伏卧状。

石龙一件，出土于商国公主墓北侧，红石质，石座长 0.21 米，宽 0.19 米，高 0.08 米，四周雕有水波纹，龙作头下尾上，缠绕于座上。

石猴一件，出土地址不详，灰色砂石质，石座长 0.23 米，宽 0.12 米，高 0.18 米，素面磨光。石猴瘦身长尾，作趴伏状。

北宋帝后陵寝四周设置生肖石像，此制在汉唐时期并不曾见，应该属于北宋帝陵所特有。

第三节　明清时期

明皇陵是朱元璋父母的陵墓，位于安徽省凤阳县城南七公里处。历时十年竣工。陵前神道总长 257 米，神道两侧列置石刻三十二对，自外向里依次为：麒麟两对、石狮八对、石柱两对、石马及控马官四对、石虎四对、石羊四对、文臣两对、武将两对、内侍两对。部分残损严重。这些石雕造型逼真，刻工精细。朱元璋在位时，多次车驾凤阳祭拜皇陵。

明孝陵是开国皇帝朱元璋与皇后的合葬陵，坐落在南京钟山南麓，在全长约 800 米的神道两侧对称地排列着石刻四十件，构成威武雄壮的队列，使皇家陵园显得更加圣洁、庄严、肃穆。其中：石柱一对、文臣三对、武将三对、站马一对、卧马一对、站麒麟一对、卧麒麟一对、

第九章 陵寝石刻

图 82　安徽凤阳明皇陵仗马及控马官

站象一对、卧象一对、站骆驼一对、卧骆驼一对、站猊一对、蹲猊一对、站狮一对、蹲狮一对。所有石像皆以整块石料雕成,不刻意形似,而注重神似,风格粗犷、雄浑、朴拙、威武,气度非凡。

图 83　南京明孝陵神道石柱　　党明放 摄

从孝陵开始，陵前神道石刻不再使用北宋帝陵惯有的石虎、石羊，而采用了具有震慑力和警卫力量的狮、象、马、麒麟、骆驼及獬豸，并且每一种动物都是一对立姿，一对卧姿。石人又分为文臣和武将两类，各分有须和无须两种。而之后的十三陵的石刻只是在文臣之后增加了一对勋臣而已。

位于北京市昌平区天寿山南麓的明十三陵，是明朝迁都北京后十三位皇帝的陵寝所在。依次为：明成祖朱棣长陵、明仁宗朱高炽献陵、明宣宗朱瞻基景陵、明英宗朱祁镇裕陵、明宪宗朱见深茂陵、明孝宗朱祐樘泰陵、明武宗朱厚照康陵、明世宗朱厚熜永陵、明穆宗朱载垕昭陵、明神宗朱翊钧定陵、明光宗朱常洛庆陵、明熹宗朱由校德陵、明毅宗朱由检思陵。

明十三陵神道由石牌坊、大红门、碑楼、石像生及龙凤门组成。一条长达七公里的神道直达长陵，因受地理因素制约，诸陵神道皆接在长陵的神道之上，谓之十三陵总神道。最南端为一座高 16 米、面宽 29 米的六柱五间十一楼的青白石牌坊，初为彩绘，今已剥蚀。它并非长陵的原有建筑，而是大明第十位皇帝嘉靖所建。其后为下马碑（或称下马牌），碑高 4.45 米，正反两面皆刻"官员人等至此下马"字样，分别位于神道两侧。凡来祭陵者，不论官阶高低，皆须在此下马，步行进入陵区。大红门一座，制如宫门，三洞式，单檐庑殿式建筑。门两侧是连接长达八十里的围墙。

长陵神功圣德碑亭一座，重檐歇山式建筑，正方形，四面各辟一门，高约 10 米，建于宣德十年（1435），内立神功圣德碑一通，螭首龟趺，高 7.91 米，青白石质。碑阳刻有明仁宗朱高炽为其父永乐皇帝朱棣撰写的碑文，三千余字。碑阴刻有清乾隆皇帝御笔《哀明陵三十韵》，款刻乾隆御宝二方：朱文"古稀天子之宝"，白文"犹曰孜孜"。碑东侧刻有高宗于乾隆五十二年（1787）御制诗，款刻御宝二方，篆文及款式同《哀明陵三十韵》。碑西侧刻有仁宗于嘉庆九年(1804)御制文,款刻御宝两方:朱文"嘉庆御笔",白文"心传基命"。

在长陵神功圣德碑碑亭四隅,分别立有四通汉白玉华表,柱身雕龙及云龙纹,顶部均有蹲姿异兽(俗称望天吼)一尊。两两相对,面南者称望君出,面北者称望君归。

下马碑(亦称下马石牌)两座,位于石牌坊之北。青白石材质,基座为正方形,边长2.5米,高0.5米。牌身高4.1米,宽1.05米,厚0.26米。碑的正反两面刻有意思相同的满汉文字:诸王以下官员人等至此下马。在下马石碑之北,有东西班房各一座。

图84　清顺治孝陵下马碑　　　　党明放 摄

神功圣德碑亭,或称大碑楼,系重檐歇山式,上覆琉璃瓦,屋顶螭吻,檐头钉铜帽,四面各辟拱券式门洞。碑亭基座平面为正方形,均高1.1米,面阔均28.76米,碑亭下为须弥座,亭内屋顶的天花板上绘莲花水草。亭内碑身为长方体,被形塑为交结蛟龙状,额篆"大清孝陵神功圣德碑"。碑身阳面,以满汉两种文字歌颂世祖的一生功绩。碑文由康熙亲撰。碑高6.7米,宽2.18米,厚0.73米。碑趺为龙首龟趺,高2.03米,宽2.4米,长5.15米。碑亭四角立有四根汉白玉石柱,名曰华表,或称擎天柱。柱的四周围有石栏。据《钦定大清会典事例》记载:"(栏柱)高二丈五尺,径四尺二寸,座高五尺二寸,径八尺七寸,四周石栏,各高五尺五寸,各面广一丈四尺七寸。"柱下须弥座,柱身雕蟠龙,头上尾下,周围祥云。柱顶为承露盘,横插云板一块,上雕蹲龙一只。自景陵始,改称"圣德神功碑",取"祖有功而宗又德"之意。石柱一对,通高7.17米,柱面为正六棱形,面宽0.65米,周身雕刻祥云。石像生十八对。孝陵的石像生在清陵中规模最大,在全长870米的神道上列置十八对,皆为须弥座。依次为:卧、立狮子一对,卧、立狻猊一对,卧、立骆驼一对,卧、立大象一对,卧、立麒麟一对,卧、立马一对,以及文臣三对,武将三对。文臣头戴貂帽,身佩香囊,前、后胸部各缀正一品的仙鹤方补一块,颈挂朝珠,脑后垂发辫。武将头戴战盔,左侧挎刀,身披甲胄,上饰四团正龙补服,前、后胸及左、右肩各一团。文臣武将富有满族特色。

图85　清顺治孝陵神道石柱与石像生　　党明放 摄

第十章　陵寝祭祀

祭祀，即"享"，或称"荐"，指献酒食于神灵，祈祷得到神灵的护佑，进而消灾获福。祭祀是将人与人之间奉答酬报的关系推展到人与神之间。在帝王陵寝制度中，祭祀指庙祭，丧葬时指陵祭，而庙祭与宗庙制度密切相关。

宗，尊也；庙，貌也。所谓"宗庙"，即先祖形貌所在，指的是祖先神庙。宗庙是古代帝王、诸侯或大夫、士人祭祀祖宗亡灵的主要场所。《中庸》云："宗庙之礼，所以祀乎之先也。"《礼记》云："君子将营宫室，宗庙为先。"帝王的宗庙制度是天子七庙，因其地位神圣，而被列为国家大典。汉朝的法律规定，凡擅论宗庙者，以大不敬论处。

第一节　祭祀典礼

《礼记·祭统》云："凡治人之道，莫急于礼；礼有五经，莫重于祭。"《论语·为政》云："子曰：'生，事之以礼；死，葬之以礼，祭之以礼。'"礼，起源于原始先民的仪式活动。礼，也是社会制度和道德规范的总称。先民以祭祀之事为吉礼，丧葬之事为凶礼，军旅之事为军礼，宾客之事为宾礼，冠婚之事为嘉礼，合称"五礼"。

吉，古人训释为善福。吉礼，主要指祭祀之礼。《左传·成公十三年》："国之大事，在祀与戎。"在诸礼中，惟祀尤重。

萧嵩《大唐开元礼·序例》云：

> 凡国有大祀、中祀、小祀。昊天上帝、五方上帝、皇地祇、神州、宗庙皆为大祀。日月星辰、社稷、先代帝王、岳、镇、海、渎、帝

社、先蚕、孔宣父、齐太公、诸太子庙，并为中祀。司中、司命、风师、雨师、灵星、山林、川泽、五龙祠等，并为小祀。州县社稷、释奠及诸神祠，并同为小祀。

由此可见，祭祀天地的郊祀与对祖先的庙祀，统归为大祀。据《复旧唐祠令》记载，"先代帝王"系富有德行的帝喾、尧、舜、禹、商汤王、周文王、周武王、汉高祖等八位明君。"岳镇海渎"系五岳、四镇、四海、四渎的略称。五岳，依次为岱(泰)、衡、嵩、华、恒诸山；"帝社"又称先农，指最早教授人们学习农耕的神农氏。"先蚕"，指古代传说中始教人们育蚕之神，传说她是北方部落首领黄帝轩辕氏的元妃嫘祖。以后，历代封建王朝由皇后主祭先蚕。"孔宣父"指中国古代思想家、政治家、教育家、儒家学派创始人、大成至圣先师孔子。"齐太公"，指商末周初政治家、军事家、韬略家，垂钓于渭水之滨而遇见西伯侯姬昌，被拜为太师，尊为太公望的吕尚(姜子牙)。

就吉礼而言，《周礼》将其分为十二种。其中：祭祀天神三种，祭祀地祇三种，祭祀先王六种，即"以肆献祼享先王""以馈食享先王""以祠春享先王""以禴夏享先王""以尝秋享先王""以烝冬享先王"等。《诗经·小雅·天保》："禴祠烝尝，于公先王。"毛亨注："春曰祠，夏曰禴，秋曰尝，冬曰烝。"

在城内祭祀称"内祀"，或称"内事"。在城外四郊行祭称"外祀"，或称"外事"。内祀包括享祭宗庙、社稷；外祀包括郊祭天地、日月、四方五帝、山川等。《祭统》云："外事以刚日，内事以柔日。"刚日，犹单日。古以"十干"记日，值甲、丙、戊、庚、壬五日居奇位，属阳刚；柔日，犹双日。值乙、丁、己、辛、癸五日居偶位，属阴柔。

以"五礼"形式撰制礼仪始于西晋。隋修《隋朝礼仪》一百卷，《五礼》一百三十篇，《江都集礼》一百二十卷。《隋书》卷六《礼仪志一》载：

"唐、虞之时,祭天之属为天礼,祭地之属为地礼,祭宗庙之属为人礼。故《书》云命伯夷典朕三礼,所以弥纶天地,经纬阴阳,辨幽赜而洞几深,通百神而节万事。"

唐初,礼司无定制,遇事临时议定。至太宗时,由中书令房玄龄、秘书监魏徵与礼官学士在隋礼的基础上修订礼仪。贞观十一年(637),勒成礼典一百卷(一百三十八篇),谓之《贞观礼》,或称《大唐仪礼》,其中:吉礼六十一篇、宾礼四篇、军礼二十篇、嘉礼四十二篇、凶礼十一篇,太宗诏颁天下。显庆三年(658),勒成礼典一百三十卷,谓之《显庆礼》,或称《永徽礼》。高宗诏颁天下。

《开元礼》由集贤院学士、光禄大夫徐坚等创始,尚书左丞、兵部侍郎萧嵩等完成。开元十三年(725),玄宗从集贤院学士、知院事张说奏,取贞观、显庆礼书,折衷异同,勒成礼典一百五十卷,分吉、宾、军、嘉、凶五礼,其中:吉礼七十五卷、宾礼二卷、军礼十卷、嘉礼四十卷、凶礼二十卷。开元二十年(732),玄宗以《大唐开元礼》之书名颁布天下。后来,杜佑采录部分资料纳入《通典》,新旧两唐书中的礼志卷亦以此为蓝本。

在吉礼中,罗列仪典九十六项,其中有:皇帝祭五岳四镇、皇帝祭四海四渎、皇帝时享于太庙、皇帝祫享于太庙、皇帝禘享于太庙、皇帝皇后拜五陵、太常卿行诸陵、皇帝巡守告太庙、皇帝封祀于太(泰)山、皇帝禅于社首山等。

在祭祀中,其仪式主要是宣读称扬祭祀神的颂词,谓之祝文。而记述祝文的文书称之为祝版。据《新唐书·礼乐志二》记载,凡中祀以上的祝版需要皇帝在木板上以墨亲署。当遇有司代行祭祀时,事先也需皇帝在祝版上御署,然后再举行面北再拜仪式。祭祀活动结束后,便将祝版当场焚毁。之后,逐渐使用玉简金字,代宗时又改为竹简。

根据《大唐开元礼》记载,在大、中、小祭祀中,皇帝分别自称"皇帝

(或天子)臣某""皇帝(或天子)某"及"皇帝(或天子)"其中,"某"为皇帝(或天子)之讳。唐朝皇帝祭祀用酒为五齐三酒,"五齐"指泛齐、醴齐、盎齐、缇齐、沉齐。泛齐为酒糟浮在酒中,醴齐是滓液混合之酒,盎齐是白色之酒,缇齐是丹黄色之酒,沉齐是酒的糟渣下沉。"三酒"为事酒、昔酒、清酒。事酒为因事之酿,时间很短;昔酒为短时储藏之酒,稍有醇厚;清酒则冬酿夏熟,为时酒之冠。也有祭祀中使用玄酒和明水。玄酒指代替酒的清水,明水指神水。

《大唐开元礼》系中国现存最早、最完备的中古礼仪制度的代表作。六年后,另一部体现开元盛世景象的典制类官修书《唐六典》(或称《大唐六典》)问世,旧题唐玄宗撰、李林甫等注,实为在中书令张说、萧嵩、张九龄等人主持下,徐坚、韦述、刘郑兰、卢善经等十余位学者参与编纂。开元二十七年(739),由宰相李林甫奏呈玄宗皇帝。它在权威性、影响力及传播面上远不及《开元礼》。

开元二十六年(738),渤海国(以靺鞨族为主体的政权,其范围相当于今中国东北地区、朝鲜半岛东北及俄罗斯远东地区的一部分)遣使请求传抄唐礼,玄宗欣然应允,由此,《开元礼》开始传至异域。

唐德宗时,《开元礼》被立于官学,设科取士。直至五代宋初,仍以《开元礼》开科取士。

自隋唐开始,国家典制明确将各种祭祀活动分为大祀、中祀、小祀三等,各朝代对此划分大同小异。《隋书》卷六《礼仪志一》载:"昊天上帝、五方上帝、日月、皇地祇、神州、社稷、宗庙等为大祀,星辰、五祀、四望等为中祀,司中、司命、风师、雨师及诸星、诸山川等为小祀。"唐朝将社稷、日月列为中祀。《开元礼》除分大祀、中祀、小祀外,又将封禅、视学、巡守、耕藉、拜陵等列为非常之祀。

宋英宗治平二年(1065),欧阳修等奉敕编《太常因革礼》,凡一百卷,吉礼部分包括皇帝拜陵和宗正卿行诸陵仪项。宋议礼局官、知枢密院郑居中等奉敕撰《政和五礼新仪》，凡二百二十卷，吉礼部分包括：皇帝祫享太庙议、皇帝时享太庙仪、皇帝亲祀前期朝享太庙议、朔祭太庙议、春秋二仲荐献诸陵议、进献诸陵上宫议、进献诸陵下宫议及荐新诸陵议等仪项。

明洪武三年(1370)九月，徐一夔等奉敕撰《明集礼》成，凡五十卷，御赐《大明集礼》。一百六十年后，即明嘉靖九年(1530)，世宗命内阁发秘藏刊布天下。

清初的礼制活动，尽管皇太极宣告"凡事都照《大明会典》行"。但逾礼之风盛行。顺治三年(1646)，"诏礼臣参酌往制，勒成礼书，为民轨则"。康熙二十九年(1690)，修成《清会典》。乾隆朝，敕修《大清通礼》《满洲祭神祭天典礼》《礼部则例》《礼器图式》《国朝宫史》等。

祭祀作为国家的一项重要典礼，宋朝将一年中的大祀增至三十项，中祀、小祀各至九项。明清时期，大祀均为十三项。一般情况下，大祀皆由皇帝亲祭，若有事，则遣官告祭。

第二节　七庙之制

三国魏景初元年(237)六月，有关部门上奏魏明帝曹叡，请定七庙之制。据《晋书·礼志上》载：

> 群公有司始更奏定七庙之制，曰："大魏三圣相承，以成帝业。武皇帝肇建洪基，拨乱夷险，为魏太祖；文皇帝继天革命，应期受禅，为魏高祖。上集成大命，清定华夏，兴制礼乐，宜为魏烈祖。于太祖庙北为二祧，其左为文帝庙，号曰高祖昭祧，其右拟明帝，号曰烈祖穆祧。三祖之庙，万世不毁。其余四庙，亲尽迭迁，一如周后稷、文武庙祧之礼。"

天子七庙,本指四亲庙、两祧庙和始祖庙。"四亲"指父、祖、曾祖、高祖;"两祧"指天祖、烈祖。《礼记·王制》:"天子七庙,三昭三穆,与大(太)祖之庙而七……"意思是说,天子设七庙供奉祖先,太祖庙位居正中。三昭三穆,指始祖以下第一、三、五世居左,称之为"昭",第二、四、六世居右,称之为"穆"。三昭三穆作为古代宗法制度之一,主要是用来区分宗族内部的长幼次序及亲疏远近。昭穆,以保百世不乱之序。

西汉初年,并没实行周天子七庙制度。据《汉书·韦贤传》载,刘邦的父亲去世,刘邦令各诸侯王都要建太上皇庙。总共建了一百六十七所。京师自高祖下,至宣帝,与太上皇、悼皇考各自居陵旁立庙,为一百七十六所。日祭于寝,月祭于庙,时祭于便殿。寝,指每日四上食;仅上食侍者就有二万四千四百五十五人,卫士四万五千一百二十九人,祝宰乐人一万二千一百四十七人。而养牺牲的员工还不在此数中。元帝时,准奏建立汉家七庙,凡地方上那些不合礼制的庙一律拆除。

太庙,作为古代皇帝家族的专门祭祀场所,夏称世室,殷商称重屋,周称明堂,秦汉称太庙。《五礼通考·功臣配享》载:"配享之典,国家所以报功而劝忠也。"及至后来,逐渐发展成为经皇帝恩准,皇后和功臣的神位也可陪享太庙。

以唐朝为例,配享高祖李渊庙庭的有:开府仪同三司、淮安王李神通,礼部尚书、河间王李孝恭,尚书右仆射、左仆射、司空、工部尚书、河东郡公裴寂,纳言、宰相、户部尚书、陕东道行台左仆射、鲁国公刘文静等七人;配享太宗李世民庙庭的有:吏部尚书、尚书右仆射、司空、司徒、侍中、中书令、太尉、同中书门下三品、赵国公长孙无忌,中书令、尚书左仆射、司空、梁国公房玄龄(后因其子房遗爱谋反,被取消)等六人;配享高宗李治庙庭的有:并州都督、太常卿、同中书门下三品、太子詹事、尚书左仆射、司空、英国公李勣,吏部尚书、光禄大夫、太子宾客、尚书右仆射、河南郡公褚遂良、礼部尚书、太子宾客、右相、太子少师、同东西台三品、开府仪同三司、高阳郡公许敬宗等7人;配享中宗李显庙庭的有:鸾台侍郎、同凤阁鸾台平章事、纳言、右肃政台御史大夫、文昌右相、赠司空、梁国公狄仁杰、监察御史、凤阁舍人、司刑少卿、同平章事、汉阳郡王张柬之,驸马都尉、云麾将军、右千牛将军、琅邪郡公王同皎等八人;配享玄宗李隆基庙庭的有:尚书左丞、中书令、尚书右丞相、集贤院学士、燕国公张说等一人;配享肃宗李亨庙庭的有:吏部郎中、中书舍人、吏部侍郎、工部尚书、宪部尚书、韩国公苗晋卿,左仆射、集贤院待诏、宰相、同平章事、兼东都留守、太尉、冀国公裴冕等二人;配享代宗李豫庙庭的有:兵部尚书、同中书门下平章事、太尉、中书令、汾阳王郭子仪左仆射、集贤院待诏、宰相、同平章事、兼东都留守、太尉、冀国公裴冕等二人;配享德宗李适庙庭的有:凤翔陇右泾原三镇节度使、行营副元帅、太尉、西平王李晟等三人;配享宪宗李纯庙庭的有:中书侍郎、同中书门下平章事、金紫光禄大夫、弘文馆大学士、上柱国、晋国公裴度等四人。

西汉的陵庙和宗庙一样,周围有垣墙,故又称庙园。庙园四面各辟一门,谓之庙门或殿门。根据门的不同方位,分别置以带有青龙(东)、白虎(西)、朱雀(南)、玄武(北)的空心砖和瓦当图案。庙园里的主体建筑是正殿,正殿四门也以"四神"图案的建筑材料显其方位。西汉帝陵陵园、寝园及庙园长官分别称园令、寝园令和庙园陵。据《关中记》载:"守陵、溉树、扫除凡五千人,陵令、食官令各一人,寝、庙令各一人,园令一人,门吏三十二人,侯四人。"以上除食官令外,其余各陵皆为太常属官,而食官令的职责是"给陵上祭祀之事"。

古代行礼有"九拜",《周礼·春官·太祝》记载甚详:

辨九拜,一曰稽首,二曰顿首,三曰空首,四曰振动,五曰吉拜,六曰凶拜,七曰奇拜,八曰褒拜,九曰肃拜,以享右祭祀。

"吾理天下,亦欲以柔道行之。"东汉光武帝刘秀以"柔道"治天下。柔道即王道。刘秀表明自己要效法汉高祖刘邦的统治之术,把"黄老无为"学说作为稳定社会秩序的指导思想,并采取一系列的治国方略,发展社会生产,缓和社会危机。并于洛阳立高庙,祭祀高祖刘邦及文帝刘恒、武帝刘彻、宣帝刘询、元帝刘奭五帝。又在长安故高庙中祭祀成帝刘骜、哀帝刘欣、平帝刘衎三帝。又在南阳春陵别立四亲庙,祭祀父南顿君以上四世。东汉改七庙为一庙多室制,就是将原来各自独立的昭穆之庙迭毁合于太庙,然后分室供奉。所不同的是,汉代在宗庙祭祀中还建立了功臣陪飨制度,即将有殊功之臣死后的神主祔祀于宗庙。其功绩评判,皆以《周礼·夏官司马第四》为准则:"王功曰勋,国功曰功,民功曰庸,事功曰劳,治功曰力,战功曰多。"郑玄注:"王功,辅成王业,若周公。"

唐朝将宗庙列入百世不迁之典。武德元年(618)五月,高祖立四庙于长安通义里。《旧唐书·礼仪五》载:"备法驾,迎宣简公、懿王、景皇帝、元皇帝神主祔于太庙,始享四室。"贞观九年(635),太宗命议庙制度,谏议大夫朱子奢奏立五庙,刘子骏议开七祖,以应《大戴礼记》中的"多为贵"矣。《大戴礼记》,或称《大戴礼》,系东汉礼制著作,戴德编撰。太宗立七庙,虚太祖之室。玄宗立九室,祀八世。其实就是同殿异室。其制:二十一间皆四柱,东西夹室各一间,前后面各为三阶,东西各二侧阶。

载初元年(690)九月初九,睿宗李旦等六万多人上表请改国号,其母武则天遂改唐为周,定都洛阳,自加尊号为圣神皇帝,史称"武周"。则天帝降睿宗为皇嗣,赐姓武,并于神都洛阳立武氏七庙,改置社稷。

武则天原想在驾崩之后,以天皇圣帝武氏升祔太庙,不料却遇到了麻烦。在嫡长子继承帝位的帝制时代,宗庙历来是父昭子穆。太常卿姜皎复与礼官上表反对。哪有女皇的神座?最终以"非圣朝通典"为由,武则天只能以皇后身份配享于高宗神位,牌位上仅书"则天皇后"而已。

开元二十九年(741)十一月二十四日,太尉宁王李宪病逝,唐玄宗感其推让之功,敕谥让皇帝,以天子之礼葬于惠陵(在今陕西蒲城县城西北桥陵镇三合村),立庙于长安城城郭启夏门内立正坊。庙制如德明,四季有享献。

德宗李适驾崩后,诏立宗庙。依三昭三穆往前推算,即德宗、代宗、肃宗、玄宗、睿宗、中宗。而高祖庙在昭穆之外属应迁之庙。其后以敬、文、武三宗为一代,故终唐之世,常为九世十一室。

建隆元年(960),太祖赵匡胤将立宗庙,诏百官集议。毕沅《续资治通鉴》载:"兵部尚书张昭等奏曰:'尧、舜、禹皆立五庙,盖二昭二穆与其始祖也。有商改国,始立六庙,盖昭穆之外祀契与汤也。周立七庙,盖亲庙之外,祀太祖及文王、武王也。汉初立庙,悉不如礼。魏、晋始复七庙之制,江左相承不改;然七庙之中,犹虚太祖之室。隋文但立高、曾、祖、祢四庙而已。唐因隋制,立四亲庙,梁氏而下,不易其法,稽古之道,斯为折衷。伏请追尊高、曾、祖、祢四代号谥,崇建庙室。'制可。于是定宗庙之制,岁以四孟月及季冬凡五享,朔、望荐食,荐新。三年一祫,以孟冬;五年一禘,以孟夏。皆兵部侍郎渔阳窦仪所定也。"

北宋时期,自太祖追尊僖、顺、翼、宣四祖,神宗朝,奉僖祖为太庙始祖。徽宗时,增太庙为十室。

元世祖忽必烈于燕京(今北京市)修建宗庙,以太祖为不迁之祖,故而居中。至泰定年间,扩为七世十室。

明初,朱元璋在南京宫城东南立四亲庙,四亲各为一庙。后改建为太庙,实行同堂异室之制。永乐迁都,根据古代"敬天法祖"的传统礼制在北京建立太庙。北京太庙按照"左宗右社"的礼制原则建于王宫(今故宫)前左方。为明清两代皇家的祖庙,占地二百零九亩。在中轴线上,矗立着前、中、后三座大殿。前殿是皇帝祭祀行礼场所,原为九间,后扩为十一间,进深四间。东西两侧各建陪殿十五间,东配殿供奉着历代的有功皇族神位,西配殿供奉异姓功臣神位。中殿称寝殿,东西两侧各建配殿五间,为存储祭器之所。后殿称祧庙,面阔九间,系供奉迁出的皇帝、皇后神位之所。此外还有神厨、神库、宰牲亭、治牲房等建筑。

太庙,作为彰显祖功崇德之所,也是后世效法先祖之德的重地。天子七庙,作为历代帝王维护宗法制度的重要标志,同时,也是每个朝代兴替衰落的重要标志,庙在则国在,庙毁则国亡!

第三节 祔庙之礼

太庙为古之通制。将后驾崩皇帝的神主牌供奉于先祖之庙,称为祔庙,或称升祔。贞观二十三年(649)八月二十八日,太宗文皇帝神主祔于太庙,同年,请宗庙庙乐为《崇德》之舞。高宗即位后,以"旦夕敬奉"为借口,拟将太宗神位请出太庙而置于自己的寝室,并下诏废除祔庙之礼。高宗的违礼行为遭到了英国公李勣等群臣的强烈抵制,高宗无奈,只好作罢。

上元二年(675)四月二十五日,太子李弘随行洛阳,暴毙(一说系遭母亲武后鸩杀),时年二十四岁。五月初五,唐高宗追赠孝敬皇帝,以天子之礼葬于恭陵。恭陵在今河南偃师市缑氏镇东北滹沱岭。仪凤二年(677)四月初二,敕孝敬皇帝神主祔于太庙夹室。二十八年后,即神龙元年(705)六月十五日,中宗敕将孝敬皇帝神主迁于庙,庙号义宗,从此立庙称宗。开元六年(718),玄宗李隆基撤销了义宗庙号,复用孝敬皇帝祭祀。

清道光皇帝以节俭著称,身居帝位,罢停福建荔枝贡、扬州玉器贡等奢侈行为,裁减御膳房员役。他曾朱书遗命四条,洋洋洒洒千余言,分大、小两折,御笔折封,道:"嗣皇帝率同御前大臣、满汉大学士、军机大臣等阅看遵循。"然后锁于匣中,放于寝宫。道光驾崩后,遵诏启封,内容为身后事:不祔庙;不郊配;山陵五孔桥南部不得立碑,不得用圣德神功字眼;将其生前遗物分别保存等。事实上,道光二十二年(1842)开始,在列强的逼迫下,清廷先后与英国、美国、法国等签订了一系列的不平等条约,割地赔款,丧权辱国。道光皇帝深觉愧对先祖,恐遭国人唾骂,故有此遗言。

祔庙礼仪较为复杂。据《翁同龢日记》记载,晚清慈安太后的神主祔庙的经过如下:当慈安太后的梓宫安放在普祥峪定东陵地宫的宝床上之后,便在陵园的隆恩殿举行虞祭礼。大学士先在桑木神牌上题主,即写上死者名讳,然后行礼。礼毕,用黄舆将神牌抬回紫禁城。当神牌抵达京郊时,光绪皇帝到郊外迎接并行礼。当神牌从大清门进入时,百官跟随尚书董恂于大清门外跪迎,并随皇舆至太庙。先由恭代王行只见礼,光绪随后从左门入升殿拈香行礼。不作乐,须两次三跪九叩首,百官则不行礼。礼毕,光绪皇帝回宫,升祔礼则由恭代王主持,此时作乐设舞,恭读祝文。祭祀时需有陪祭,规定:尚书三人、侍郎六七人、副都统六七人。神主从此不得改题,也不得重新加谥。

凡在太庙立室奉祀的神主需立名号,此谓"庙号"。同一朝代的皇帝,庙号不得使用同一个字,否则就是相犯。

第四节　帝王谒陵

谒陵,指皇帝上陵行瞻仰和致祭之礼。谒陵又有"亲谒"和"望祭"

之分。拜谒的对象可以是本朝先祖，也可以是前朝先祖。

谒陵之礼发展于秦汉时期。《晋书》载："古无墓祭之礼。汉承秦，皆有园寝。"汉朝盛行墓祭，即在墓前建祠堂。《论衡·四讳篇》云："墓者，鬼神所在，祭祀之处。"汉朝的墓祭有不少避讳，其中之一就是禁止刑徒参加，认为刑徒去墓祭，会损害祖先之德。

西晋沿袭曹魏之制，即不墓祭。晋武帝司马炎虽然谒过司马昭及司马师之墓，但没有敢谒司马懿之墓。因为司马懿生前在遗诏中明确指示，子孙后代及文武百官不得谒陵。

东汉建武六年（30）四月初七，光武帝刘秀临幸长安，"始谒高庙，遂有事十一陵。"高庙，指死后庙号为"高"的皇帝，即西汉高祖刘邦。十一陵，即汉惠帝刘盈安陵、汉文帝刘恒霸陵、汉景帝刘启阳陵、汉武帝刘彻茂陵、汉昭帝刘弗陵平陵、汉宣帝刘询杜陵、汉元帝刘奭渭陵、汉成帝刘骜延陵、汉哀帝刘欣义陵、汉平帝刘衎康陵等。

《新唐书·礼乐四》载："凡国陵之制，皇祖以上至太祖陵，皆朔、望上食，元日、冬至、寒食、伏、腊、社各一祭。皇考陵，朔、望及节祭，而日进食。"由此可以看出，愈远的先祖，祭祀的次数愈少，愈近的先祖，祭祀的次数愈多。

《唐会要·陵议》载，贞观十三年（639）正月初一，太宗谒献陵。七庙子孙及诸侯百僚、蕃夷郡长，皆陪列于北司马门内。太宗入陵，降舆纳履，行至阙门处，悲号呜咽。面西再拜，恸绝难兴。礼毕，易服，入于寝宫，阅视高祖服御之物，匍匐床前悲哭欲绝，左右侍御者，莫不唏嘘。不一会儿，太宗出寝宫，步过司马门，于泥泞中行走二百余步。于是，风静雪止，天色开霁。见者都以为太宗孝感之所致。为了显示皇恩浩荡，除免三原县民一年租赋外，凡八十岁以上老人以及孝子贤孙、义夫节妇、鳏夫寡妇、身染疾病者，皆赐予不同之物。凡护卫献陵陵邑的所有官员、卫士、斋员及三原令以下，各赐爵一级。

第十章 陵寝祭祀

永徽五年(654)十二月十七日,高宗发京师,拜谒昭陵,而孕身待产的武则天随驾谒陵,不料在半路上生下了皇子李贤,但不知武则天最后到没到昭陵。翌年正月初一,高宗李治亲谒昭陵。文武百官及宗室子孙皆往陪谒。行至阙门,高宗降辇易服,行哭,搥胸跺地。礼毕,又改服,奉谒寝宫。高宗步入寝宫,再度恸哭,悲痛欲绝于地。进至东阶,面西再拜,号恸久而难息。随后,即献太牢之馔(太牢,指帝王祭祀时,牛、羊、豕三牲齐备),并加珍肴等品。引太尉长孙无忌、司空李勣、越王李贞、赵王李福、曹王李明,以及左屯卫大将军程知节等执爵进俎。高宗至神座前,拜哭奠馔,阅视先帝先后衣服,拜辞行哭,出寝宫北门,乃乘御辇还宫。诏令免除礼泉县民当年租赋,陵所护卫将军、郎皆晋爵一级,陵令、丞皆加阶赐物。

开元十七年(729)十一月初十,玄宗李隆基拜谒五陵。首谒父皇睿宗李旦桥陵。陵在京兆同州奉先县(今陕西蒲城县)丰山。玄宗至陵园西阙处下马,望陵悲泣。步至神午门,搥胸顿足,再拜,悲感左右。礼毕,还。诏曰:"黄长轩台,汉尊陵邑,名教之地,因心为则,宜进奉先县职望班员,一同赤县,所管万三百户,以供陵寝,即为永例。"十二日,奉谒中宗李显定陵,陵在京兆富平县(今陕西富平县)凤凰山。谒如桥陵之礼。十三日,奉谒高祖李渊献陵,陵在京兆三原县(今陕西三原县)徐木原。十六日,奉谒太宗昭陵,陵在京兆醴泉县(今陕西礼泉县)九嵕山。起初,玄宗立神游殿前遥视,再步入寝宫,隐约听见室内有咳嗽之声,即命在寝宫门外设奠,以祭陪陵功臣将相魏徵、萧瑀、房玄龄数十人。十九日,奉谒乾陵,陵在雍州好畤县(今陕西乾县)梁山。玄宗车驾回宫后,下诏:"诸陵各取侧近六乡百姓,以供养寝陵之役。"祭陵完毕,大赦天下,黎民百姓当年地税减半。

开元二十三年(735),玄宗下诏:"献、昭、乾、定、桥、恭朔望上食,岁冬至、寒食日,各设一祭。如节祭共朔望日、忌日相逢,依节祭料。

桥陵除此日外,仍每日进半口羊食。"因桥陵乃李隆基之父李旦陵寝,故待遇优于其他各陵。

天宝二年(743)八月,玄宗颁制:"始以九月朔,荐衣于诸陵。"

天宝十三载(754),玄宗改献、昭、乾、定、桥五陵陵署为陵台,改署令为台令,从五品上。

北宋帝王亲往河南巩义陵区祭祀,见于史料的仅有三次,其中宋太祖一次,宋真宗两次。

开宝九年(976),太祖赵匡胤巡幸洛阳,路过巩县时,亲自拜谒父亲赵弘殷永安陵,并"赐河南府民今年田租之半,复奉陵户一年"。景德四年(1007)正月,宋真宗赵恒亲自到达永安镇行宫,当日素食沐浴,"是夜漏未尽三鼓,帝乘马,却舆辇伞扇,至安陵,素服步入司马门行奠献礼,诸陵亦然。又诣下宫。凡上宫用牲牢、祝册,有司奏事;下宫备膳羞,内臣执事,百官陪位"。其后,又对诸后陵、诸王及恭孝太子墓一一祭祀,并"单骑从内臣巡视陵阙"。真宗祭陵时,按先亲后尊的顺序祭拜,对于永安陵、永昌陵、永熙陵的陪葬墓则"各设位次诸陵下宫之东序"一并致祭。大中祥符四年(1011),真宗"祀汾阴,经巩县",仅在訾村搭台置三陵神坐,由真宗与诸大臣分别祭祀,然后再由真宗"复行亲谒之礼"。

明人王在晋《历代山陵考》载:

> 洪武三年,遣官访历代帝王陵庙,令具图以进。四年,遣使祭历代帝王陵寝……九年,遣官行视历代帝王陵寝,凡三十六陵。令百步内禁樵采,设陵户二人看守,有司督近陵之民以时封培。每三年一降香致祭……天顺八年,令各处帝王陵寝被人毁发者,所在有司即时修理如旧,仍令附近人民一丁看护,免其差役。

明嘉靖十七年(1538),世宗朱厚熜在其生母蒋氏薨后不到两个月,诏令拜谒安陆(今湖北钟祥市纯德山)皇考显陵。翌年九月二十七日,入天寿山。扈从约一万五千人,其中锦衣卫官一百二十多人,旗官八千多人,官军六千多人,浩浩荡荡,沿途皆由地方供奉。冬十月丙寅日还宫。谒陵中,嘉靖帝赐扈从文武大臣金币。礼部尚书兼武英殿大学士严嵩投其所好,耗费赀财无数。

清朝皇帝亲祭或遣官祭祀、谒陵共二十四次:顺治八年(1651),世祖福临亲政祭告。康熙元年(1662),圣祖玄烨即位祭告。康熙七年(1668),玄烨亲政祭告。康熙十五年(1676),皇太子祭告。康熙二十一年(1682),荡平疆域祭告。康熙二十三年(1684),玄烨南巡,驾幸金陵(今江苏南京市),拜谒明太祖孝陵。康熙二十七年(1688),孝庄后祔庙祭告。康熙二十八年(1689),玄烨谒会稽大禹陵,御题"地平天成"额。康熙三十六年(1697),塞北永清祭告。康熙四十二年(1703),玄烨知天命祭告。康熙四十八年(1709),皇太子祭告。康熙五十二年(1713),玄烨花甲祭告。康熙五十八年(1719),孝惠皇后祔庙祭告。康熙在位六十年,被称为御极周甲,命雍正率皇子皇孙赴盛京(今辽宁沈阳市)谒陵。皇子谒太宗皇太极昭陵,皇孙谒努尔哈赤父亲及祖父的永陵。雍正则亲谒太祖努尔哈赤的福陵。

雍正元年(1723),世宗胤禛即位祭告。雍正二年(1724),圣祖玄烨陪享礼成祭告。乾隆元年(1736),高宗弘历即位祭告。乾隆二年(1737),世宗胤禛陪享礼成祭告。乾隆十四年(1749),中宫摄位、慈宁晋号祭告。乾隆十六年(1751),弘历拜谒大禹陵,同时命都抚择世居陵侧姒氏子姓,世予八品官奉祀陵园。乾隆十七年(1752),皇太后花甲万寿祭告。乾隆二十年(1755),评定准噶尔祭告。乾隆二十四年(1759),荡平回部祭告。乾隆二十七年(1762),皇太后古稀万寿祭告。乾隆三十七年(1772),皇太后八旬万寿祭告。乾隆四十一年(1776),

评定金川祭告。乾隆四十五年(1780)，高宗弘历七旬万寿祭告。康熙五十年(1785)，高宗御极祭告。

而祭告仪式则为：有司洒扫，并于陵前搭棚，前树立牌坊二，东为官厅，西为省牲所。二门内，中为行礼所，东西两旁为净手所，陵前为祭品所。牛一、豕一、羊一、帛一、酒樽三、左笾（指古代祭祀宴飨礼器的一种，似豆而盘平浅、沿直、矮圈足）十、右豆十、左簠、右簋、灯十盏、大烛一对，自太祖陵，依次祭。"御制祭文，恭勒石碑，树立陵前。"

清朝皇帝多半是利用某种方便机会顺便谒陵，如驾幸、巡边、奉皇太后幸汤泉、送大行皇帝、太皇太后、太后及皇后梓宫奉安山陵等。如康熙二十年(1681)平定云南三藩叛乱，二十二年(1683)收复台湾，康熙皆往孝陵谒陵告祭。嘉庆五年(1800)，嘉庆曾于一月、三月、九月三次拜谒东陵。据相关统计，除首帝顺治及末帝宣统不曾谒陵外，其余八帝拜谒东陵总计一百二十余次。谒陵最多者为康熙，拜谒孝陵四十七次。其次是嘉庆，拜谒东陵二十七次。弘历拜谒东陵二十六次。最少者是同治，拜谒东陵两次。弘历拜谒西陵三十九次，嘉庆拜谒西陵十二次。

在皇帝谒陵的几个月前，就开始公布谒陵日期。礼部要进《皇上谒陵仪注》《所有道路里数缮折》以及皇帝谒陵所带物品清单等。皇帝谒陵礼仪如下：

先到隆福寺（拜谒西陵时到永福寺）行宫换穿青长袍褂。随行三品以上官员未到下马碑处就下马步行，皇帝则未至碑处就得恸哭，在大臣的引导下，从东偏门步入隆恩门，经陵寝门左侧至明楼前，宗室及文武百官则在陵寝门外按序排列。

皇帝行三跪九拜礼之后，站东面西，然后再跪，奠酒三爵，每奠一酒，须行拜一礼。奠毕，立于东侧，恸哭举哀。礼毕，由大臣沿原路引导退出,到原降舆处升舆,逐陵拜谒,礼仪相同。

清朝帝陵大祭礼,始于康熙二年(1663)兴建孝陵之时。题准:"孝陵每年以清明、孟秋望、冬至、岁暮为四大祭。"乾隆朝,礼部议奏:"各陵寝四时大祭,牲用太牢,献帛爵,读祝文,致祭于隆恩殿,具朝服行礼……遣官承祭,在陵官员,咸令陪祀,永远遵行。"帝后忌辰之祭,从此升为大祭,陵寝变为五大祭。

康熙四十二年(1703)康熙车驾至关中祭祀,所经诸陵,独为周朝的文王陵和武王陵御制祭文。

中华民国二十三年(1934)十月十二日,蒋介石携夫人宋美龄从河南洛阳来陕西拜谒关中境内的古代帝王陵墓。当天,在各方大员陪同下进入咸阳周陵镇,这里有周文王、周武王、周公旦、姜太公的陵墓。周文王作《易经》,周公定《周礼》,太公做《六韬》,此地号称"文明之源,礼仪之乡"。蒋公不祭秦始皇,不祭唐太宗,独祭周陵和茂陵,其政治意义在于周文王、周武王以礼乐治国,行安邦之道。其目的是提升民族自信心,举全国之力与入侵者殊死一搏。

"南方才子山东将,陕西黄土埋皇上。"《陕西帝王陵墓志》载,在陕西境内,共有帝王陵墓八十二座,王冢更是星罗棋布。曾有人做过统计,陕西境内古冢多达六万余座,你在田地里随便踢一脚,可能都会发现秦砖汉瓦什么的。

第五节 公卿巡陵

根据陵寝制度及相关礼仪,除皇帝亲自谒陵外,还可派遣公卿代谒,谓之"受诏巡拜"。

西周文王姬昌、武王姬发陵墓位于陕西咸阳市北原。在商朝,咸阳本为毕程氏的封地。武乙二十四年(前1118),周族首领季历灭毕程氏,夺占此邑。北魏时,在咸阳郡石安县举行祭周活动,长安十五州牧和郡守常常祭祀周文王和周武王庙。延兴四年(474),孝文帝遣东阳王拓跋丕在长安祭周文王和周武王庙,算是秦汉以后对"二王"的最高规格的祭祀。隋朝祭祀周文王、周武王于沣渭之郊。唐朝的贞观、显庆及天宝年间,皆祭周文王于丰,祭周武王于镐。北宋乾德元年(963),太祖赵匡胤诏令文王、武王二陵改为每三年祭祀一次。金朝遣京兆府对周文王、周武王陵墓三年一祭。

天汉元年(前100),苏武奉命以中郎将持节出使匈奴,遭到扣留。匈奴贵族诱逼其降,未果,后被迁到北海(今俄罗斯东西伯利亚南部贝加尔湖畔)牧羊,并扬言公羊生子方可放其回国。苏武历尽艰辛,留居匈奴十九年,持节不屈。始元六年(前81),因匈奴与汉通好,苏武获释回汉。《汉书·李广苏建传》载:"武以始元六年春至京师。诏武奉一太牢谒武帝园庙,拜为典属国,秩中二千石,赐钱二百万,公田二顷,宅一区。"武帝园庙,即茂陵和龙渊庙的连称。甘露三年(前51),汉宣帝因匈奴归降大汉,命人绘十一功臣图像于麒麟阁,以为人臣荣耀之最,其中包括苏武。

据邵伯温《见闻后录》记载,凡天下有冤者,皆许哭于昭陵之下。《唐诗纪事》引李洞诗云:"公道此时如不得,昭陵恸哭一生休。"及至后来,凡科举不得者,企慕贞观之风,也常遥望昭陵抒怀言志。宋人陆游《遣怀》诗云:"积愤有时歌易水,孤忠无路哭昭陵。"《新唐书·礼乐四》载:

> 天子不躬谒,则以太常卿行陵。所司撰日,车府令具轺车一马清道,青衣、团扇、曲盖伞,列侯于太常寺门。设次陵南百步道东,西向。右校令具剗器以备汛扫。太常卿公服乘车,奉礼郎以下从。至次,设卿位兆门外之左,陵官位卿东南,执事又于其南,皆西向。奉礼郎位陵官之西,赞引二人居南。太常卿以下再拜,

在位皆拜。谒者导卿,赞引导众官入,奉行、复位皆拜。出,乘车之它陵。

显庆五年(660)二月二十四日,高宗定每年二月派公卿分巡献、昭二陵。景龙二年(708)三月,定于每月初一上食陵寝。中宗定以春秋仲月,公卿巡陵。高宗及武后的忌日,则派内使赴乾陵。

开元十五年(727)二月二十四日,玄宗敕每年春秋二时,公卿巡陵。备仪如下:"初发准式,其仪仗出城,欲至陵所十里内,还具仪仗,所须马,以当界府驿马充。其路次供递车两(辆),来载仪仗,推辂三十人余差遣并停。"

开元二十七年(739)八月十二日,敕:"古者分命公卿,巡谒陵寝,率皆乘辂,以备其仪……每陵各支辂两乘,并仪仗等,送至陵所贮掌,既免劳烦,无亏肃敬。其公卿出城日如常仪,至陵所准此。"

开元二十八年(740)七月十八日,制:"伏以八代祖宣皇帝,七代祖光皇帝,六代祖景皇帝,五代祖元皇帝。自昔追尊号谥,稽古有则,而陵寝所奉,须广彝章。其建初、启运二陵,仍准兴宁陵例,置署官及陵户。自今以后,每岁至春秋仲月,宜分命公卿,准诸陵例,分往巡谒。仍命所司,准数造辂,于陵署收掌,以充备礼之用。其建初、启运、兴宁、永康等四陵。年别四时及八节,委所由州县,数与陵署相知,造食进献。"

天宝六载(747)八月初一,玄宗下诏,于每年春秋二时,巡谒诸陵。到时差遣公卿各一人,奉礼郎一人,右校署令一人,其奉礼郎右校署令,自今以后宜停。至陵所差县官及陵官主持谒陵仪式。"其巡陵仪式,宜令太常寺修撰一本,送令管陵县收掌,长行需用。仍令博士助教习读,临时赞相。永为例程。"据《唐会要》记载,公卿巡陵有一套完整的礼仪规范,大致如下:

所司先择吉日，公卿待辂车卤簿，就太常寺发至陵，所司先于陵南北步道东，设次（帐棚）西向北上，公卿等到次。奉礼设公卿位于北门外之左，西向，陵官在公卿位东南，执事官又于其南，西向北上。设奉礼位于陵官西面。赞者二人在南，少退。谒者引公卿出次就位，赞引诸官就位立。奉礼曰：再拜。赞者承传。在位者俱再拜，谒者引公卿。赞引引诸官，出次，以奉行毕，退复位。奉礼曰：再拜。赞者承传，在位者皆拜，谒者引公卿，赞引引诸官，各就次以还，若须洒扫及芟剃修理，即随事处分。其奉礼郎典谒等，应须权摄。请准天宝六载八月敕，所管县及陵官博士助教等充。

大历十三年（778）二月，代宗李豫遣使刑部尚书颜真卿朝拜昭陵，至瑶台寺，颜真卿作《使过瑶台寺，有怀圆寂上人》，诗云："上人居此寺，不出三十年。万法元无著，一心唯趣禅。忽纡尘外轸，远访区中缘。及尔不复见，支提犹岿然。"

贞元四年（788）二月，国子祭酒包佶上奏：每年二月初八，可差公卿等朝拜诸陵。以往的惯例是引公卿从陵台至陵前，如此简单的礼仪，恐怕很难尽敬。故请按《开元礼》中公卿拜陵旧仪详定仪注，稍令备礼，以为永式。德宗同意，敕所司酌礼量宜，取其简敬施行。

元和元年（806）正月，礼仪使杜黄裳上奏：可于每年二月遣使公卿巡陵，准礼太上皇升遐，及祭天地、祭社稷。

按照《开元礼》，每年三月和七月，皆由司徒和司空巡陵，春季要扫除陵寝上的黄叶枯草，秋季则要割除荒草蔓叶，以防发生火灾。自今开始，凡巡陵公卿，皆持斧击树三下，谓之告神。

长庆元年（821）六月二十七日，吏部上奏，公卿拜陵时，可选尚书省四品以上清高而有名望的官吏和中书省以及诸司五品以上的官吏及京兆少尹随从。

礼仪定献、昭二陵,每日一进食。高宗时,诏备鹰狗,供奉山陵。开元二年(714)四月十五日罢停。开元二十四年(736)四月,改献、昭、乾、定、桥、恭六陵为农历每月初一和十五上食。冬至至寒食日各设一祭。桥陵除此以外,每日再供半只羊充荐。开元二十八年(740)七月十八日,定建初、启运、永康、兴宁四陵可于每年四时八节造食进献。及后,诸陵祭祀有异:元陵除每月初一、十五及节祭外,每天另供半只羊充荐。泰陵、建陵于每月初一、十五及冬至至寒食节、伏祭、蜡祭、社日各设一祭。丰陵可每日一祭。崇陵可于每月初一、十五、伏祭、蜡祭等各设一祭。

元和十五年(820)四月,礼仪使上奏:皇祖以上至太祖陵寝,除每月初一、十五上食外,可于元日、寒食节、社日等各设一祭。皇考陵可于每月初一、十五及节祭外,可每日进食。丰陵遂停日祭,景陵日祭如常。是年五月,殿中省上奏:尚食局供应景陵千味食数,有鱼有肉,味皆肥鲜,掩埋之后,熏蒸颇极,今请可将鱼肉移于下宫,以时进飨。遂令尚药局据数以香药代之。

宋初,每年春秋两季,太祖命宗正卿朝拜宣祖永安陵,《宋史》载:"乾德三年,始令宫人诣陵上冬服,岁以为常。"每年冬至日,命宫人到陵上行荐衣礼,定为常例。

景祐年间,沧州观察使赵守节上奏:"寒食节例遣宗室拜陵,而十月令内司宾往,非所以至恭。"从此,又增加了寒食节宗室拜陵,而十月初一改派内司小吏祭拜。从庆历二年(1042)起,凡每年的寒食节、十月初一等改为公卿巡陵,公卿每年巡陵五次遂成惯例。另外,凡文臣武将在经过帝陵时,准许朝拜。后改为从丞郎或诸司三品,或中书省、门下省中遣官巡陵。

南宋时期，由于祖陵陷落异族，"八陵迫隔，常切痛心"。不得已，只能改在临安（今浙江杭州市）法惠寺设神位望祭行礼。

明朝的公卿巡陵制度一如北宋。洪武三年（1370），朱元璋派人勘查咸阳境内的西周文、武、成、康王陵以及西汉高祖刘邦、景帝刘启及武帝刘彻等陵，每陵设陵户五人看守。除了祭祀周文王和周武王陵外，将范围扩大到周成王姬诵、周康王姬钊二陵。每三年，朝廷出祝文、香帛，传制遣太常寺乐官及有司赴陵前致祭。

洪武四年（1371）正月，明太祖朱元璋遣中书省管勾甘桓赴昭陵致祭。

洪武三十年（1397），太祖朱元璋遣使道士任实、沈与真祭祀。

建文四年（1402）七月，明惠帝朱允炆遣道士赵彝善赴昭陵致祭。

永乐三年（1405），明成祖朱棣遣使巩县知县刘安祭祀。

洪熙元年（1425）二月，明仁宗朱高炽遣工部尚书李友直赴昭陵致祭。

宣德元年（1426）二月，明宣宗朱瞻基遣工科都给事中文郁赴昭陵致祭。

正统元年（1436）二月，明英宗朱祁镇遣刑科都给事中贾铨赴昭陵致祭。

正德年间（1506—1521），明武宗朱厚照在皇陵设立了祠祭署，作为公卿巡陵的专门对接机构。祠祭署设有奉祀一员、祀丞三员及礼生二十四人，所有配置均与祭祀有关。隶属太常寺管理。朝廷规定：凡清明、中元、冬至，遣驸马都尉巡陵，文武官员陪祀。也有在忌日、正旦、孟冬、诞辰日派遣驸马都尉行礼的。同时规定，凡文武官员因公或私经过陵者，必须下马或落轿拜谒陵墓。崇祯元年（1628）七月，明思宗朱由检遣前军都督府管府事、太子太保、清平伯吴遵同致祭昭陵。

清初，分别在文、武、成、康四王陵园筑祭坛，建献殿。并将祭祀范围扩大到周公姬旦、毕公姬高、太公姜尚等王公墓。由于咸阳境内陵墓太多,祭祀人物由附近各县分担。其中周文、武二陵及周公、太公二墓由咸阳分祭,成王陵由周至县分祭,康王陵由户县分祭。

据史书记载,康熙七年(1668)五月、二十一年(1682)八月、二十七年(1688)十二月、三十五年(1696)五月、三十六年(1697)八月、四十一年(1702)五月、四十二年(1703)十一月、五十二年(1713)六月、五十八年(1719),雍正元年(1723)二月、二年(1714)正月,乾隆元年(1736)正月、二年(1737)八月、十四年(1749)七月,皆遣朝臣致祭昭陵。乾隆十七年(1752),适逢皇太后六十华诞,帝遣太常寺少卿涂逢震致祭。乾隆二十年(1755),平定准噶尔汗国(今新疆伊犁河谷)功成,帝遣太常寺卿熊学鹏致祭。乾隆二十四年(1759),回疆平定,帝遣都察院左副都御史赫庆致祭。乾隆二十七年(1762)适逢皇太后七十华诞,帝遣宗人府府丞储麟趾致祭。乾隆三十七年(1772),逢皇太后八十华诞,帝遣宗人府府丞李友棠致祭。乾隆四十一年(1776)金川平定,帝遣内阁学士唐古泰致祭。

清朝的东西陵分别设有陵寝内务府、奉祀礼部、陵寝工部及陵寝兵部。陵寝内务府是朝廷内务府在陵寝的下设机构,简称内务府。东陵总管内务府大臣及西陵总管内务府大臣为最高长官。内务府大臣初由朝廷派遣,后来,东内务府大臣改由马兰镇总兵兼任,西陵内务府大臣改由康宁镇总管内务府大臣兼任。《清史稿》载,内务府"掌奉祭祀奠享之礼,司扫除开阖",内务府驻所称为"圈"。陵寝礼部最高长官为郎中。《清史稿》载,礼部"掌判署文案,监视礼仪,岁供品物,以序祀事"。礼部驻所称"营房"。

清朝的庙重于陵,故多派遣贝勒以下、奉国将军及爱新觉罗男以上公卿巡陵。巡陵之外,倘有官员祭陵,仅上香烛酒果而已。

第六节　祭祀乐舞

音乐作为一种表演艺术,其构成要素和表现手段有旋律、节奏、和声、复调、力度和速度等,可分为声乐和器乐两大类。音乐往往又与诗歌、戏剧、舞蹈等相结合而成为歌剧、舞剧和戏曲等综合艺术。舞蹈,作为一种表演艺术,一般要有音乐伴奏,舞蹈本身具有多元化的社会意义和作用,包括祭祀、礼仪等。《旧唐书·音乐一》载:

> 乐者,太古圣人治情之具也……圣王乃调之以律度,文之以歌颂,荡之以钟石,播之以玄管,然后可以涤精灵,可以祛怨思。施之于邦国,则朝廷序;施之于天下,则神祇格;施之于宾宴,则君臣和;施之于战阵,则士民勇。

唐朝的舞蹈,有独舞、对舞及群舞。另外还有字舞、花舞、马舞、象舞。唐朝的乐器分为金、石、土、革、丝、木、匏、竹等八类。

唐朝的宫廷音乐,按其功能,可分为仪式音乐和娱乐音乐。仪式音乐主要指祭祀的雅乐、宴享的燕乐、献俘的凯乐、西域的胡乐,以及周遭地区的四方乐等。在娱乐音乐中,凡以音乐为主体的称之为正乐,如大曲、法曲等;以语言、动作为主体的称之为散乐,如杂技、幻术等。

雅乐又有广义和狭义之分。广义的雅乐指所有仪式性的音乐,狭义的雅乐仅仅指宫廷祭祀音乐,主要用于祭祀天地、神祇、祖宗等。

祭祀音乐具有招魂的作用。为了取悦于鬼神,还需要伴以歌舞。《诗经》中的"颂",就是古代王侯举行祭祀或其他重大典礼时的专用乐歌。西周由文、武奠基,成、康繁盛,史称"刑措不用者四十年"。昭、穆以后,国势渐衰。及至后来,厉王被逐,幽王被杀,平王东迁,进入春秋时期,王室衰微,诸侯兼并,夷狄交侵,社会处于极度动荡不安之中。

《礼记》:"礼乐,顺天地之诚,达神明之德,隆兴上下之神。"在历代朝廷中,都设有专门掌管音乐的最高行政机关,秦称奉常,汉称太常,汉以后改称太常寺、太常礼乐官等。《隋书·百官志中》载:"太常,掌陵庙群祀,礼乐仪制,天文术数衣冠之属。"据《唐六典·太常寺》记载:太常寺设卿一人,卿下设少卿、丞、主簿、录事、府、史、博士、谒者、赞引、太祝、祝史、奉礼郎、赞者、协律郎、亭长、掌固等,设员二至十二人不等。而太庙斋郎京都各一百三十人,太庙门仆京都各三十二人。

太常卿的职责是:

掌邦国礼乐、郊庙、社稷之事,一曰郊社,二曰太庙,三曰诸陵,四曰太乐,五曰鼓吹,六曰太医,七曰太卜,八曰廪牺,总其官属,行其政令。

少卿的职责是:

凡国有大礼,则赞相礼仪;有司摄事,为之亚献;率太乐之官属,设乐县以供其事。燕会亦如之。若三公行园陵,则为之副,公服乘辂,备卤簿,而奉其礼。若大祭祀,则先省其牲器。凡大卜占国之大事及祭祀卜则日,皆往莅之于太庙南门之外。凡大驾巡幸,出师克获,皆择日告于太庙。凡仲春荐冰,及四时品物甘滋新成者,皆荐焉。凡有事于宗庙,少卿帅太祝、斋郎入荐香烛,整拂神幄,出入神主;将享,则与良酝令实尊罍。凡备大享之器服有四院,各以其物而分贮焉。

丞的职责是:

掌判寺事。凡大享太庙,则修七祀于太庙西门之内;若祫享,则兼修配享功臣之礼。主簿掌印,勾检稽失,省署抄目。录事掌受事发辰。

太常博士的职责是:

掌辨五礼之仪式,奉先王之法制;适变随时而损益焉。凡大祭祀及有大礼,则舆太常卿以导赞其仪。凡王公已上拟谥,皆迹其功德而为之褒贬。

太祝的职责是:

掌出纳神主于太庙之九室,而奉享荐禘祫之仪。凡国有大祭祀,盥则奉匜,既盥则奉巾帨。凡郊庙之祝板,先进取署,乃送祠所;将事,则跪读祝文,以信于神;礼成而焚之。凡大祭祀,卿省牲,则循牲而告充。

奉礼郎的职责是:

掌设君臣之版位,以奉朝会、祭祀之礼。凡祭祀、朝会,设庶官之位。凡尊彝之制十有四,祭祀则陈之。凡祭器之位,簠、簋为前,登、铏次之,笾、豆为后。凡大祭祀及朝会,在位者拜跪之节皆赞导之,赞者承传焉。又设牲牓之位,以成省牲之仪。凡春、秋二仲,公卿巡行诸陵,则主其威仪、鼓吹之节,而相其礼焉。

武德九年(626)，唐高祖始命太常少卿祖孝孙修定雅乐，至贞观二年(628)成。后来，祖孝孙上奏李世民，认为《大唐雅乐》应"以十二月各顺其律，旋相为宫"。按照《礼记》上的观点，需制十二和乐，合三十二曲，八十四调。祖孝孙卒后，依照《周礼》，祭昊天上帝，奏《豫和》之舞；若地祇方丘，奏《顺和》之舞；祫禘宗庙，奏《永和》之舞。皇帝临幸出入，奏《舒和》之舞；遇皇帝大射，奏《驺虞》之舞；皇太子奏《狸首》之舞。

唐朝雅乐的内容，可分乐曲、乐舞和乐词。初，祖孝孙制十二乐曲，即《元和》《顺和》《永和》《肃和》《雍和》《寿和》《太和》《舒和》《休和》《昭和》《祴和》《正和》。玄宗时，又增加三和，即《承和》《丰和》《宣和》，与前并称"十五和"。皇家舞队最高规格为八佾，即八行八列，六十四人，等级高于孔庙的八行六列。

贞观十四年(640)，礼乐增设七庙乐之舞。李世民诏秘书监、弘文馆学士颜师古等定皇祖弘农府君至高祖大武皇帝六庙乐章舞号。议定：

李渊皇祖弘农府君、皇高祖宣简公、皇曾祖懿王三庙，同享《长发》之舞，乐章九，吏部侍郎李纾撰写。李渊祖父太祖景皇帝李虎庙乐，酌奏《大基》之舞，歌曰："于赫元命，权舆帝文。天齐八柱，地半三分。宗庙观德，笙镛乐勋。封唐之兆，成天下君。"李渊父亲世祖元皇帝李昞庙乐，酌奏《大成》之舞；高祖大武皇帝李渊庙乐，酌用《大明》之舞；唐太宗李世民庙乐酌奏《崇德》之舞，歌曰："合一德，朝宗百神。削平天下，大拯生人。上帝配食，单于入臣。戎歌陈舞，哗哗震震。"贞观十四年(640)，秘书监颜师古请奏《光大》之舞为文德皇后长孙氏庙乐。贞观二十三年(649)，文德皇后祔庙，罢停《光大》之舞，合享《崇德》之舞。

高宗执政时，亲为祭祀，自创乐章。据《旧唐书·高宗下》记载，咸亨四年(673)十一月十五日，高宗制乐章，有:《上元》《二仪》《三才》《四时》《五行》《六律》《七政》《八风》《九宫》《十洲》《得一》《庆云》之曲,并诏太常寺乐工及诸祠享奏。其中,《上元舞》来自立部伎中的《上元乐》。而立部伎的规模是舞者八十人。

武则天之后,庙舞歌乐如下:《钧天》之舞一章为高宗庙乐;《太和》之舞一章为中宗庙乐;《景云》之舞一章为睿宗庙乐;《广运》之舞一章为玄宗庙乐,歌曰:"于赫皇祖,昭明有融。惟文之德,惟武之功。河海静谧,车书混同。虔恭孝飨,穆穆玄风。"中书令郭子仪撰乐章;《惟新》之舞一章为肃宗庙乐,礼部尚书刘晏撰乐章;《保大》之舞一章为代宗庙乐,中书令郭子仪撰乐章;《文明》之舞一章为德宗庙乐,尚书左丞、同平章事郑余庆撰乐章;《大顺》之舞一章为顺宗庙乐,中书侍郎、同平章事郑絪撰乐章;《象德》之舞一章为宪宗庙乐,歌曰:"肃肃清庙,登显至德。泽周八荒,兵定四极。生物咸遂,群盗灭息。明圣钦承,子孙千亿。"中书侍郎、平章事段文昌撰乐章;《和宁》之舞一章为穆宗庙乐,中书侍郎、同平章事牛僧孺撰乐章;《大钧》之舞一章为敬宗庙乐,中书侍郎韦处厚撰乐章;《大成》之舞一章为文宗庙乐,中书侍郎崔琪撰乐章;《大定》之舞一章为武宗庙乐,中书侍郎李回撰乐章;《咸宁》之舞一章为昭宗庙乐。

《迎俎》《迎神》《酌献》《送神》《亚献终献》《奠币》之舞六章为让皇帝李宪庙乐。《迎俎》歌曰:"祀盛体荐,礼协粢盛。方周假庙,用鲁纯牲。捧撤祗敬,击拊和鸣。受厘归胙,既戒而平。"《迎神》歌曰:"皇矣天宗,德先王季。因心则友,克让以位。爰命有司,式尊前志。神其降灵,昭飨祀事。"《酌献》歌曰:"八音具举,三寿既盟。洁兹宗彝,瑟彼圭瓒。兰肴重错,椒醑飘散。降祚维城,永为藩翰。"《送神》歌曰:"奠献已事,昏昕载分。风摇雨散,灵卫絪缊。龙驾帝服,已腾五云。泮宫复閟,寂寞无闻。"《亚献终献》歌曰:"秩礼有序,和音既同。九仪不忒,三揖将终。孝感藩后,相维辟公。四时之典,永永无穷。"《奠币》歌曰:

"惟帝时若,去而上仙。祀用商武,乐备宫悬。白璧加荐,玄纁告虔。子孙拜后,承兹吉蠲。"以上六章歌辞,皆由吏部侍郎李纾撰叙。

天宝元年(742)四月十四日,降神酌奏《混成》之乐,送神献奏《太一》之乐。

昭成顺圣皇后窦氏(?—693),扶风平陵(今陕西咸阳市)人,唐睿宗李旦妃嫔,莘国公窦诞孙女,太尉窦孝谌之女。史书上说她"姿容婉顺,动循礼则"。生李隆基、金仙公主、玉真公主,被诬用巫蛊之术诅咒武则天。长寿二年(693)正月初二,与皇嗣妃刘氏一起遇害于嘉豫殿。景云元年(710),追谥昭成皇后,葬于靖陵,置仪坤庙祭祀。玄宗即位,追尊昭成顺圣皇后,祔葬桥陵。昭成皇后,母以子贵,神主迎入太庙,祔于睿宗室。昭成皇后室酌献用《坤贞》之舞一章,歌曰:"乾道既亨,坤元以贞。肃雍攸在,辅佐斯成。外睦九族,内光一庭。克生睿哲,祚我休明。钦若徽节,悠哉淑灵。建兹清宫,于彼上京。缩茅以献,洁秬惟馨。实受其福,期乎亿龄。"

第十一章　盗陵种种

掘冢，即盗陵，是一种违反人伦的丑恶行为。根据盗墓团伙性质，可分官盗和民盗。

官盗又分：

一、帝盗，如十六国后赵皇帝石虎、大周女皇武则天、伪齐皇帝刘豫、明熹宗朱由校、清乾隆爱新觉罗·弘历等；

二、王盗，如汉广川王刘去、西楚霸王项羽、三国魏曹操、南北朝陈始兴郡王陈叔陵等；

三、臣盗，如春秋时期吴国大夫伍子胥、东汉权臣董卓等；

四、宦盗，如明朝万历年间御马监奉御陈奉等；

五、僧盗，如元朝江南释教总统杨琏真迦等；

六、儒盗，如三国曹魏时期著名书法家钟繇等。

民盗，如西晋汲郡（今河南汲县西南）人不準盗掘战国时期魏襄王陵。

在官盗中，又派生出兵盗和匪盗。兵盗如唐朝军事将领朱泚、唐末农民起义领袖黄巢、五代十国耀州节度使温韬、金朝宗室名将粘罕等；匪盗如清末南派广东帮帮主焦四等。

盗墓者在进行盗墓时，所用工具主要有镐、斧、铲、锥、锄、镰、锹、凿、钁、刀、镦、铳、竹签、竹筐、木杠及粗麻绳等。现代盗墓者所用的洛阳铲，相传系民国年间洛阳城郊马坡村李鸭子发明，洛阳铲最大的功能是探测，现已广泛使用于田野考古。

"秦埋岭，汉埋坡，唐埋山。"中国古代堪舆术为盗墓者提供了理论指导。据说，盗墓高手听风听雨，可知墓穴；察看地表草木生长，便知古冢。

根据墓葬类别,盗洞有方、圆之分;根据盗墓动机,又有图财、复仇、游戏和巫术之分。

中国历史上,曾出现过四波极为严重的盗墓狂潮:

第一波,出现在汉魏之际,盗掘对象是春秋战国时期的古冢和西汉帝王陵寝。西汉政权曾一度允许私人铸造铜钱,导致青铜的需求量很大,而墓葬的青铜器很多,由此,几乎造成十墓九空。

第二波,出现在唐宋之际。乾宁二年(895)就出现过侵犯陵寝的大盗,昭宗本想令宗室诸王加强巡查警防,不得已只好作罢。天复二年(902)二月,简陵被盗。简陵是僖宗李儇父皇懿宗李漼的陵墓,乾符元年(874)二月初五葬简陵,仅仅过了十八年就遭此厄运。五代十国时,耀州节度使温韬,除乾陵外,将关中唐帝诸陵盗掘殆遍。

第三波,出现在明清之际。明万历年间,河北乡民徐鼎盗发奸相李林甫(一说元朝吕文德)妻墓,得黄金巨万。御马监奉御太监陈奉"悉发境内诸墓"。有巡按御史上奏万历皇帝,请降旨查办陈奉,未被理睬。万历十四年(1586),翰林院庶吉士王德完亦弹劾湖广税使陈奉四大罪行,万历仍然不理。万历一次又一次的纵容,大大地助长了陈奉的恶行,也直接导致了陈奉盗发万历曾祖父朱祐杬和曾祖母蒋氏的合葬墓——显陵。当时,陈奉凭借显陵在枣阳矿山旁的便利,以开矿作掩护进行盗发。枣阳知县王之翰进言劝阻,陈奉命人将其逮捕下狱致死。两年后,陈奉离开湖广时,运载墓宝的船只首尾相连,竟延绵数里。万历二十八年(1600)十二月,陈奉的恶行终于激起了武昌民变。

第四波,出现在中华民国时期,盗墓主力为兵盗和匪盗。著名的有陕西靖国军将领党玉琨,发兵盗掘陕西宝鸡斗鸡台周秦古墓;国民革命军第六军团第十二军军长孙殿英,发兵盗掘菩陀峪慈禧定东陵,以及乾隆的裕陵;土匪王绍义,曾伪装成河北一山村的弹棉花老人,与黄金仲盗掘康熙的景陵和同治的惠陵。

中华人民共和国建立后,仍有多座帝王陵墓引起了盗墓者的注意。如河北钟祥市境内的明郢靖王陵,墓主是明太祖朱元璋第二十四子郢靖王朱栋和其妃郭氏的合葬墓。该墓葬属于帝王等级,自1999年以来,连续七次被炸盗未遂,盗洞最深达八米,其中二次已炸穿地宫顶。陕西乾县境内的唐僖宗靖陵,1994年12月30日晚,一伙盗贼使用炸药,在封土堆南侧炸出了深达十六米的盗洞。2011年10月,一群来自河南的盗墓团伙,利用山间多雾和连续阴雨天气,盗挖陕西泾阳县境内嵯峨山的唐德宗崇陵,在半山腰偏下位置搭建迷彩帐篷,白天休息,晚上盗挖,后被崇陵文管所张跃进发现并报警,遂被泾阳警方抓获。

第一节　官盗

秦始皇陵以固若金汤著称,因其"宫观百官,奇器珍怪徙臧满之",尽管"令匠作机弩矢,有所穿近者辄射之",也难逃盗掘焚毁。其中,项羽入关,曾以三十万人盗掘秦陵,三十日运物不能穷。关东盗贼,销椁取铜。项羽是楚的后裔,楚国被秦所灭,家耻国恨,使得项羽进入关中后,烧杀掠抢,无所不为,火烧咸阳宫,三月而不灭。《汉书》记载:牧羊童在秦始皇陵旁牧羊时,有羊钻进墓穴,牧羊童手举火把,进穴寻羊,结果,失火烧了棺椁。后来,秦始皇陵又遭到黄巢及民国军阀刘振龙的盗掘。

三国魏曹操,在打天下之初,为了筹备军饷,便想到汉陵和大墓。他在军中设发丘中郎将、摸金校尉等职,有几十人专职盗事,打到哪就盗到哪。所盗最著名的墓冢是西汉梁孝王刘武陵墓。刘武乃汉高祖刘邦之孙,其父兄是中国历史上开创"文景之治"的汉文帝刘恒和汉景帝刘启。刘武因抵御"七国之乱"居功邀宠,有争夺继帝位的念头。

第十一章 盗陵种种

梁孝王墓位于河南永城市芒砀山的保安山南峰。斩山作郭,穿石为藏,全长九十六米,最宽处三十二米,面积约七百平方米,属大型崖墓,由二个墓道、三个甬道、前庭、前室、后室、侧室以及回廊、隧道等部分构成的巨大地下建筑群。经现在考古测量,墓室总容积为一千三百六十七立方米,据说有北京十三陵的四倍大,人称"天下石室第一陵"。东汉末年,曹操率军盗掘,亲临现场,指挥取宝。据《水经注疏》载:"操发兵入砀,发梁孝王冢,破棺,收金室数万斤。"据说,曹操凭此一盗,就养活了部下全军将士三年。曹操算是中国盗墓史上最专业的盗墓者。

东汉初平二年(191),陇西军阀董卓率兵进入洛阳后,首先盗发了汉灵帝文陵,"卓悉取藏中珍物"。他还命吕布盗发诸王陵及公卿冢墓,得其珍宝,西逃长安。建安五年(200),袁绍发檄文抨击曹操:

> 梁孝王,先帝母弟,坟陵尊显,松柏桑梓,犹宜恭肃,而操率将校吏士亲临发掘,破棺裸尸,掠取金宝。至令圣朝流涕,士民伤怀。又署发丘中郎将、摸金校尉,所过隳突,无骸不露。

意思是说,曹操不仅亲自领兵盗墓,而且还封"发丘中郎将""摸金校尉"之类的官专事进行盗墓。

汉武帝茂陵位于陕西兴平市东北塬上。后元二年(前87)二月,武帝巡游,病逝于周至五柞宫,葬茂陵。茂陵北面远依九嵕山,南面遥屏终南山,是汉陵中规模最大,花费最多,工期最长,随葬品最丰厚,陵邑最繁华,陵区最宏阔的一座,被称为中国的金字塔。

昭帝始元三年(前84),茂陵被盗。四年后,有人在扶风买得墓中玉箱、玉杖二物。汉宣帝元康二年(前64),茂陵被盗。河东郡李友入上党抱犊山采药,于崖石中得武帝地宫所藏杂经三十卷,盛于金箱。新莽地皇四年(23),赤眉军入长安,破茂陵取物,犹不能尽。汉建武二年(25),赤眉军退长安,西行再掘茂陵。汉献帝初平元年(190),为军饷发愁的董卓遣吕布盗掘茂陵。墓内财宝搬运了十几天,仍不能减半。董卓估计茂陵陪葬品中会有专治哑巴的秘方,但却找到了一卷黄绢,上书咒骂董卓不得好死,董卓原本想把刘彻的尸骨拖出暴尸羞辱,后经一代名儒蔡邕苦劝方罢。董卓也很迷信,担心弄坏了地脉风水,坏了自己的霸业,竟派人将盗出来的部分财宝又放了进去,末了还把陵墓重修了一下。

唐末农民起义军领袖黄巢效法项羽,盗掘秦始皇陵。僖宗中和元年(881),又学赤眉军和董卓,派兵盗掘茂陵。他还三掘唐高宗乾陵。乾陵位于陕西乾县城北约六公里的梁山。据说,当年黄巢盗掘乾陵时动用了四十万起义军在梁山西南方向挖掘,至今留有一条深约四十米的黄巢沟。因搞不清地宫口的朝向,结果挖错了方向,从而使乾陵躲过了一场劫难。

刘去,汉景帝刘启曾孙,西汉第三位广川(今河北省景县广川镇)王,生性残暴,好聚无赖少年游猎。他在王位时,生割铅灌、缚柱烙烫、割鼻断舌、肢解烹煮后宫姬婢十六人。《西京杂记》说他"国内冢藏,一皆发掘。所发掘冢墓,不可胜数,其奇异者百数"。他曾盗掘魏襄王、晋灵公、晋幽王、魏王之子且渠、栾书墓等。

魏襄王墓位于河南汲县西南,又称汲冢遗址。外椁用石料做成,中间置放石床、石屏风。为防盗掘,墓口处以铁水浇筑,刘去派人凿了三天总算打通。棺材是用生漆杂以犀牛皮而成,厚达数寸,待锯开后,石床上除有石痰盂外还有两把铜剑,数件金器,刘去看上了其中一把铜剑,随手佩在了自己的腰间。

晋灵公,姬姓,名夷皋,春秋时期晋国国君。晋文公之孙,晋襄公之子。前620年—前607年在位。夷皋幼年继位,在位残暴荒淫,不事君道,宠信屠岸贾,征以重税来满足奢侈的生活,举国怨愤,宰相赵盾屡屡进谏劝说无效,史称"晋灵公不君",最终被赵盾、赵穿兄弟所杀。晋灵公墓位于山西绛县磨里镇南刘家村,状如馒头,系用五花土堆成。墓口打开后,除墓室四角放置石雕鹰犬外,在棺椁两边尚有男女石人四十多个,手捧灯烛,呈站立状。刘去看上了一个拳头大小的玉蟾蜍,顺手拿回家当磨墨用的水盂。

有一次,刘去在盗掘魏王子且渠墓时,发现墓主竟似活人,吓得半死,只得重新将墓封好。且渠,《晋书·四夷列传》作"沮渠",匈奴官名,为中下级领兵官。本始四年(前70),刘去被削去王爵,流贬上庸(今湖北竹山县西南),贬途自杀。由此,广川封国撤除。

唐至五代十国,盗墓之风依然盛行。兴元元年(784)春正月,五代军阀温韬"盗窃名器,暴犯陵寝"。温韬在任七年,唐诸陵在其境内者,悉发掘之,取其所藏金宝。而昭陵最固,韬从埏道下,见宫室制度闳丽,不异人间,中为正寝,东西厢列石床,床上石函中为铁匣,悉藏前世图书,钟、王墨迹如新。韬悉取之,遂传人间。惟乾陵,风雨不可发。

据宋人程大昌《考古编》记载,温韬在盗掘乾陵时,突然狂风骤雨,闪电雷鸣,怕遭报应的温韬被吓跑了。北宋上官融《友会谈丛》记载:

> 陕西山川形胜,而耀州为最,故唐帝陵多在其境……温韬之起兵连郊,次梁华内外,相结合蚁聚,动至数万。睢盱屈强,法令莫制,遂建县为郡,自领符节。唐帝诸陵,靡不开发,金宝之玩,取以自资。既开简陵,内有银罗汉十八身,各高五尺,其山座具备,环列于梓官。每一身以十余牛牵致方出隧道。
>
> 载以大车,碎之造器,他物莫有存者。简陵乃懿宗也。

温韬算是中国盗墓史上最险恶的盗墓者。

北宋灭亡后,河南巩县境内的诸陵遭遇疯狂的盗掘。南宋永静军阜城(今河北阜城县)人刘豫,建炎二年(1128)为济南知府,建炎四年(1130)被金国扶持为"大齐皇帝",建都大名(今河北大名县),年号阜昌。绍兴二年(1132),金军围城,诛杀大刀勇将关胜而降。刘豫在位时,与金国粘罕的官兵相互勾结,疯狂盗掘北宋帝王陵墓,将宋太祖赵匡胤的尸骨拖出曝尸。他还效仿曹操,设立淘沙官,专门从事盗墓活动。除了皇帝陵、皇后陵、妃子墓,以及周围的朝臣墓,统统盗掘一尽。据说有一次,刘豫看见一个士兵手中拿着一盏水晶碗在把玩,他看后,认定这件宝物非民间所有。经一番盘查,士兵供出这是从宋哲宗泰陵中盗发而来。刘豫贪财心切,即命其子为盗陵机构长官——河南淘沙官,对北宋诸陵进行洗劫式盗掘。

南宋绍兴十八年(1148),太常少卿方庭顼出使金国,途中拜谒北宋皇陵,目睹了宋哲宗曝尸荒野之惨状,他解下身上衣物,将北宋哲宗赵煦骸骨包裹起来就地掩埋,并将情况上奏了高宗赵构,朝中君臣无不悲痛。

乾隆是清朝第六位皇帝,在位六十年,享年八十九岁。当年为了修造自己的裕陵,一眼就看上了明成祖朱棣长陵祾恩殿上的金丝楠木大柱,后经刘墉等朝臣苦劝方罢。但还是命人拆毁了明世宗朱厚熜永陵大殿。明永陵营建历时十多年,规制仅次于长陵,每月花费的白银不低于三十万两。经乾隆"修葺"后的永陵柱网与旧制不同。京城民间曾流传:"拆大改小十三陵。"

位于河北遵化马兰峪昌瑞山的清东陵,分布有顺治孝陵、康熙景陵、乾隆裕陵、咸丰定陵、同治惠陵,以及慈安太后(东太后)、慈禧太后(西太后)等四座后陵和五座妃陵、一座格格陵。民国十七年(1928)6月12日,奉系军阀第二十八军岳兆麟部下土匪团长马福田策划率兵盗掘清东陵。而距东陵约十公里的马伸桥却驻扎着另一军阀——国民革命军第六军团第十二军军长孙殿英的部队。孙殿英系河南永城县人,土匪出身,不通文墨。他以"剿匪换防"为名,命部下第八师师长谭温江一个团的兵力向马兰峪进发。在突袭马福田部后,孙殿英即与部中高参梁朗先、谭温江等密谋盗陵事宜,目标首选慈禧的定东陵、乾陵的裕陵、康熙的景陵。借口军事演习,赶走守陵人,封锁陵区,动用工兵,先后炸开乾隆裕陵地宫及慈禧定东陵地宫,大肆洗劫。匪兵还将慈禧的尸体拖出棺外,扒下龙袍,撕毁内衣,脱下鞋袜,抢掠周身珠宝,又将慈禧的牙齿撬开,盗走口中的夜明珠。后来,还是居住在津门的逊帝溥仪派清王室遗臣载泽等前往东陵重新安葬慈禧遗骨。乾隆的遭遇更惨,盗墓者将帝、后、妃共6具尸骨乱混在一起,乾隆的下颚被碎为两半,发辫及肋骨等被随意抛掷在墓门外。

清东陵盗掘案发生后,举国震惊。清王室遗老遗少痛心疾首,社会各界要求严惩孙殿英。孙殿英为了逃避惩罚,忙用盗来的珍宝四处活动。据说,他将一柄九龙剑(剑面上嵌有九条用纯金做的龙,剑柄上镶有一颗大红宝石)托戴笠送给了蒋介石,另一柄宝剑托戴笠送给了何应钦,将乾隆脖颈上挂的那串玛瑙朝珠送给了戴笠,将慈禧的翡翠西瓜枕头,托戴笠送给了宋子文,将慈禧口中含的夜明珠托戴笠送给了宋美龄。夜明珠分开为两块,透明无光,合拢是一个圆球,透出绿色的寒光,夜间在百步之内可照见头发。后来,宋美龄将那颗夜明珠缀在了自己的绣花鞋上。孙殿英又将朝鞋上的两串宝石分别送给了孔祥熙和宋霭龄,将五十万两黄金送给了阎锡山。就这样层层打点,孙殿英逍遥法外。

民国三十六年(1947)春,国民党暂编第三纵队中将总司令孙殿英在河南汤阴战役中被俘,被拘押在河北武安,曾一度想越狱逃跑,一年后病死在战俘营。

第二节 私盗

西汉时期，广川惠王刘越之子刘志纠集天下无赖少年，将包括魏襄王、魏哀王、周幽王、晋灵公等人的诸多冢墓尽皆发掘。至西汉末年，除西汉霸、杜二陵外，其余诸陵悉数被盗。西晋皇甫谧说："丰财厚葬，以启奸心，或剖破棺椁，或牵曳形骸，或剥臂捋金环，或扪肠求珠玉。焚如之形，不痛于是？自古及今，未有不死人，又无不发之墓也。"

太清元年(547)八月二十六日，北齐神武帝高欢之子、东魏权臣高澄虚葬齐献武王高欢于漳水之西，潜凿成安鼓山石窟佛寺之旁为穴，纳其柩而塞之，杀其群匠。当时，有位参与兴建陵墓的工匠将情况偷偷告诉了自己的儿子，虽然工匠被杀，但结果陵墓被盗，陪葬财宝尽失。

南陈灭亡后，陈武帝陈霸先的仇人王僧辩之子王颁曾纠集千余人，对陈武帝万安陵进行了大规模盗掘，剖棺焚尸，以泄刻骨仇恨。

元朝对南宋诸陵的盗发十分疯狂。西域恶僧杨琏真迦，唐兀（西夏）人，为藏传佛教僧人、吐蕃高僧八思巴的弟子，见宠于忽必烈。据《大一统》记载，至元十四年(1277)，被命为江南释教都总统。翌年，他利用掌管佛教事务上的方便，在当朝宰相桑哥支持下，伙同演福寺僧允泽率部众盗掘位于钱塘、绍兴的宋陵。陵使罗铣竭力阻挠，允泽凶相毕露，拔刀相逼，陵使无奈，大哭而去。杨琏真迦从南宋徽宗陵中盗发马乌玉笔箱及铜凉拔锈管，从高宗陵中盗发真珍戏马鞍，从光宗陵中盗发出交加白齿梳及香玉案，从理宗陵中盗发出穿云琴、伏虎枕及金猫睛，从度宗陵中盗发出鱼影琼扇柄及玉色藤丝盘等宝藏，弃尸骨于草莽之间，又将理宗尸体拖出，掰唇撬齿，盗走口内所含夜明珠，又将其尸倒挂在一颗树上，沥取腹内水银，时间长达三天三夜。《明史》上说杨琏真迦又截取理宗颅骨，带至北方，镶银涂漆，制为饮器，称嘎巴拉碗。山阴（今浙江绍兴）义士唐珏看到盗发的帝陵，痛心疾首，私出百金，雇人分头趁月色潜入陵山收敛诸帝后残尸遗骨，用黄绫包裹后，放入石函埋葬，后迁葬于兰渚山天章寺，但仅隔七天，杨连僧迦又掘出帝后尸骸，杂以牛马枯骨，运至临安故宫，筑一座高十三丈的白塔压之，号称"镇本"，意即制服江南民众之意。其行为实在令人发指。《南宋杂事诗》有记载，云："故宫忍见旧冬青，一塔如山雪涕零。欲访影鱼香骨案，更从何处叩英灵。"

明洪武二年（1369），朱元璋派遣北平守将从西域僧汝纳手中买回了宋理宗头骨制作的酒器，令有司将其安置在高坐寺西北。翌年，山阴官员向朝廷进献永穆陵图，朱元璋诏令理宗头骨葬入故陵。宋理宗头骨经过八十四年的颠沛流离，与唐珏所藏部分诸帝遗骸一同归葬旧茔，并竖碑立石以记。同时，朱元璋诏修宋陵六座。洪武九年（1376），朱元璋特设守陵户二户，令每三年地方官府香帛祭祀，并规定五百步之内禁止山民采樵。

五代十国时期，吴越国第一代国王钱镠墓位于浙江杭州市临安区，与第二代国王钱元瓘及王后马氏墓、钱镠父母钱宽和水邱氏墓统称为临安吴越国王陵。2001年6月25日，被公布为第五批全国重点文物保护单位。2006年5月25日，与杭州吴汉月墓合并称为"吴越国王陵"，列入第六批全国重点文物保护单位。2020年3月24日，包括钱镠墓在内的古墓被盗。5月23日，杭州市公安局一举抓获盗、销、收文物的犯罪嫌疑人39人，追回涉案文物共223件，其中实施盗掘钱镠墓的犯罪嫌疑人2名。犯罪嫌疑人供述，在钱镠墓盗取文物175件，其中包括秘色瓷、金玉腰带等珍贵文物。

辱尸是一种暴行。秦汉之前，挖坟辱尸还被当作是一种羞辱对手的手段。楚平王七年（前522），伍子胥父兄因遭到太子少傅费无忌的陷害，为楚平王所杀，伍子胥发誓要整垮楚国。他先来到宋国，又去了郑国,最后出逃到吴国。楚昭王珍十年(前506),伍子胥和孙武帮助吴王阖闾攻破楚国的城池。成全了吴王"春秋五霸"的历史地位后,伍子胥也寻到了为父兄雪仇的机会。他建议吴王先拆了楚国的宗庙,吴王听从。伍子胥要盗掘楚平王的墓,吴王说,你看着办吧。此时,楚平王已经死去了十年,伍子胥掘开了楚平王的墓,将其尸体拖了出来,怒抽三百鞭。铜鞭抽打下去,连骨头都折了。之后,又把铜鞭戳进楚平王的眼眶,并恶声咒骂。最后,为解心头之恨,又将楚平王的头颅砍了下来。西汉司马迁都觉得伍子胥的行为太过分。

春秋时期,齐桓公第五子吕商人杀死兄长齐国国君吕舍后,夺取君位,成为齐国第二十一位国君,称齐懿公,前612—前609在位。齐桓公在世时,公子商人曾与大夫邴原争夺一块土地,齐桓公遂将此事交给管仲来处理。管仲依法依理,将土地判给了邴原,公子商人因此对管仲和邴原怀恨在心。后来,公子商人登上了国君宝座,此时,管仲和邴原均已故去。齐懿公便剥夺了管仲的爵位,抢占了邴原家的田产。当他打听到邴原坟墓的位置时,就趁着外出打猎之机,当着邴原儿子邴歜(宫廷侍卫)的面,令士兵将其掘开,拖出邴原的尸体,为解心头之恨,竟然跺下了邴原的双脚。

汉王刘邦当年与西楚霸王项羽争夺天下时,项羽盗掘秦始皇陵让刘邦抓住了小辫子,刘邦向天下昭示项羽十大罪状,《史记·高祖本纪》载:"怀王约入秦无暴掠,项羽烧秦宫室,掘始皇帝冢,私收其财物,罪四。"袁绍在讨伐曹操之前,让陈琳起草了一份讨曹檄文,由于陈的这份檄文,才彻底揭露了曹操当年盗掘帝陵的真相。

五胡时,前燕第二位皇帝慕容儁在夜间梦见了后赵第三位皇帝石虎啃咬他的手臂,睡梦惊醒之后,欲出高价收购石虎尸体,派兵找到石虎的葬埋之地,"下度三泉,得其棺,剖棺出尸,怒鞭抽打"。

后秦姚苌盗发前秦苻坚陵墓,出其尸体,"鞭挞无数,裸剥衣裳,荐之以棘,坎土而埋之"。

据唐人戴孚《广异记》记载:开元二十八年(740),有一伙盗墓贼胆大包天,竟然打起了当朝皇上玄宗宠妃刘华妃墓的主意。这伙盗墓贼为了不被人发现,便在距离华妃墓百步之外建造了一座假坟,然后通过地下盗洞直达刘华妃墓中。当盗墓贼打开棺盖后,发现刘华妃真是一位绝代美人,并且四肢还能弯曲。当看到刘华妃两只手腕上都戴着金钏,便将其手剁断取下。说来这伙盗墓贼也挺迷信,担心刘华妃托梦给她儿子李琮倾诉自己的遭遇,于是,又残忍地把刘华妃的舌头割去,"侧立其尸,而于阴中置烛"。当朝皇帝宠妃遭此凌辱,实在令人发指!

奸尸是一种变态心理的表现,一种令人发指的行为。东汉桓帝刘志好色,在位二十二年,后宫嫔妃达五六千人。其妃冯贵人病亡,死后七十余年仍如活着一般,"颜色如故,但肉小冷,群贼共奸通之"。盗墓者见色起意,轮奸了冯贵人的尸体。奸尸时,竟因争先后顺序,相互间大打出手,由此导致盗墓事发。

当年,赤眉军在盗掘汉陵时,开国皇帝高祖刘邦和皇后吕雉合葬陵长陵也未能幸免。据《后汉书》记载,"盆子乘王车,驾三马,从数百骑……发掘诸陵,取其宝货,遂污辱吕后尸"。

在中国历史上,盗墓乃大逆不道之举。凡毁坏皇室宗庙、陵墓、宫殿等蔑视或侵犯皇帝尊严的行为,皆为十恶不赦罪中的谋大逆之罪。

汉朝"发墓者诛,窃盗者刑"。具有讽刺意味的是,汉高祖刘邦的孙子衡山王刘赐告发内史,在审讯内史时,内史检举揭发了刘赐的问题,除侵占别人家的田产外,还掘毁人家的坟墓,但是朝廷并没有处罚刘赐。后来,刘赐因为乱伦被诛,或许这就是一种报应吧。

《唐律疏议》载:"发冢者,加役流;发彻即坐。招魂而葬,亦是。已开棺椁者,绞;发而未彻者,徒三年。""盗园陵内草木者,徒二年半。若盗他人墓茔内树者,杖一百。"当年群盗盗掘唐玄宗宠妃刘华妃墓,事发,被捕,其中有五人皆探取五脏,烹而祭之。五人尽榜杀于京兆门外。

后唐天成二年(927)七月,明帝李嗣源命将温韬流放德州。翌年十月,明帝以温韬盗发唐陵的罪名,将其赐死在德州。

刺配,是中国古代将刺面与流配结合的一种刑罚,始于五代之后晋,盛行于宋朝,并附加杖刑。明清改刺面为刺左右臂。

宋末刺配的罪行竟达五百七十多项。中国古典小说《水浒传》第七回"林教头刺配沧州道 鲁智深大闹野猪林",就是统领八十万禁军的教头林冲,地位如此显赫之人也要被刺配。

元朝《至元新格》载:"诸发冢,已开冢者同窃盗,开棺椁者同强盗,毁尸骸者同伤人,仍于犯人家属征烧埋银。诸挟仇发冢,盗弃其尸者,处死。诸发冢得财不伤尸,杖一百七,刺配。诸盗发诸王驸马坟寝者,不分首从,皆处死。看守禁地人,杖一百七,三分家产,一分没官,同看守人杖六十七。"

《大明会典》记载:"凡发掘坟冢见棺椁者杖一百,流三千里。已开棺椁见尸者,绞。发而未至棺椁者杖一百,徒三年(招魂而葬亦为从减一等)。若冢先穿陷及未殡埋而盗尸柩者,杖九十,徒二年半。开棺椁见尸者,亦绞。其盗取器物二十四石者,计赃,准凡盗论,免刺。"

《大清律例》"发冢"条所载刑罚同《大明会典》"发冢"条。

据相关文献记载,自唐至清,历代对帝陵都做过程度不同的维护。先后有唐文宗李昂、唐德宗李适,后唐庄宗李存勖及末帝李从珂,宋太祖赵匡胤、宋真宗赵恒及陕西转运使游师雄,大金皇弟,明太祖朱元璋,尤其是清代陕西巡抚毕沅,亲临陵寝,考察辨识,书陵立碑,建制标志,以垂久远。

在中华人民共和国成立十二年后,国务院正式颁布了首部文物保护法律文件《文物保护管理暂行条例》,明确规定了国家文物保护的范围和细则。1964年,经国务院批准的《古遗址古墓葬调查发掘暂行管理办法》,逐渐加大和完善了全国各地遗址古墓葬的保护举措,之后,陆续成立有专门的博物馆或文管所。

21世纪以来,国际文物保护组织陆续出台了一系列规定,确立了文物保护的基本原则和基本方向。2006年,国家文物局、财政部联合印发《"十一五"期间大遗址保护总体规划》,要求到2010年逐步建立比较完备的大遗址保护管理体系。以陕西唐陵为例,除陵区安装有全角度监控外,又设专职陵管员负责巡视帝陵兆域,防范盗掘,保护遗存石刻。此后,全国范围内陆续加大投资和执法力度,有效遏制了人为因素对帝陵景观所带来的破坏。

插图目录

扫码可见相应图片

图1　中国三大干龙走势图 / 10

图2　古代墓葬风水示意图 / 15

图3　唐高宗乾陵　党明放 摄 / 26

图4　唐让帝惠陵　党明放 摄 / 31

图5　曾侯乙墓形制 / 36

图6　秦始皇陵　陈雪华 摄 / 38

图7　唐长安城平面图 / 45

图8　关中唐十八陵分布图　马永军 绘 / 46

图9　唐陵基本结构图　郑茂良 绘 / 48

图10　唐太宗昭陵　党明放 摄 / 49

图11　唐乾陵古建筑分布示意图　刘向阳 提供 / 51

图12　唐僖宗靖陵　陈雪华 摄 / 52

图13　明太祖孝陵神道石骆驼　党明放 摄 / 58

图14　明太祖孝陵神道石象　党明放 摄 / 59

图15　明十三陵分布图 / 61

图16　明长陵神功圣德碑亭　党明放 摄 / 62

图17　明定陵玄宫平面图　采自《定陵》/ 64

图18　清道光慕陵　党明放 摄 / 72

图19　清雍正泰陵　党明放 摄 / 72

图20　清嘉庆昌陵　党明放 摄 / 73

图21　黄肠题凑墓葬　吴家林 摄 / 76

图22　北京大葆台一号墓室结构示意图　采自《北京考古四十年》/ 77

图 23　九嵕山安厝长孙皇后的石室　党明放 摄 / 85

图 24　唐乾陵远眺　吴家林 摄 / 86

图 25　唐德宗崇陵　党明放 摄 / 87

图 26　明太祖孝陵　党明放 摄 / 90

图 27　东汉宴乐画像砖 / 93

图 28　乾陵所在之梁山 / 102

图 29　唐乾陵陵园及石刻分布示意图　刘向阳 提供 / 106

图 30　商兽面纹鹿耳四足青铜甗 / 113

图 31　后母戊大方鼎 / 113

图 32　铜圈足觚　妇好墓出土 / 115

图 33　编钟　曾侯乙墓出土 / 115

图 34　牛虎铜案　云南江川李家山 24 号墓出土 / 117

图 35　秦始皇陵一号从葬坑　陈雪华 摄 / 119

图 36　秦始皇陵一号铜车马 / 122

图 37　汉文帝霸陵　曹红卫 摄 / 123

图 38　长信宫灯 / 125

图 39　中山靖王刘胜金缕玉衣 / 128

图 40　晋朝重臣所佩蝉珰 / 131

图 41　扬州曹庄隋炀帝陵　党明放 摄 / 137

图 42　十三环蹀躞金玉带　扬州曹庄隋炀帝墓出土 / 138

图 43　唐让帝惠陵神道石柱残件　党明放 摄 / 139

图 44　乌纱翼善冠　明定陵出土 / 145

图 45　十二龙九凤冠　明定陵出土 / 146

图 46　殷商墓葬中的杀殉 / 149

图 47　汉景帝阳陵从葬坑　陈雪华 摄 / 156

图 48　唐太宗昭陵图　采自元人李好文《长安志图》/ 170

图 49　魏徵陵墓　党明放 摄 / 171

图 50　韦贵妃墓　陈雪华 摄 / 172

图 51　李勣墓封土形状图　李浪涛 提供 / 173

图 52　高力士墓　党明放 摄 / 175

图 53　马踏匈奴　陈雪华 摄 / 182

图 54　齐明帝兴安陵石麒麟　陈雪华 摄 / 186

图 55　梁文帝建陵石麒麟　陈雪华 摄 / 186

图 56　唐宣宗贞陵神道西侧石柱　党明放 摄 / 188

图 57　唐肃宗建陵神道西侧翼马　陈雪华 摄 / 189

图 58　唐肃宗建陵神道鸵鸟石刻　党明放 摄 / 190

图 59　唐玄宗泰陵神道东侧石人　党明放 摄 / 192

图 60　唐玄宗泰陵神道西侧石人　党明放 摄 / 192

图 61　唐睿宗桥陵神道东侧獬豸　陈雪华 摄 / 193

图 62　唐高祖献陵神道东侧石虎　陈雪华 摄 / 196

图 63　昭陵六骏之什伐赤　陈雪华 摄 / 197

图 64　昭陵十四蕃君石像之三（背面）　李浪涛 摄 / 199

图 65　乾陵神道东侧翼马　党明放 摄 / 200

图 66　乾陵神道西侧鸵鸟　党明放 摄 / 201

图 67　乾陵神道东侧仗马　陈雪华 摄 / 202

图 68　乾陵神道石人　党明放 摄 / 203

图 69　乾陵神道西侧述圣纪碑　党明放 摄 / 204

图 70　乾陵神道东侧无字碑　陈雪华 摄 / 205

图 71　乾陵无字碑上女真文题刻拓本　刘向阳 提供 / 207

图 72　乾陵神道西侧藩臣像群　陈雪华 摄 / 209

图 73　乾陵朱雀门东侧石狮　党明放 摄 / 211

图 74　乾陵玄武门石虎　党明放 摄 / 212

图 75　宋哲宗赵煦永泰陵神道石望柱　曹红卫 摄 / 214

图 76　宋太宗永熙陵石象与驯象人　曹红卫 摄 / 215

图 77　宋哲宗永泰陵瑞禽石屏　曹红卫 摄 / 216

图 78　宋太祖赵匡胤永昌陵甪端　曹红卫 摄 / 217

图 79　宋真宗赵恒永定陵仗马及控马官　曹红卫 摄 / 217

图 80　宋太宗赵光义永熙陵石狮　曹红卫 摄 / 218

图 81　宋神宗赵顼永裕陵上马石　曹红卫 摄 / 219

图 82　安徽凤阳明皇陵仗马及控马官 / 221

图 83　南京明孝陵神道石柱　党明放 摄 / 221

图 84　清顺治孝陵下马碑　党明放 摄 / 223

图 85　清顺治孝陵神道石柱与石像生　党明放 摄 / 224

图书在版编目(CIP)数据

中国古代陵寝文化 / 党明放著.—南京:南京大学出版社,2021.11
(中华传统文化丛书)
ISBN 978-7-305-25102-3

Ⅰ.①中… Ⅱ.①党… Ⅲ.①陵墓-文化研究-中国-古代 Ⅳ.①K878.84

中国版本图书馆CIP数据核字(2021)第227804号

出版发行	南京大学出版社
社　　址	南京市汉口路22号　　邮　编　210093
出 版 人	金鑫荣
丛 书 名	中华传统文化丛书
书　　名	**中国古代陵寝文化**
著　　者	党明放
责任编辑	胡　豪
责任校对	高　军
照　　排	南京紫藤制版印务中心
印　　刷	南京京新印刷有限公司
开　　本	880×1230　1/32　印张8.75　字数205千
版　　次	2021年11月第1版　2021年11月第1次印刷
ISBN	978-7-305-25102-3
定　　价	36.00元

网　　址:http://www.njupco.com
官方微博:http://weibo.com/njupco
官方微信:njupress
销售咨询热线:(025)83594756

* 版权所有,侵权必究
* 凡购买南大版图书,如有印装质量问题,请与所购图书销售部门联系调换